弈道拾遗

公孙青阳 / 编著

成都时代出版社
CHENGDU TIMES PRESS

图书在版编目（CIP）数据

弈道拾遗／公孙青阳编著. —成都：成都时代出版社，2018.9
ISBN 978-7-5464-2043-1

Ⅰ.①弈… Ⅱ.①公… Ⅲ.①围棋－对局（棋类运动） Ⅳ.①G891.3

中国版本图书馆 CIP 数据核字（2018）第 013220 号

弈道拾遗
YIDAO SHIYI
公孙青阳　编著

出 品 人	李文凯
策划编辑	张　洁
责任编辑	樊思岐
责任校对	李　航
装帧设计	原创动力
责任印制	唐莹莹
出版发行	成都时代出版社
电　　话	（028）86618667（编辑部）
	（028）86615250（发行部）
网　　址	www.chengdusd.com
印　　刷	成都市书林印刷厂
规　　格	165 mm×230 mm
印　　张	21
字　　数	310 千字
版　　次	2018 年 9 月第 1 版
印　　次	2018 年 9 月第 1 次印刷
印　　数	1–5000
书　　号	ISBN 978-7-5464-2043-1
定　　价	46.00 元

著作权所有·违者必究。
本书若出现印装质量问题，请与工厂联系。电话：028-87481198

前　言

这并不是一本江湖失传的升段秘籍。

这也不是一本包罗万象的习题手册。

这只是一本有关欣赏围棋之美的文化读物。

围棋文化是许多圈内人的口头禅，也是后 AlphaGo 时代整个围棋界的遮羞布和救命稻草。几十年来，围棋的竞技性被几乎所有职业棋手奉若神明，立竿见影的算路和搏杀也日渐替代了虚无缥缈的围棋之"道"。人工智能横扫天下以后，许多"高瞻远瞩"的围棋从业者才又把目光重新投向冷清许久的文化领域——忽如一夜春风来，本来门可罗雀的围棋文化眨眼间被追随者踢断门槛。世事反转之快，真真令人瞠目结舌。

"人类比不过电脑，便要在电脑尚不可及处大做文章。"持这般观点的人绝非一二，但这样的腔调依旧囿于竞技思想的重重束缚。太习惯成王败寇的人们，纷纷将率先败给电脑的棋手一通批判至体无完肤，待猛然惊觉到事不可为，才将抗争 AI 的光荣重担一股脑全抛给围棋文化，这从本质上又走回了你死我活的旧路。围棋是二人对垒的战争游戏，胜负无疑是避之不开的核心议题，但除去头破血流地争个输赢，人类当可从围棋中收获更多，这才是围棋文化的落脚之处——胜负，从来都不是围棋的全部。

那么，围棋文化具体指的是什么呢？

它可以是百转千回的诗词歌赋，可以是荡气回肠的历史故事，也可以是深奥幽玄的人生哲理。围棋在历史长河里始终为文人骚客青睐有加，正是因为千万人眼中的围棋，自有千万种别样风华。可笔者以为，**一切棋文化的根基，都最终要回溯到棋谱本身；名留青史的经典对局，才是寄托一切遐思畅想的源泉。**

AlphaGo战胜李世石和柯洁以后，棋界研究AI对局蔚然成风，品评AI围棋如痴如醉者如过江之鲫，这令笔者百思不得其解：极少数一线职业棋手从"来自未来的棋谱"中尝试突破自我壁垒尚属情有可原，可许多连业余初段棋力都达不到的门外汉也要煞有介事地装腔作势，这虽然无伤大雅，但未免太过叶公好龙。围棋是充满乐趣的游戏，沉迷一生之人不知凡几；可**真正乐趣的基本前提，也许当存乎伯牙子期的心领神会之间：棋手落子往往悄然无息古井不波，观者能从静止的棋着中看见棋手内心的波涛汹涌和变化万千，这跨越时空的天人相知才真正美到不可方物。** AlphaGo的棋虽奥妙无穷，但对绝大多数人来说还太过晦涩艰深——要论"欣赏"，谈何容易。

虽暂时不敌人工智能，代代相传的职业棋手同样为后人留下了无数张传世名谱。受自身棋力所限，笔者不太敢就技术层面将之与顶尖AI相提并论；但若论及棋内棋外的思想高度，却绝不比任何人工智能逊色半分。在本书中，**读者将随笔者一道回顾许多历史经典名局，重温那些刀光剑影的峥嵘岁月；**笔者也希望借此机会，向那些为围棋奉献了全部生命的伟大棋士，致以最崇高的敬意：有血有肉的人们，或许比冷冰冰的机器更容易下出与我们产生共鸣的围棋。

本书共收录了十二盘棋，它们都是笔者心目中最能代表围棋精神的文化瑰宝。笔者为每盘棋选定了一个围棋进阶概念，它们分别是余味、分寸、声东击西、转换、鬼手、宇宙流、赖皮劫、平常心、翻盘、弃子、脱先和愚形。这些概念风格迥异——有的是业内黑话，有的是围棋技术，还有的是思维方式，但它们无一不集中反映出围棋棋手的内心世界；要想真

前 言

正感受围棋的奥秘，就必须要**像棋手一样下围棋，像棋手一样看世界**。隔岸观火，毕竟难得其中三昧；棋手不言，谱内自藏袖里乾坤。我们想大谈棋手的人生观和世界观，便从他们落下的每一着棋从头聊起。

笔者由衷地希望，本书能为读者带来一个不那么功利的小世界：不求阅毕长知识，也不求看完得本领；抱一颗不患得患失之心，安静地欣赏围棋大师们在指尖上演出一幕又一幕恢宏大戏。合上本书之时，若读者能稍稍感受到围棋带来的人生思考和随之而来的快乐，那便已经是最圆满的结果。

围棋文化之旅，就从这一刻扬帆起航，驶向历史的远洋。

公孙青阳
2017 年 8 月

目 录

一、余　味 …………………………………………（ 1 ）

二、分　寸 …………………………………………（ 23 ）

三、声东击西 ………………………………………（ 41 ）

四、转　换 …………………………………………（ 70 ）

五、鬼　手 …………………………………………（ 94 ）

六、宇宙流 …………………………………………（111）

七、赖皮劫 …………………………………………（129）

八、平常心 …………………………………………（161）

九、翻　盘 …………………………………………（185）

十、弃　子 …………………………………………（218）

十一、脱　先 ………………………………………（267）

十二、愚　形 ………………………………………（294）

后　记 ………………………………………………（327）

一、余味

中国围棋，从来就不乏天才。

你可能沉醉罗洗河的鬼斧神工，你可能称道范廷钰的不动如山，你可能惊叹芈昱廷的强大杀力。当然，你更可能为柯洁大帝的年少轻狂击缶称庆。

但如果要评选近代中国围棋天才的头把交椅，笔者将毫不犹豫地投马晓春一票。

今日05后这批学棋少年，大多甚至不再知晓马晓春之名，这令笔者不由黯叹竞技世界里胜败和时间的无可阻逆的洪流之力。但总有与笔者年岁相仿的人，还记得那个中国围棋最黑暗的年代，有那样一位棋手，用自己惊艳的棋才独自肩挑中国围棋的大梁，走在世界棋战的第一线。后来，常昊接过了他的班；再后来，古力又接过了常昊的班；一代代天纵奇才正是这样抗击着似乎不可战胜的韩流，才支撑着中国围棋一步步走到今天。后话不提，这些无畏向前的勇士或许终究无缘为这条荆棘遍地的中国围棋抗韩之路亲手画下句点，却绝不该就这样理所当然地被时代和后辈忘记。

马晓春是位不幸的棋手吗？或许罢。喷薄泉涌的妙思和灵动飘逸的棋路，让其早早顶上了天才国手的光环。可命运的玩笑使他在棋盘上迷失了那么几天，让马晓春与民族英雄擦肩而过。同样年轻的聂卫平先一步挺身而出，于中日擂台斩"霓虹国"全团大神于马下，自此站上中国围棋的顶峰，或者说——站上中国公众心目中的顶峰。当时的人们总是津津乐道"聂马双雄"，可若真要排个座次，相信答案不言自明。

天才的马晓春是个"高傲"的人，高傲的人绝不会被一时得失击倒。国内棋战攻城略地的同时，马晓春终于在第6届东洋证券杯的决赛中3比1力克聂卫平，站上了世界围棋的最高点。今天的我们，还有几人记得，那是中国围棋的第一座世界冠军奖杯呢？

同年，一朝掀翻聂棋圣大山的马晓春风华正茂，旋即干净利落地击败"日本六超"之一的小林光一，一年连夺两项世界大赛桂冠，风头一时无两。聂卫平在世界棋战中的疲软乏力瞬间被公众抛之脑后，人们开始纷纷歌颂马晓春的才能与功绩，似乎马的盛世已经到来。各大棋战罕逢敌手的马晓春本人，估计也是这么认为的吧。

　　历史是一台戏剧。马晓春时代的帷幕将要拉开之时，次年的东洋证券杯决赛，一位来自韩国的弱冠少年面无表情地坐到他的面前。当时的马晓春万万没有料到，正是眼前这位看上去呆若木鸡的小朋友，亲手将自己还未彻底推开的称霸之门轻轻合上了。

　　熟知那段岁月的读者们都已知道，那位少年叫李昌镐。

　　马晓春1比3输掉了那次决赛，并从此以后再未获得过任何一次世界冠军。李昌镐成为另一座大山横亘在马晓春面前，似乎让后者自此失去了必胜的信心。

　　笔者本章想聊的，正是这次五番决战首局中的一着棋。笔者以为，**或许正是这着棋，击溃了马晓春战无不胜的信心，让他在李昌镐面前失去了一分底气，从此再无争胜之决心**。这样的说法或许片面和极端，可胜负世界的天平，不正是在这般点滴细节中悄悄倾斜的吗？至于真相究竟如何，便只好留与后人分说了。

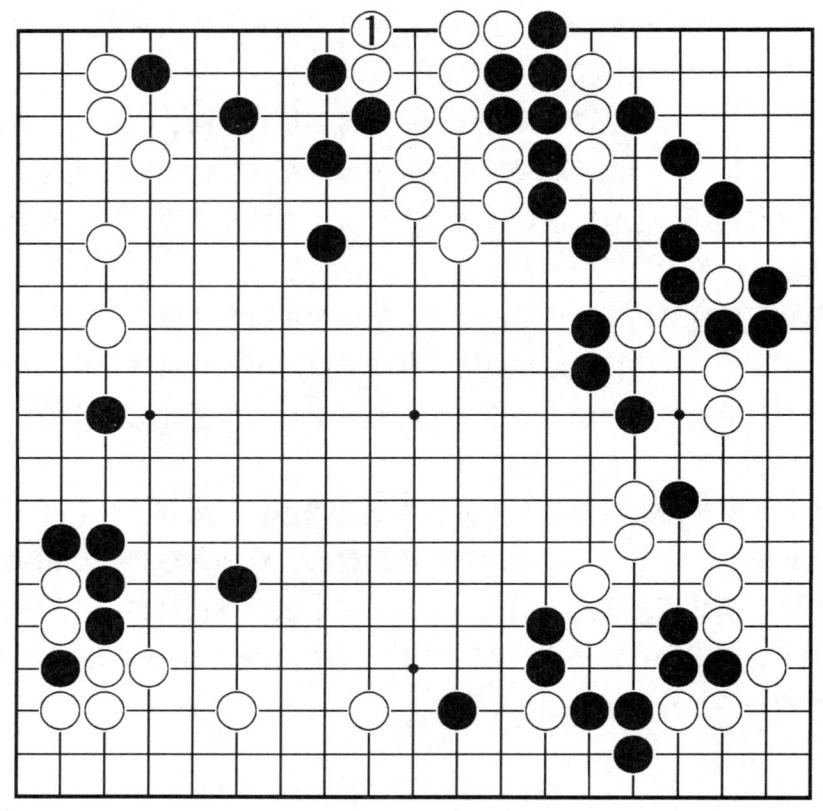

图1

如图1,是的,就是白1这着棋,它看上去平淡无奇。

正因为过于平淡,以致观战的几乎所有人(上至顶尖国手,下至广大棋迷)都被实况直播中白棋的落子位置惊得目瞪口呆。大家心里都默默地问:这,就是世界冠军的棋?

让我们回到落子之前的局面。

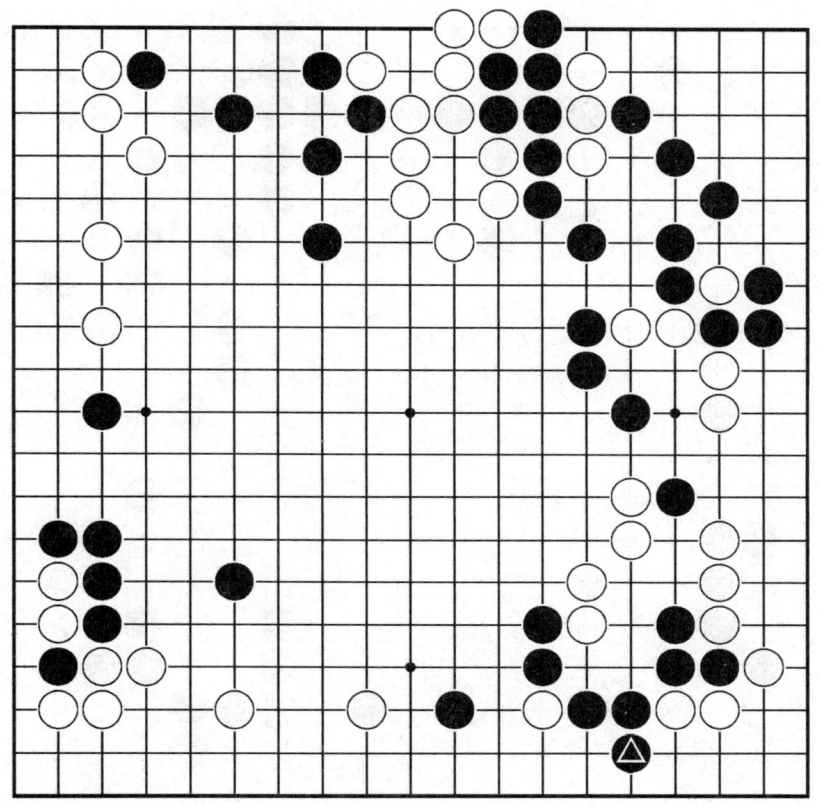

图2

　　棋盘上各个局部熟悉而又陌生的古老定式让笔者一阵恍惚,那些都是笔者这代围棋人自幼耳熟能详的变化。今日的暴力围棋或者说计算围棋,将一个个经典定形推翻又重建,令笔者在欢欣围棋发展之迅速的同时,也在内心深处增添了一分难以言状的失落或落寞。

　　闲话莫谈,回归正题。

　　如图2,这是五番大战的第一局。对阵双方棋风迥异,之前少有在大胜负中交手,故而在本局中不约而同地采取了稳扎稳打的观望战术。棋至中盘,双方都未弈出明显问题手,棋盘各处边角基本划定,棋局呈漫长的胶着态势。

　　让笔者为读者们作一个简单粗略的形势判断:

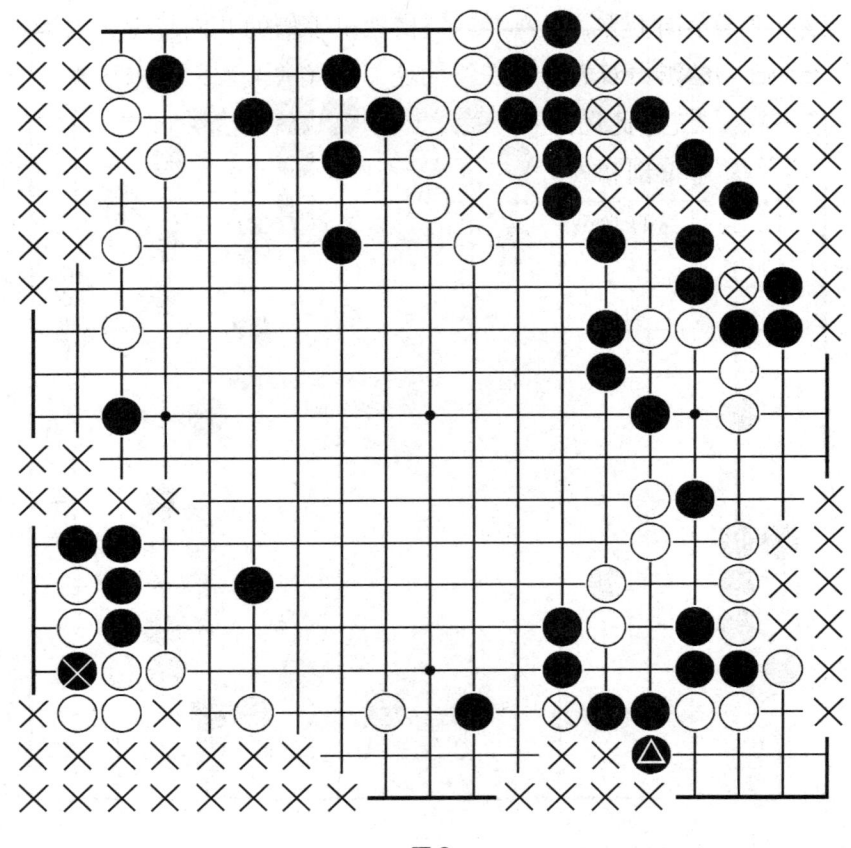

图3

如图3，黑白双方争相出头，中腹的空旷地带自然成为无可争议的盐碱地，双方都鲜有经营兴趣。上方黑白两块棋各具基本眼位但均未完全活净，因此暂不点目。从目前确定的地盘来看，黑约51目，白约45目——虽然现在轮白着子，但考虑到黑在左右两侧若隐若现的些许潜力，黑棋似乎完全可以一战。顺带一提，当年采用的小贴目（黑贴5目半）赛制，无疑为黑棋更添一份筹码。

难题抛给了李昌镐——白应通过什么样的手段，来缩小双方目数上的差距呢？有兴趣的读者请回到基本图，暂缓览阅之后的分析图，用1分钟的时间，思考出自己的答案。

白棋把子落向上方，是具有一定棋力棋手们的共同感觉，因为这里是整个盘上唯一的黑白双方都未安定之处；这样的地方，在围棋中往往被称为"急所"。谁先于此局部获得安定，便可以高枕无忧地瞄着对手的弱点，进行酣畅淋漓地搜刮和攻击。

　　可是，包括当时观战的国手在内，大家都以为白棋会这样下——

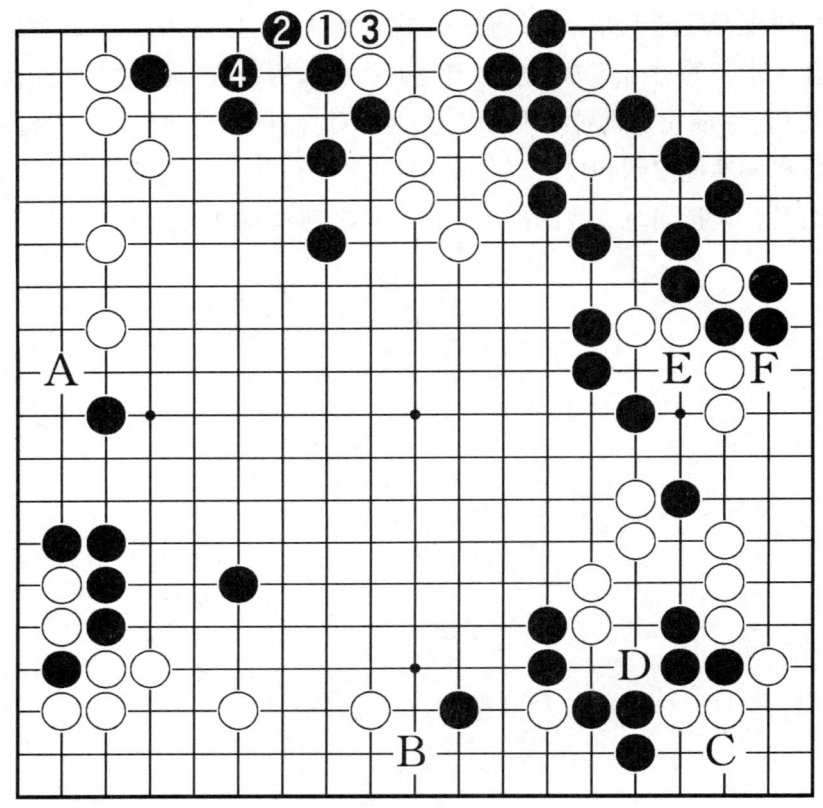

图4

如图4，白棋扳粘是眼见的先手便宜。通过这个交换，白方先手将上方孤棋彻底安定并抢得宝贵先手，A、B、C、D、E、F这些大场，哪里去不得？如此，本局胜负将取决于双方之后对于各处大场的判断，以及官子阶段的收束比拼。

请读者们再回到李昌镐的这一手——

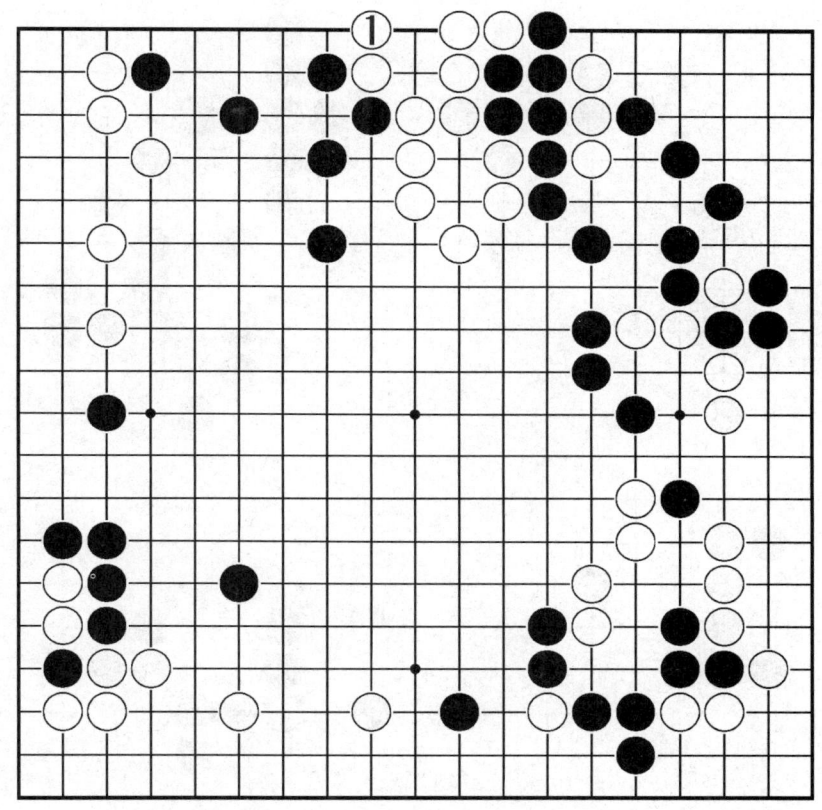

图 5

如图 5，咦？白棋放弃了先手做活，反倒莫名其妙落了后手？

虽在白方落子之前绝难想到，可观战的高手在李昌镐给出答卷后，迅速发现了此着妙味。之前坚定站在黑棋这边的棋手们忽然发现了一个恐怖的事实——黑棋上方这块棋，已经做不活了。

是的，哪怕黑棋不脱先，跟着白方在此局部行棋，黑棋也已经做不活了。

将两个图进行简单的对比，便可轻而易举地发现其中玄机。

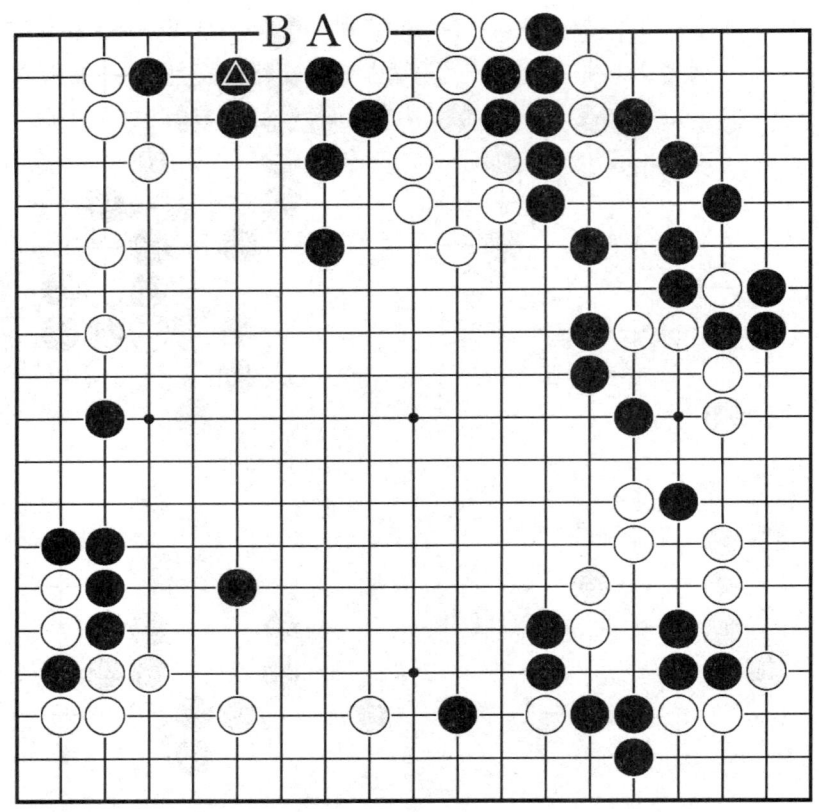

图 6

想要做活的黑方,最好的办法也只能如图 6 一样单并了。可白棋局部已经净活,便从此再不可能进行 A 和 B 的先手交换。而少此交换,黑局部的眼位已经不全;将来若被封锁,白简单从 B 位点入,黑局部已经成为死形。

这一点点的差别,看上去微不足道,其实举重若轻。想必大家都知道"后顾之忧"的含义。

黑如果局部净活,便可在其他地方想一切之不能想,为一切之不敢为;但如果局部是死型,意味着黑棋终此一局,在其余任何地方行棋落子时,时刻要对上方黑龙的安危保持警惕。哪怕在棋盘左侧官子的收束中白悄悄在中央多出一子，黑也要立时精神紧绷，生怕对手藏了阴谋诡计，想要驱虎吞狼。这种举步维艰、草木皆兵的情景，相信逃过大龙的棋迷一定能感同身受；这种如坐针毡的痛苦经历，相信没有人愿意再体会。

这就是此平淡的一手，背后的含义。

当然，一时瑜亮的二人绝不会因白的一时巧计而握手言和。

马晓春素以棋风灵动飘逸著称，换句话讲——快。面对李昌镐不徐不急的缓攻，马晓春用自己快到极致的剑给出了答案，快与慢在这方棋枰上进行了经久的对决。

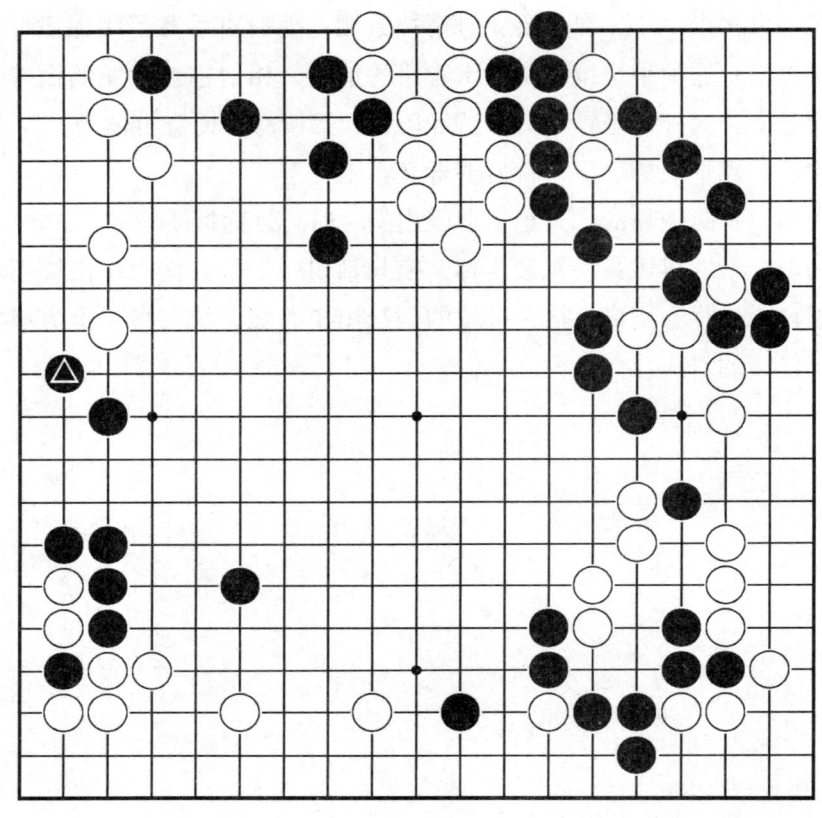

图7

比如图7黑△这样脱先，抢占左侧超大官子。

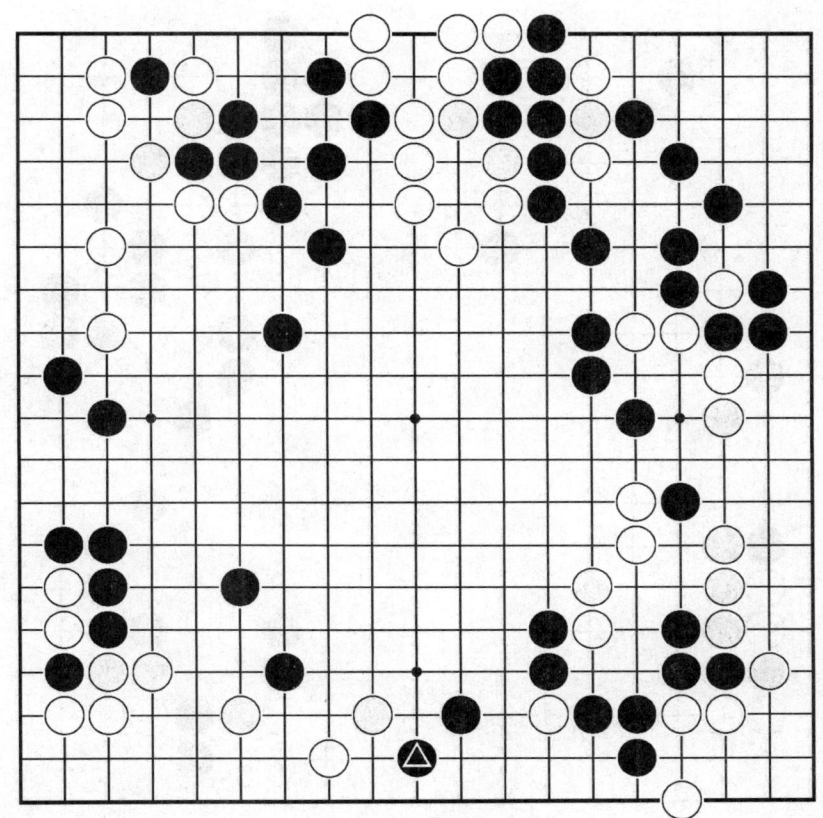

图8

比如图8黑△这样脱先，抢占下方巨大利益。

可李昌镐的棋，看上去永远如此淡定和悠然。

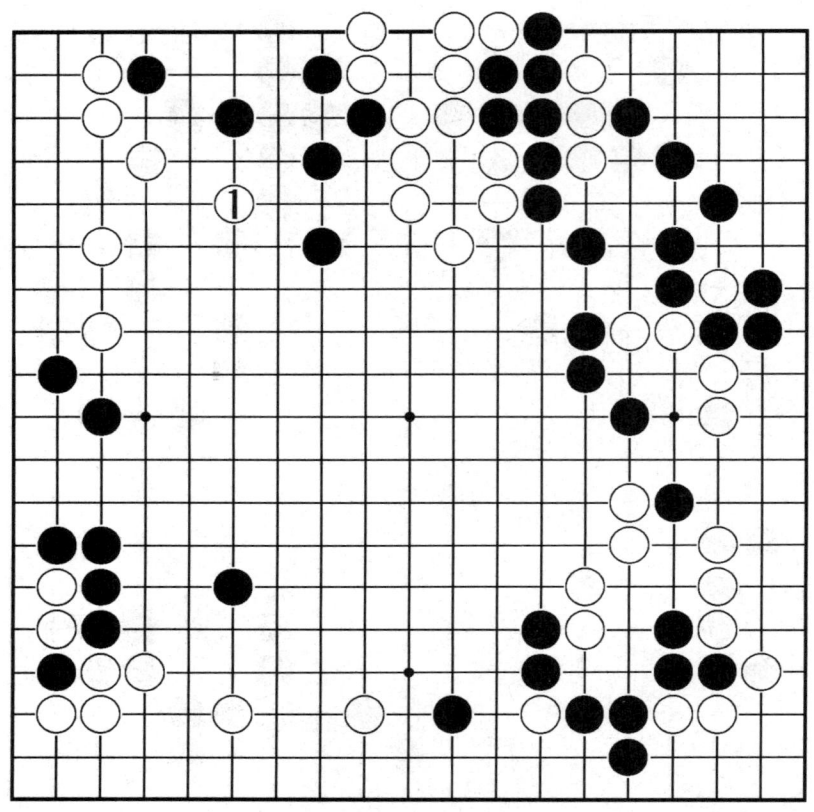

图9

比如图9,让性急的棋迷快要骂出声来的白1慢慢地飞。

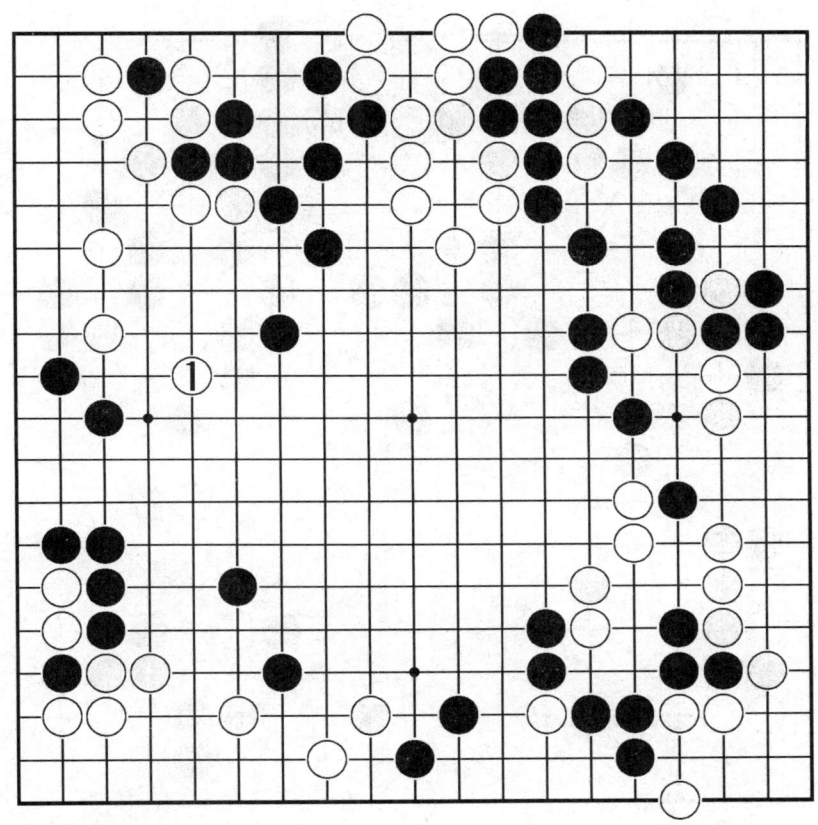

图 10

比如图10，已经让性急的棋迷彻底丧失了理智的白1——再一手缓慢飞。

一方其疾如风，另一方其徐如林。可棋下着下着，竟变成下图这般。

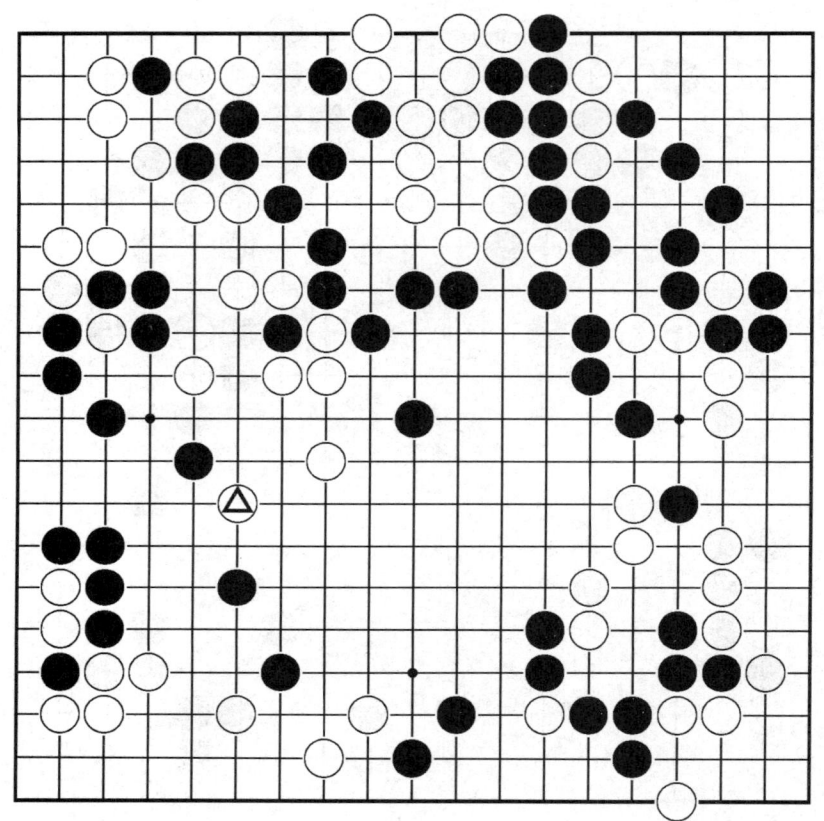

图 11

没有任何白刃相见,对局双方也未见任何怪招恶手。然而,当似乎如愿抢得一切的马晓春再一次判断形势时,却忽然发现:黑不够了。

不是一个身位的差距,是似乎盘面都不能领先了。

正所谓当局者迷,观看直播的心急如焚的我们,在此时已经知道:这盘棋大势已去。因为冷静下来分析,相较于基本图,黑白双方中腹增加的棋子是这些:

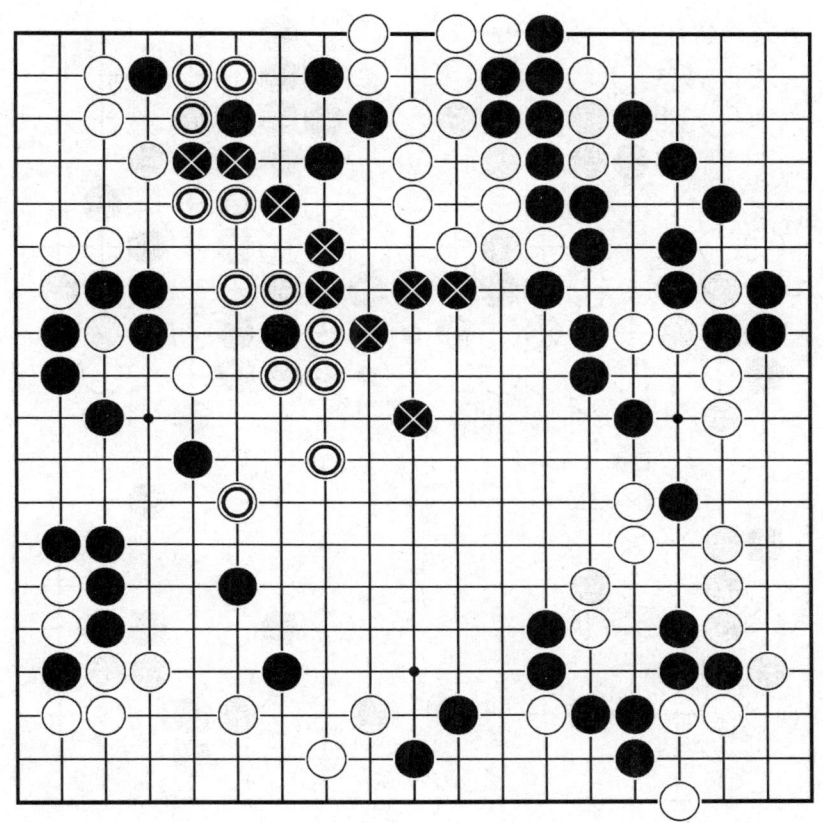

图 12

如图 12，当我们把这些棋子用特殊的符号标注出来，孰失孰得便一目了然。因整条大龙不活，黑棋被迫走出了无数手单纯逃孤而无任何实际价值的单官；反观白棋，每手不紧不慢地进攻，都为自己获得了或多或少的利益——比如破掉黑上方的一切目数，比如大大扩展了白左上角的幅员，比如慢慢进入了黑本有发展潜力的左右两侧——此消彼长，胜负自然已见分晓。

若要用一个更为明确的图来衡量双方行棋之所得，则见下图。

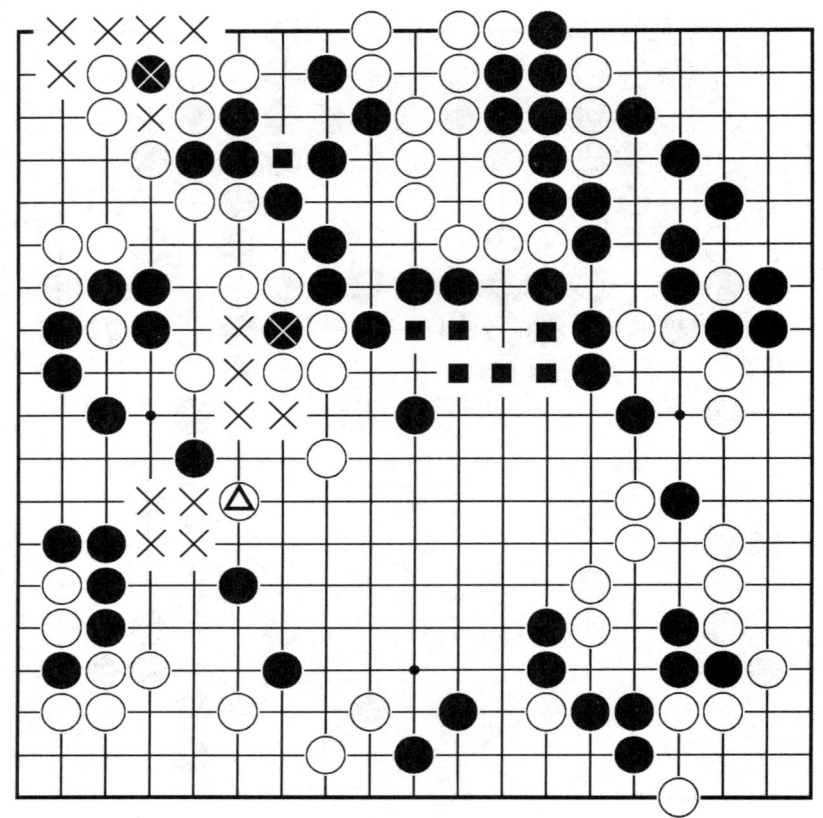

图 13

如图 13，黑白双方所获利益的差距，更加一目了然。

最终，惊悉局势已难以取胜的马晓春选择了悲壮的终局方式——玉碎般倔强地让大龙愤死，中盘告负。

虽然在随后的第二局中，马晓春顽强地搬回一分，可李昌镐似乎自此看破了其灵动棋风的弱点，之后再未给马晓春任何机会，以 3 比 1 结束了决赛。以笔者的眼光看来，或许正是基本图中白棋的这一立，击溃了马晓春的快速围棋，并从此在两位天才棋士的正面交锋中占据上风。

如果要用一个围棋术语来形容这着棋，那么一定是——余味。

围棋中所谓的余味，大抵是指在局部不把所有变化走干净，为未来的各种战斗留下变化的空间。正如李昌镐的这一手，为了今后局面的其他可能，宁愿放弃先手之利。这绝非是单纯地追寻朦胧之美，而是尽一切可能使己方在未来的各种战斗中处于有利的位置。经过科班训练的棋手们一定耳熟能详的围棋谚语"扭十字，长一方"，也恰好体现出余味在简单的局部中也具有不可替代的意义。

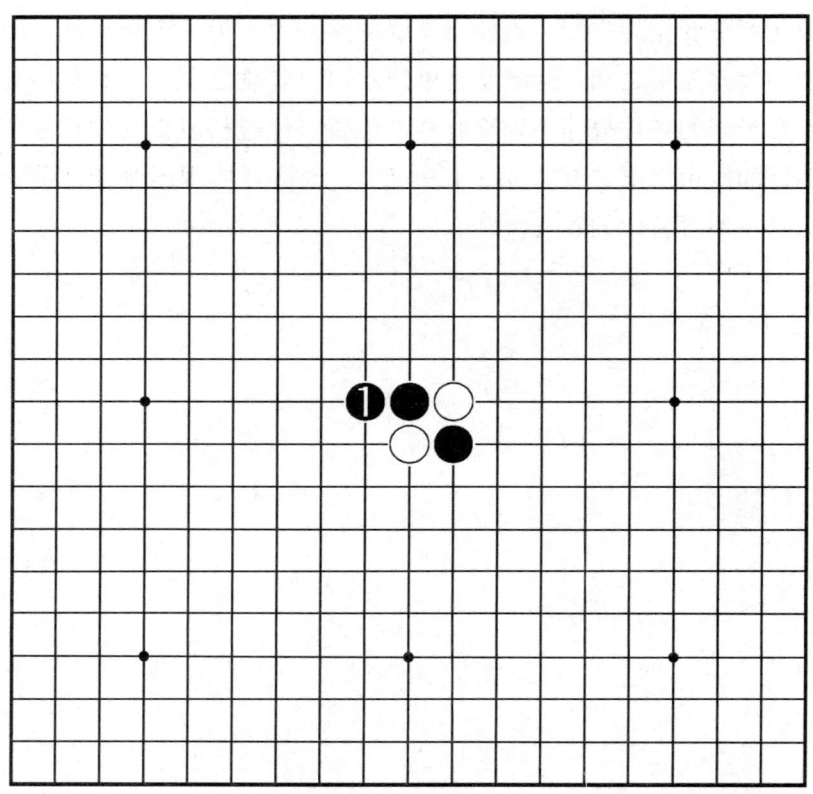

图14

如图14，为什么扭十字不能随意打吃呢？因为无论从哪边打，都不可能直接吃掉对方。而一旦选择了某个打吃，便从此失去了从另外一个方向打吃的可能。战斗刚刚开始，谁也无从得知未来的战斗会是怎样——因一时开心便选择贸然打吃，显然并非明智之举。

而"长一方"则大不相同——既然不知道哪边打吃对己方帮助更大，那么暂且将之保留下来，转而处理自身被断开的棋子。待自身安定，转寻进攻机会之时，就会惊讶地发现：敌方的防守变得顾此失彼。因为没有贸然选择任何一个方向的打吃，对方便必须对每个方向的打吃都进行有针对性的防守，而这在交替落子的围棋中显然难以实现。

发现了吗？余味的意义，在于给自己留下各种各样的便宜可能，在于使对方留下各种各样的破绽和漏洞。**重锤悬而不落时反而更具威慑力，余味也是同样的道理。**当然，如果已经看清关键变化，能够一举将敌军尽数歼灭，那余味自然派不上用场。可正所谓棋逢对手——顽强的对手和顽强的你，哪个会这般容易地被一个变化彻底击溃呢？僵持不下之时，余味便成了此际的最佳选择。

余味是一个相对高级的围棋概念：初学者往往难觅门径，得窥门道者却始终乐此不疲。当一名棋手还没有实力掌握局部各种变化时，余味便如镜花水月，成为空谈。初学者不讲余味，是因为能够下出局部某个完整变化已是难能可贵。可每一位围棋高手在成长的过程中，都定会于某日忽然发现，自己之前大开大合的耿直进攻，常常却是无功而返；为自己留下一点选择空间，往往反而效果更佳。**在笔者心目中，能否在对局中理解和熟练运用余味是衡量一名棋手真实棋力的重要指标，也是战斗未始时便可预知最终结果的不二罗盘。**余味的重要性，可见一斑。

棋如人生，人生如棋。
余味当然绝不仅仅局限于盘内纷争，生活中的余味比比皆是。更加抽象化的余味，代表的是一种牺牲，一种眼前利益和长远利益的抉择。今天功利的世界之所以满目火花四溅，便是因为不少人丢失了对于余味的认识。

眼见利益，谁人不想据为己有？可当人类的眼睛迷失于闪耀的光芒，又有几人能保持清醒头脑？当我们嚷嚷着"吃亏不是福"，便是在眼前利益和长远利益间决然选择了前者，殊不知二者的真实价值绝非肉眼看上去那么简单和单纯。喧嚣浮躁的世界里，棋手之所以始终被公认为品性贤良，或许正是因为他们习惯了余味，习惯了在任何事物面前为彼此留下一丝余地和空间。余味不光在棋盘内高深莫测，在生活中同样不易被人理解；而在这功利的时代浪潮中仍能独善其身的余味，才更是难能可贵。时间的长河中，最终名留青史的，有几个急功近利之人？理解余味之玄妙，

方得冲凝之乐趣。

最后，笔者想聊聊尘埃落定的人机大战。

横空出世碾压世界各顶尖棋手的AlphaGo，乍看上去并不青睐余味的价值；相反，它似乎总是用生硬到不讲道理的强制性交换，将局部变化的种种可能通通走净。然而，**这绝非因为AI无端拒绝余味的美感或意义，而正因余味才是围棋如此复杂和有趣之根本。**留下太多余味，意味着留下更多的呈几何数字增长的变化量——这对于容量有限的1024核谷歌AI来说，实在不堪重负。笔者以为，人类棋手想要在漫长的未来抗衡每天都在成长的AI，就一定要在余味上更下苦工。人脑之所以优于电脑，就在于脑容量绝非简单的串行数字可以衡量——人类棋手在复杂局面下对于余味的精准把握，一定有今天的认知科学尚无法解释的脑电过程。受摩尔效应限制而停滞不前的串行CPU已无法支撑AI再飞速拓展其纵向计算量了；人类棋手的希望，不正在于此吗？

余味就是这样。因为难，才好玩。

你愿意放弃下一秒的快感和利益，尝试体会一下余味吗？

二、分寸

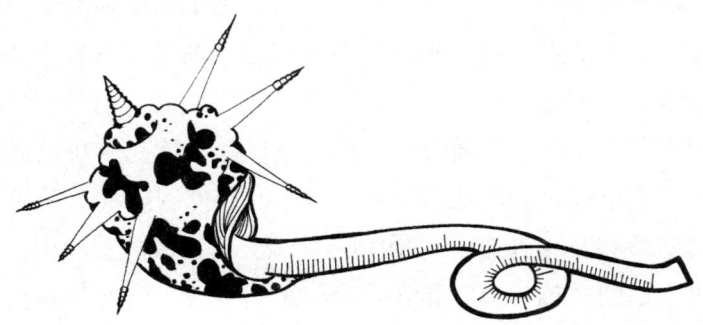

当大前辈江铸久九段也开始用看似调侃的语调传唱所谓的"新围棋十诀",笔者真的不知道围棋界究竟是怎么了。

请大家首先肆意体会一下如今风靡网络的"新围棋十诀"的风貌——

1. 坚决要胜　2. 入界宜深　3. 攻彼忘我　4. 弃子另杀
5. 大小都要　6. 逢危就战　7. 爽在轻速　8. 棋都不应
9. 彼强硬搞　10. 势孤玉碎

笔者从不知道是怎样的棋手总结出这样的围棋观和世界观,却只能从这满目轻狂的字里行间看到小人得志,看到目中无人,看到蛮横在侥幸得逞后的自以为是,看到埋藏在调侃语气下对成王败寇的盲目推崇。

下棋的人都很自信,这本无可厚非;**但将棋手全部的自信建立于计算强于对手便可肆无忌惮的莫名优越感之上,显然与围棋的真理背道而驰。**被韩国数代翻盘高手扰得身心疲乏的中国棋界终于从更加冷酷的道场中走出一批更年轻、更能搅、更"不讲道理"的年轻国手,笔者不知道这是否真为棋界幸事。

还好,人工智能如及时雨般莅临棋界,让棋手终究对自己卑微的计算能力收起了所有夜郎自大的认识。始于韩流的计算围棋(或称不讲道理围棋更合适)也终将止于韩流——2016年韩国人机大战的首局中,棋界最早推行新围棋十诀的"僵尸流"棋风代表李世石九段,已经为自己的轻率付出了代价。

无情的事实终将证明,**当棋手彼此的力量不再悬殊,围棋终究会回归到一个讲道理、讲策略的游戏。**

这里的"讲道理",就是本章想要讨论的——分寸。

请随笔者进入本章的棋局。

二、分寸

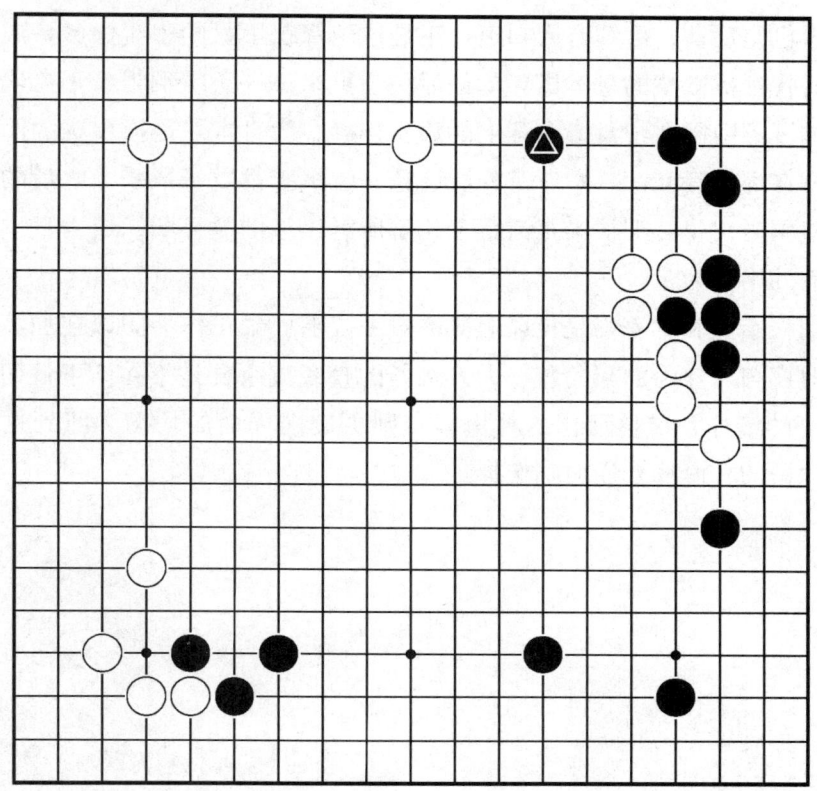

图1

如图1，盘上几处教科书式的定式予人一股时空交错的沧桑感，这是颇有古风的一局。本局弈于第36届日本围棋王座战（1988年4月7日），对局双方是羽根泰正九段和林海峰九段。

熟知棋界轶事的读者一定不会对林海峰这个名字感到陌生。与棋界巨擘吴清源相似，林海峰自幼便东渡日本苦修棋艺，这或许成为他日后得承吴师衣钵冥冥中的因缘。被日本棋界誉为"二枚腰""不死鸟"并最终化身"常青树"的林海峰，靠自己独特的顽强和坚持最终跻身六超，站在时代的最顶端。

相较而言，羽根泰正的名字似乎离大众疏远得多，可他在围棋历史上的地位并不比林海峰逊色多少。其公子羽根直树以"平成四天王"之尊驰骋棋界已是后话，可鲜有人知道：正是这位锋芒不显的中年大叔，成为聂旋风时代摇摇欲坠的日本棋界的最后一道壁垒——正是羽根泰正九段，亲手终结了聂卫平在中日擂台赛上的疯狂连胜，为日本赢得擂台赛的团体首胜——在那一瞬间，日本所有的所谓超一流棋士都黯了风采。之后的日本围棋战国时代里，羽根泰正活跃于几乎所有棋战的循环圈，成为日本棋界最厚重的中坚力量。

　　羽根泰正和林海峰是棋风迥异的对手。羽根泰正作为胆敢在加藤正夫鼎盛时期与之斗力的狠角色，大刀阔斧的直线攻杀自是不在话下；而常年受"中的精神"潜移默化的林海峰，则更偏向局面的均衡。回到这盘对局，执白的林海峰九段面临选择。

三分寸

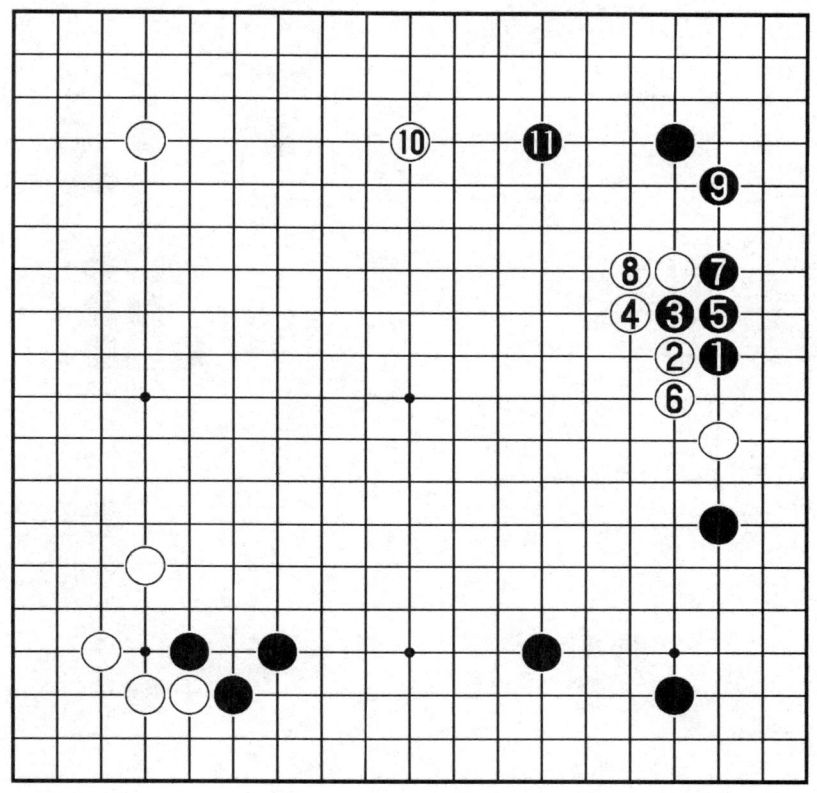

图2

同样地，请有兴趣的读者可暂缓阅读，并花费两三分钟的时间，给出自己对此局面的看法。

棋局刚刚开始，急所大场遍地，可白究竟应该落子何处，却颇觉头疼。

如图2，棋盘右侧耳熟能详的斜拆三打入靠压变化刚刚尘埃落定，付出巨大实地代价的白方似乎亟需发挥外势功效。可外势的难以掌握正体现于此——处于黑方势力范围内的白棋的所谓"外势"，并不十分牢靠。

27

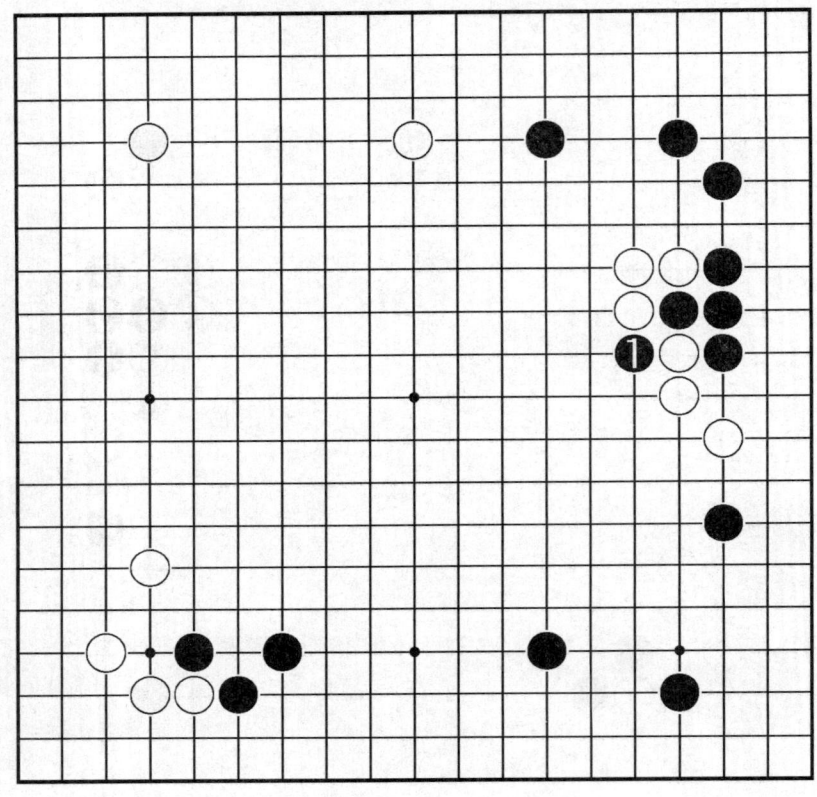

图 3

比如图3，征子有利时黑1掷地有声地切断，被分断的白棋立时陷入苦战。

二、分寸

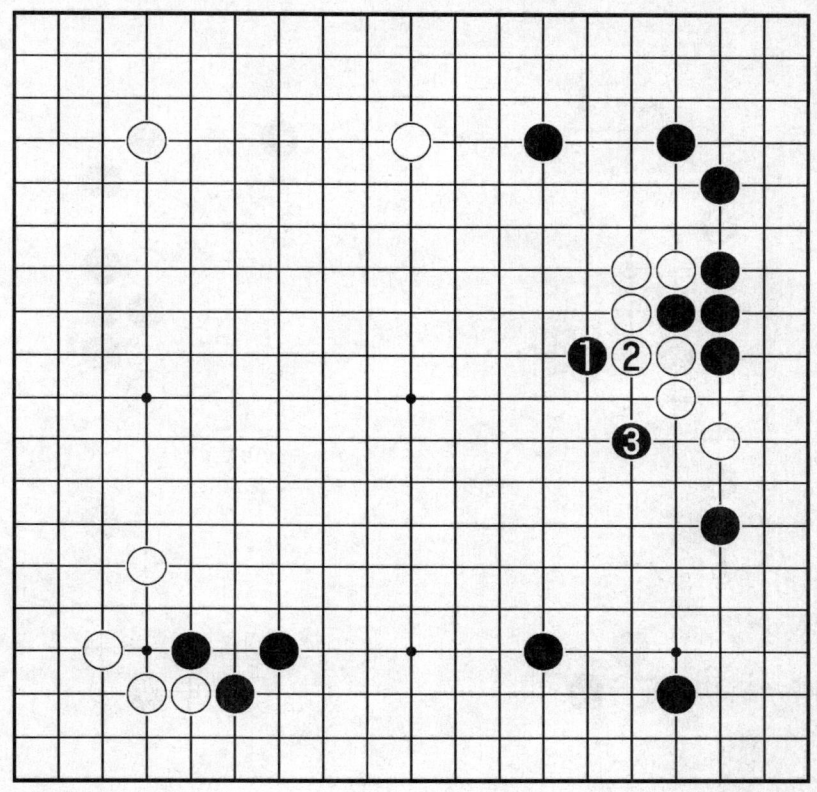

图4

比如图4，黑从外侧刺重白方后的整体缓攻，棋盘右侧的攻守之势立时颠倒。

既然烦恼如斯，那么——白自补如何呢？

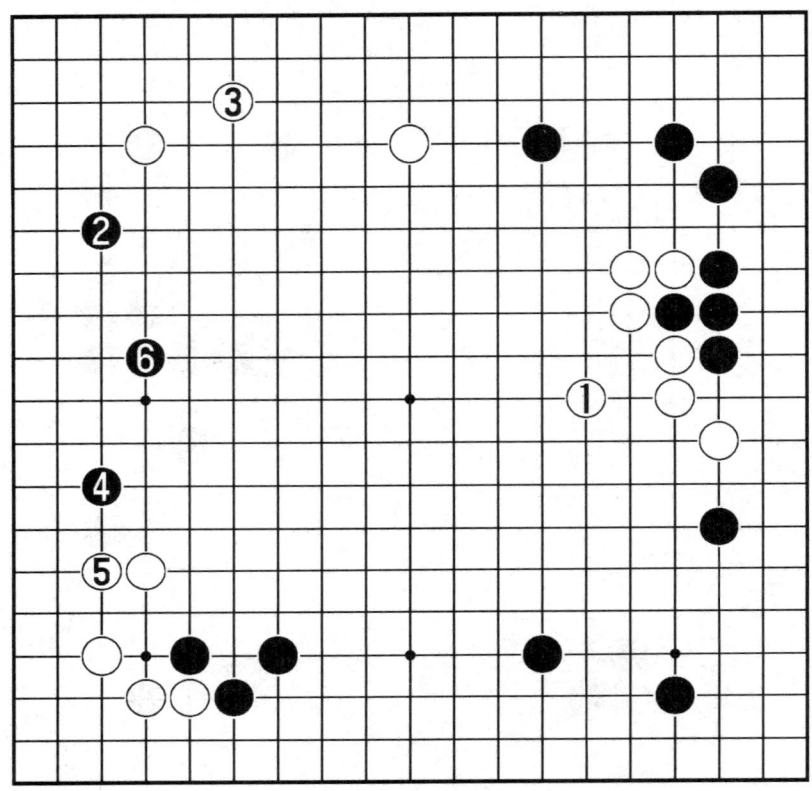

图5

如图5，白1跳方，这真是堂堂正正的一手，棋形端正洒脱，可谓初学者们教科书式的典范。可左侧遭黑抢先攻占后，全局白方步调显然过于迟缓；除去左下十多目和左上十目外再无其他实地的白方，想与如愿抢得一切的顺风满帆的黑方争胜，将愈发艰难。

补也不是，不补也不是。今日棋界靠压定式的无人问津，似与此境不谋而合。看来，此际的白方若不施展些独门秘招，是不可能掌握局面主动了。

现在棋局的焦点在下方，有些棋力的读者应已发现了这一点。下方的托退定式中，黑将拆边一子右挪两路，这固然兼顾了左右阵势，却无疑给白方留下了可趁之机。作为视实地如生命的棋手代表，笔者很想这样将黑阵势一举攻破。

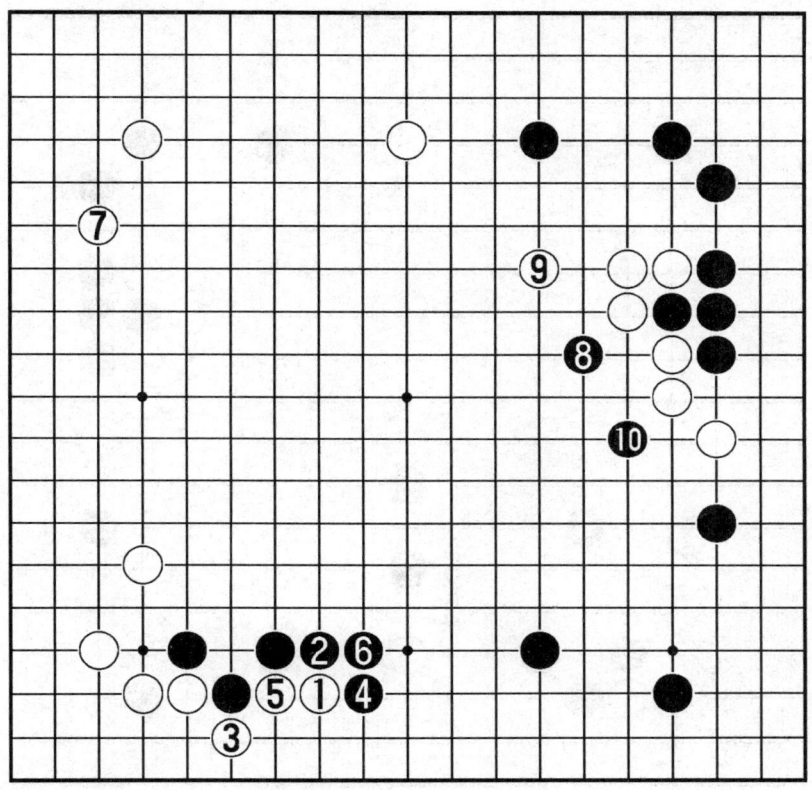

图6

如图6，白1点刺是针对托退棋形的常见要点，也常是针对此型的犀利之着。可黑简单地"请君归山"后，白在局部获得的利益实为有限；而右侧数子遭到黑方的连续疾攻，立时捉襟见肘。白方的滔滔外势，顷刻间沦为丧家之犬——全部化为单官不说，黑在下方忽然膨胀起来的阵势，瞬间不可估量。此种招式，显然行不通。

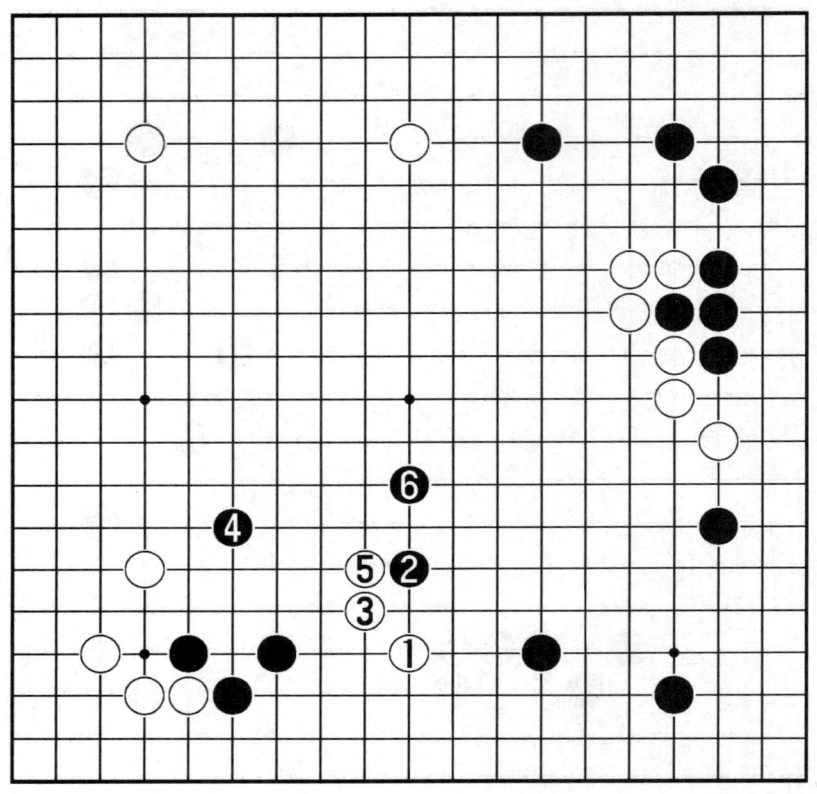

图7

那么整体进攻呢？

如图7，像白1这样的打入非常典型，可遭到黑2当头一震，便立时感到一阵目眩头晕。出头已不顺畅的白方，还要处心积虑地随时顾全右侧一队白子的安全，这样的战斗显然颇为勉强。至黑6，已呈缠绕之势的黑方攻势将愈发凌厉，白棋左右各处弱点暴露无遗；想要长袖善舞全身而退，未免太过艰难。

实战，苦思良久的林海峰给出了这样的答案。

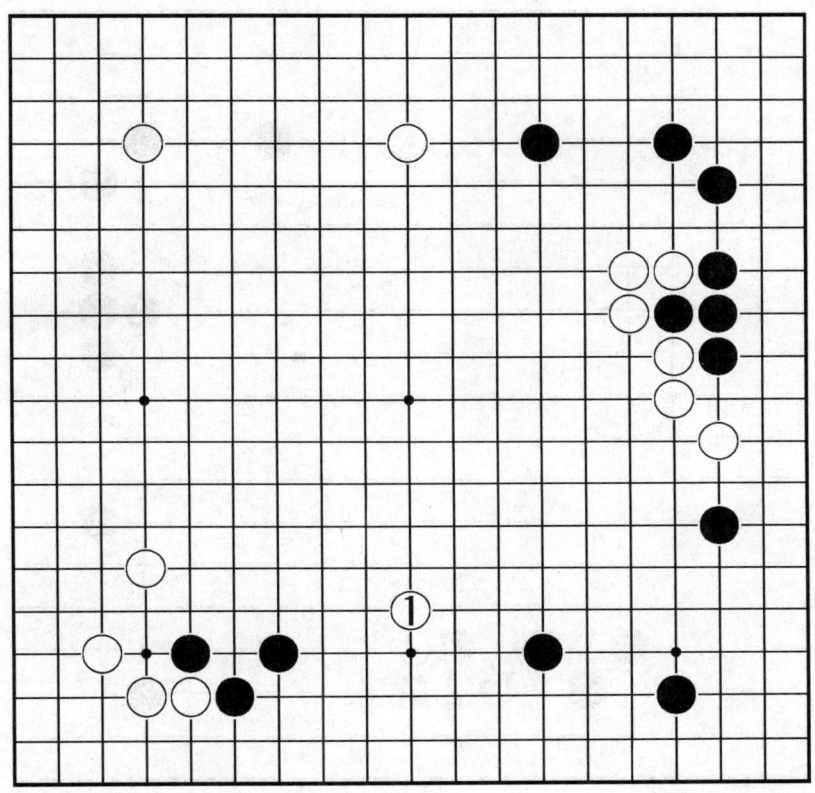

图 8

如图 8,不知诸君看到白 1 有何感想?可笔者本人,在第一时间经历了以为是滑标的错觉后,感受到的是围棋的美感。

这真是左右逢源的一手。

虽然上移一路,黑却没有了在下面跟着应的心情,因为——

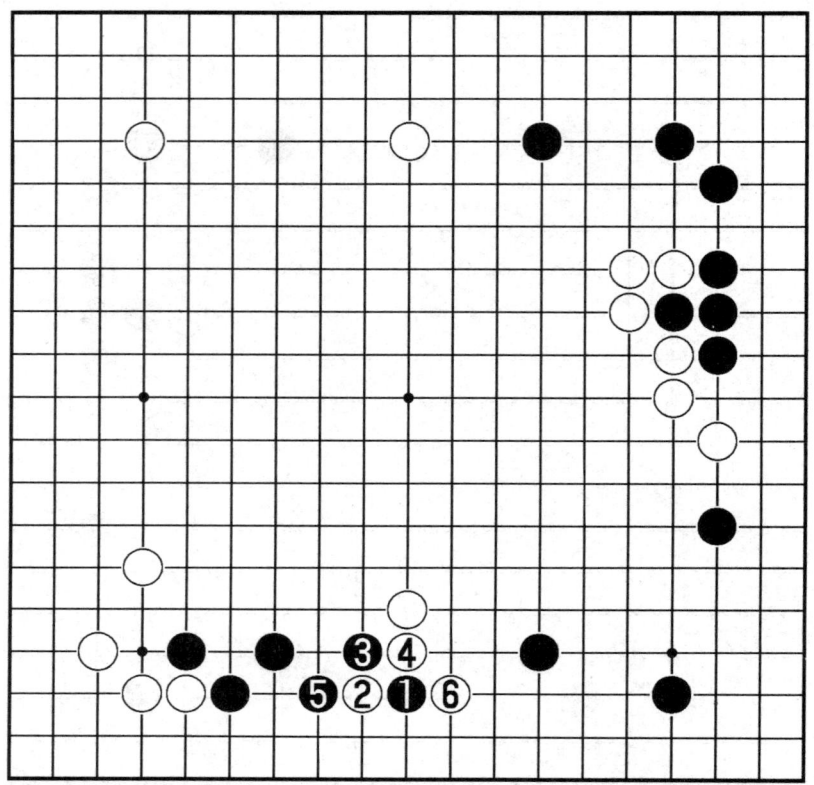

图9

　　白五路一子如鲠在喉,使黑再也没有办法安然联络。如图9,黑勉强通连将遭到白的严厉靠下,兄弟打架的不利局面已经势成骑虎。值得一提的是,白在右侧的征子隐患于不经意间消失不见,对黑而言又是一次不小的打击。

　　正直刚猛的羽根泰正九段显然不会选择上图那般的懦夫行径,反击是他眼中的唯一出路。

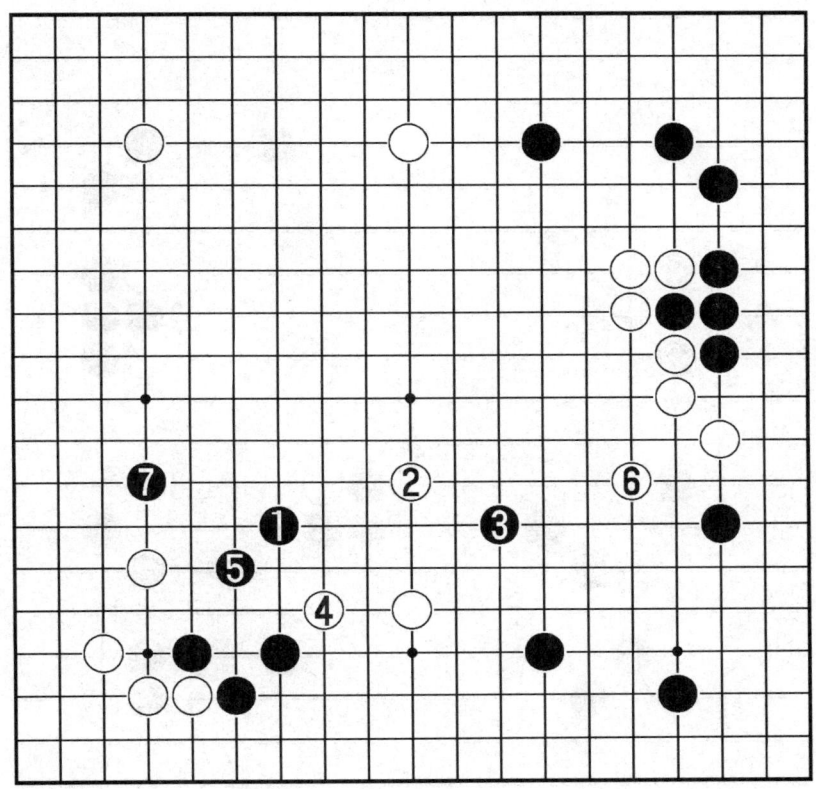

图 10

如图 10，黑 1 愤然跳出，积极求战的心态和斗志跃然纸上。

待白 2 紧随而出后，黑 3 飞袭又是好手，直指白左右要害！

面对黑棋的凌厉攻势，白方不紧不慢地 4 位先手补强下方薄味后，悠然落下了白 6 小飞——解消自身断点毛病的同时，隐隐瞄着黑右下四子的联络缺陷，使黑在进攻时再不能高枕无忧。引而不发的防守反击哲学，入木三分。

笔者在跟业余初段小朋友讲攻击入门时，永恒不变的第一句话是"攻击的目的不是吃子，而是获得利益"。惯于大砍大杀的羽根泰正九段能在职业棋界披荆斩棘，显然也非真莽夫；深谙攻击之道的他，在继续追击白中央薄味的同时，已经大踏步地闯入白左侧地盘。而此时的白方又弈出了精彩的一手。

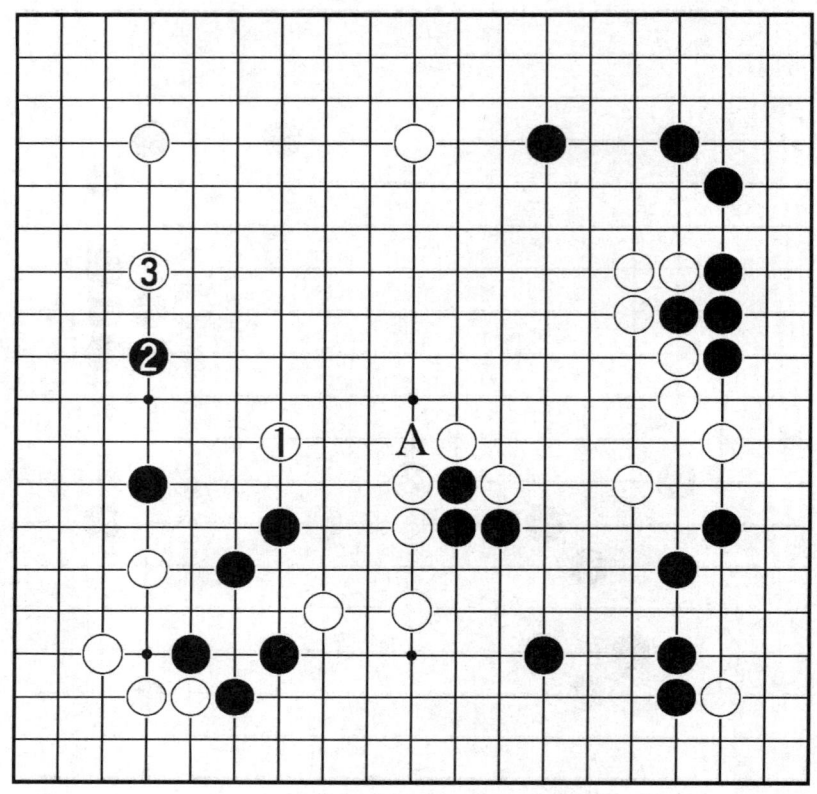

图11

如图11，怎样定义白1，令笔者十分头疼。它似乎没有明确扩张己方阵势，没有直接补牢中央弱点，也没有对黑左侧的拦下提出质疑。但白1的内涵却颇耐品味，因为它似乎又涵盖了上述的全部目的。实战中，黑终其全局也没有勇气断在A位，只能说明两位职业九段都认可了白1的补断分寸。换句话讲，白1是保证自身联络安全的同时，对黑左侧造成最大压力的一手。

这是一盘双方绞尽心力的对局，大量"虚"的概念使得双方围绕中腹的攻防难如登天。以笔者的浅薄棋力，自然无力看出哪位九段弈出了明显问题手；可十几个回合过去，棋局变成了这样。

三、分寸

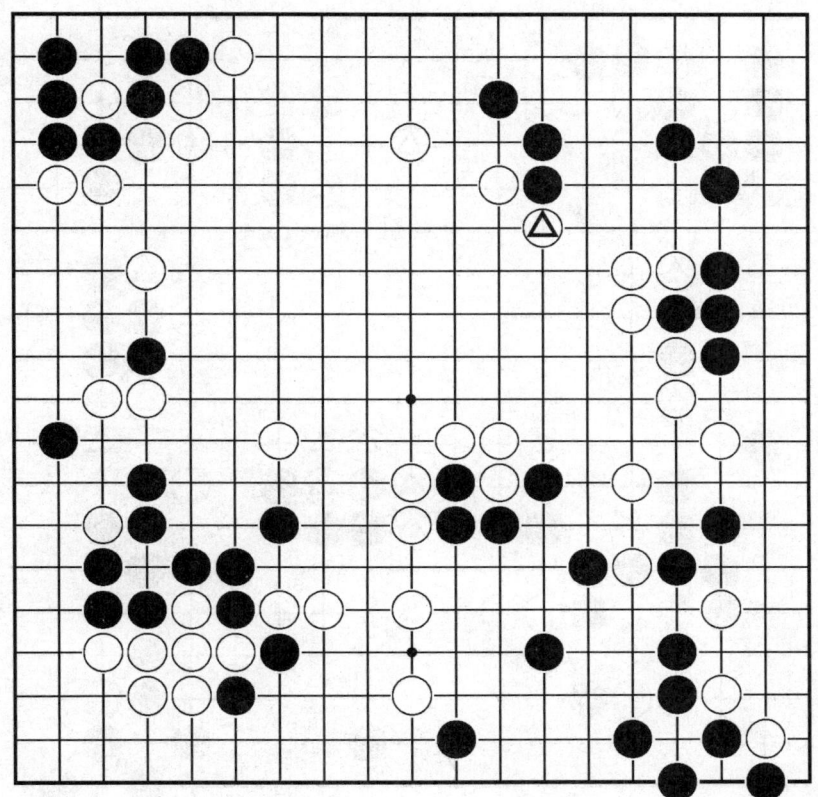

图12

如图12，似乎处处得利的黑方，在白△扳头落下以后，恐怕会立时耳赤罢。之前看似频频忍让的白方，终于在此刻露出了锋利的獠牙。

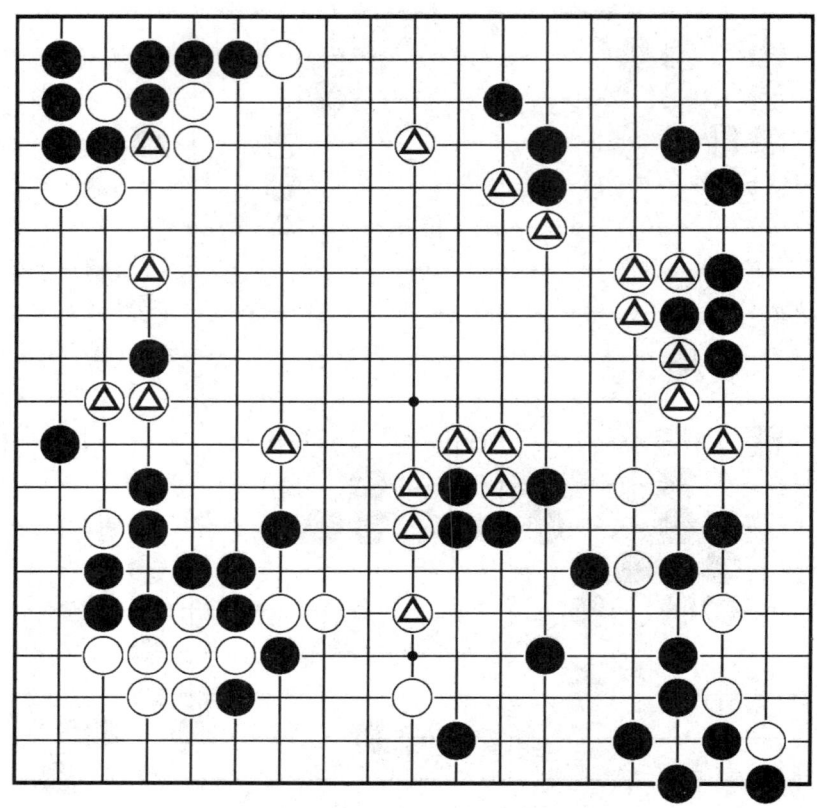

图 13

如图13，白前面似乎一直在单纯防守的棋子，不知何时已在中央围出滔天大空；待黑惊觉，悔之晚矣。最终，白中盘获胜。

若要总结本局白方胜因，分寸的完美掌握恐怕首当其冲。白中央棋子看似孱弱，却始终没有给黑一锤定音的战机。通盘的战斗中，白在维持实地均衡的同时始终把控着自身薄弱棋子的活力，并最终将之转换为中腹巨空，这种分寸的拿捏令人叹为观止。通过最合理的招法，白布局阶段出现的右侧数子始终发挥出隐约的外势功能而并没有沦落为孤棋，也是本局白方获胜的关键。反观黑方，左下和左上的分寸失衡导致局部获利却失之大局，似乎也正是重要的致败原因。由此可见，高手过招，分寸的把握至关重要。

二、分寸

  同前文的余味一样，分寸也是围棋的进阶概念，需具备一定棋力基础方可掌握。**围棋中的分寸，大抵是指适宜的行棋程度；而分寸概念的内核，不外乎"合理"二字。**

  围棋水平越高，对盘上的利益纠葛就看得越清晰，想要争取的利益自然也越多。可鱼与熊掌不可得兼——当一名棋手想取地、想取势，想围空、想破空，想进攻、想防守，想激进、想稳妥时，分寸感便派上了用场。正所谓**"棋风无优劣，行棋有好坏"**——单纯的地势偏爱或是攻防喜好无可厚非，可在不恰当的局面下一意孤行，就定会付出惨痛代价。前文提到的"新围棋十诀"，每一条都是分寸概念最完美的反面教材；若真按此逻辑行棋，在旗鼓相当的对手面前定然不堪一击。有兴趣的读者可自行查阅经典版"围棋十诀"，那些才是体现分寸的上善格言。

  本章虽屡次抨击"新围棋十诀"并不意味着分寸就是指不分场合的频频退让。**"合理"始终是分寸最重要的东西**——当己方筑成滔天厚势而敌人还敢"爽在轻快"般无理挑衅，重拳出击将之全部击毙便是此时的最好分寸。吴清源大师终其一生的思考，给出的答案也不外乎"中和"（翻译成"自然"可能更加容易理解）二字，这与围棋中分寸感强调的"合理"显然殊途同归。在这样的围棋思想耳濡目染下成长起来的林海峰被誉为"二枚腰"（意即永远打不倒），从来就不是因为他在逆境下的反击有多猛烈或犀利，而是因为他行棋始终以合理为目标，因此哪怕局面稍有不利，对手也极难找到一战功成的机会；在徐而不急的持续追赶中，对手往往因焦虑而自行弈出的问题手才是被翻盘的原因。

  围棋史上另外一位以顽强著称的棋手——"七番棋之魔"赵治勋九段，或许才是顽强的最恰当注解，打过二人棋谱的读者一定能轻易分辨二人同为"顽强"称号下的天差地别。简而言之，赵治勋的顽强是"用凌绝天下的治孤水平永远执行先捞后洗的战术"，刀尖上跳舞的视觉冲击效果卓群；而林海峰的顽强则"总是在当前局面选择最善办法，在漫长收束中等待对方失误"，看似平淡却总能赢棋。二者之间的差别，一目了然。

　　发现了吗？**哪怕是名垂青史的围棋大师，彼此对于分寸的理解也不尽相同，这也是围棋独有的魅力**；但从来没有任何一位棋士，胆敢以"不讲道理"为荣并将其作为自己的围棋哲学。若用一句话来总结笔者心目中围棋最善的分寸，那便是：**在恰当的局面，做恰当的事**。

　　这听起来与我们的生活息息相关，不是吗？棋如人生的道理，或许正体现在这点点滴滴之中。昔日风靡世界的"理性人假设"鼓吹纵欲和行乐，他们声称"贪婪是人类的原罪"。这显然与事实背道而驰，因为在人类发展之初根本就没有除开生存和繁衍以外的任何欲望——这与"水平较低的棋迷体会不到分寸感"是同样的道理。与之相反的，马斯洛单讲需求层次理论便一路讲到经济学和心理学界的顶端，其实也是掌握了人性中分寸感的重要作用。

　　崇尚自由的西方世界尚且如此，东方文明里的分寸则更受重视。儒家先贤讲"人贵有自知之明"，便是在强调分寸在为人处世中不可或缺的作用。社会从不允许任何个体能够予取予求，不懂分寸的后果便是为群体所淘汰。纵观历史，棋手的犯罪记录非常罕见，这不光是因为棋手已经习惯遵循规则和铁律，更是因为他们在围棋游戏中理解到分寸感在任何体系中的举重若轻。**越过分寸的边界，便会遭到公理的制裁**——棋手们通过在围棋这个游戏中自幼无数次的被屠龙或被翻盘的经历，早已潜移默化地学会并理解了这一点。想要成为一个优秀的棋手，分寸感的建立必不可少；想成为一个优秀的人，又何尝不是如此呢？

　　知道自己想得到什么，只是本我的欲望。

　　知道自己配得到什么，才是人生的智慧。

三、聲東擊西

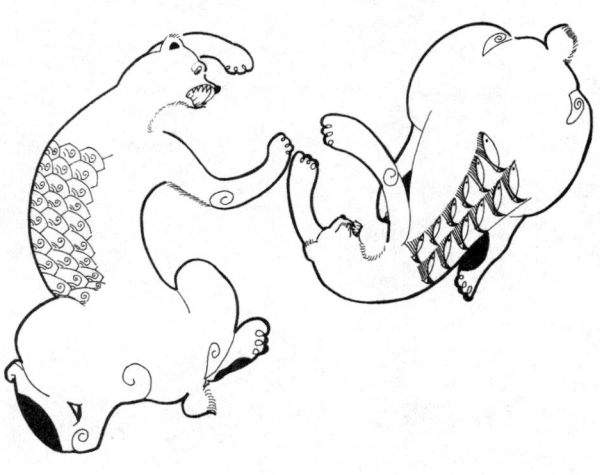

罗洗河已经长考了 40 分钟。

围上来想一窥究竟的人越来越多——不论胜负，单是能逼出罗洗河或许是职业生涯最长时间的长考，对坐的高丽小伙已是不负虚名。棋局已趋白热化，表情波澜不惊的对阵双方其实早已势成骑虎，白刃相见只是早晚问题。

时间一分一秒过去，对局室的气氛愈发沉重。人们徒然手心出汗，却也更加期待棋手拔剑时的平地惊雷。就在这落针可闻之际，罗洗河的手终于伸向了枣红色的榧木棋盒。围观众人一时屏住了呼吸。

三声东击西

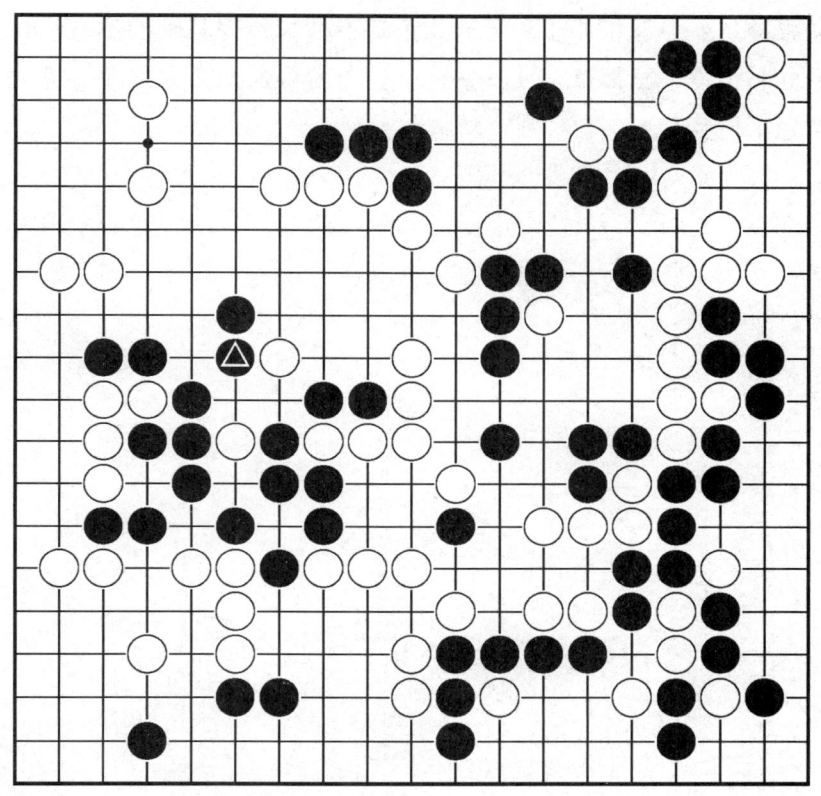

图1

（当前局势，黑左侧大龙生死决定本局胜负）

如图1，此时的罗洗河当然顾不上琢磨别人的感受，前半盘的顺风顺水一度让自己放松了警惕，可对手顽强的棋路竟将必败之势拖入了不死不休的终极厮杀——素闻此子以蛮力和顽强著称，此番对战果然名不虚传。然而，长考之后的自己已然算清了一切变化，对手的翻天之路也就到此为止罢，宋泰坤"力士"之名倒也不过如此。自信没有错过任何斩杀机会的罗洗河这般想入非非的同时，迅速落下了这一子，干净利落。

落子的一瞬，罗洗河已经感到不对，却悔之晚矣。与自己预想的全汤信服、掌声雷动的一锤定音不同：立于一旁的教练和队友齐齐变了脸色，而韩国众将却已喜上眉梢。就连负隅顽抗的对手也不由得身体一直，始终

弈道拾遗 YI DAO SHI YI

黯淡的眼神忽然燃起了斗志和希望。正觉不妙却不得其解的罗洗河再定睛一看，立时惊得下巴都落了地——自己长考所得的这必杀之手，竟阴差阳错地摆错了位置！

三声东击西

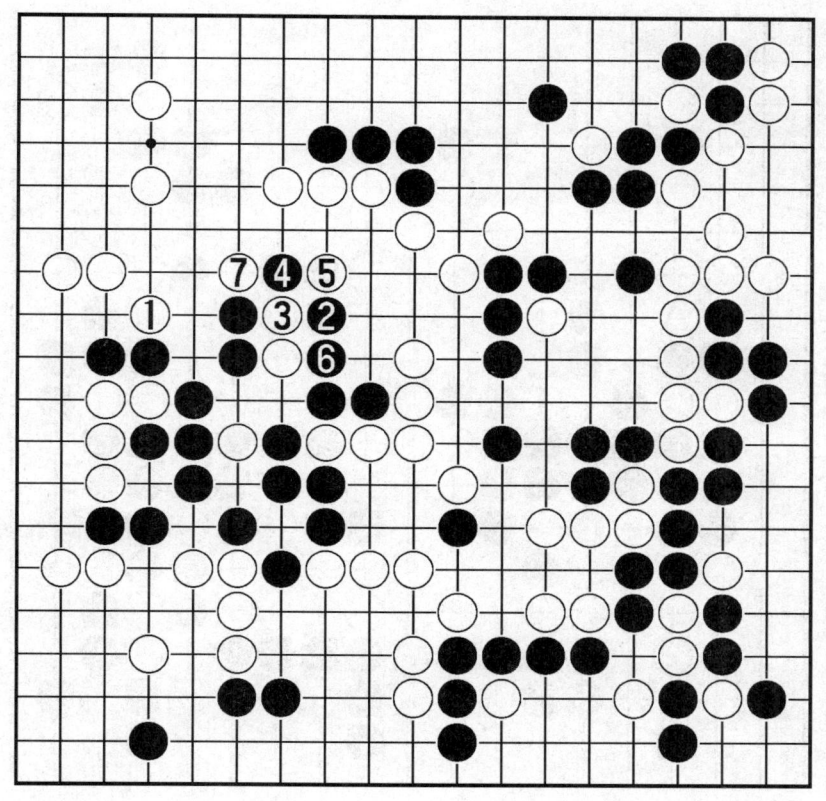

图2

如图2，这是罗洗河长考后的变化。如此进行，黑大龙在劫难逃。

45

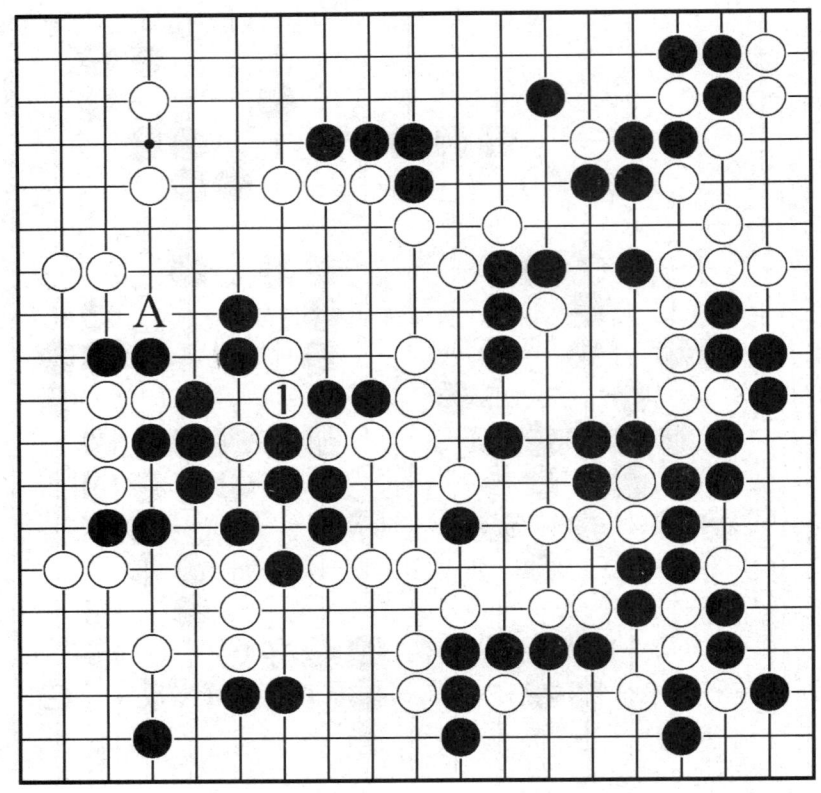

图3

如图3，这是罗洗河的实战。本已算清一切变化，却阴差阳错地将欲落于A位的一子错放在了1位，机关算尽却终于付诸东流。简单确认后续变化后，宋泰坤迅速地落了子，并向罗洗河投去一道冰冷的挑衅目光。遭到通盘压制的黑棋终于迎来了胜利的曙光——所谓"卧薪尝胆，一朝吞吴"，正是如此。

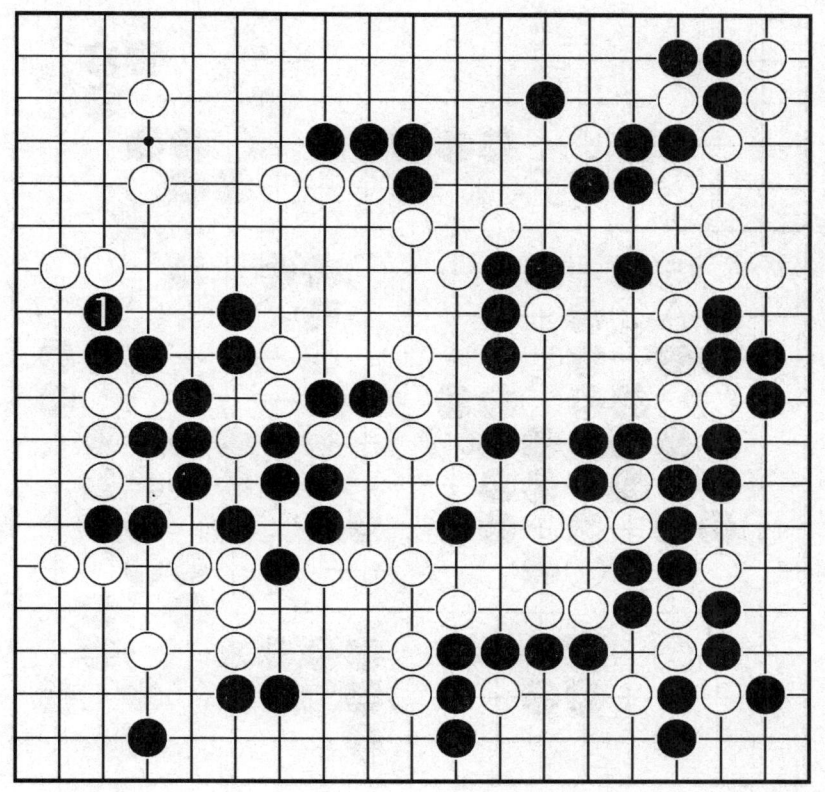

图 4

图 4 是宋泰坤的实战。黑 1 以后,黑大龙其实已经逃出生天。

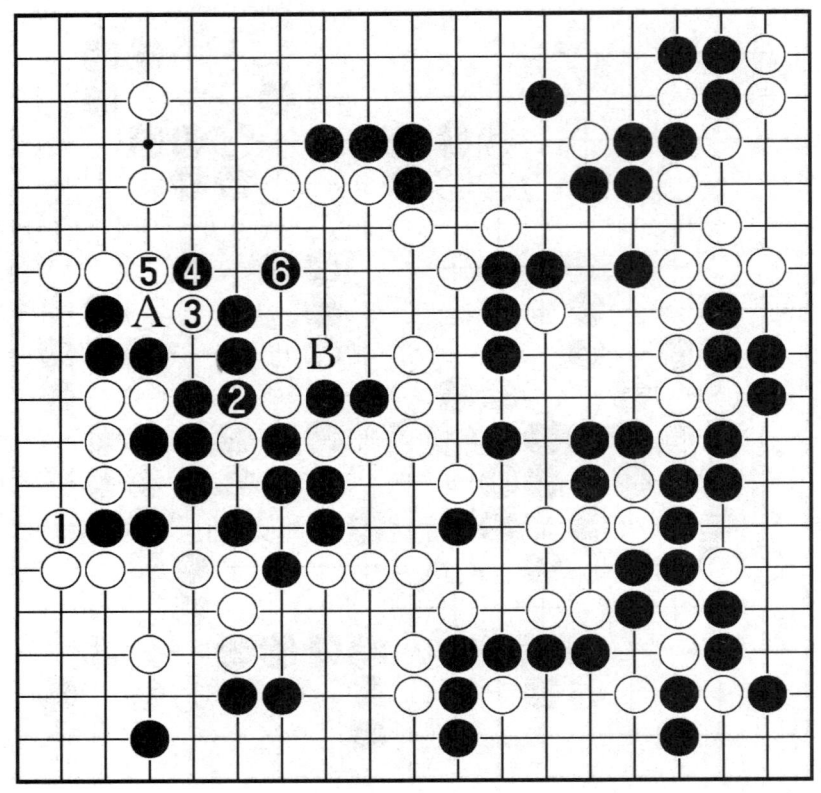

图5

如图5，客观来讲，此时的白方已经回天乏术。想要屠龙，则1位不得不补；然而简单进行后，黑A、B两点必得其一，大龙顺利成活。

然而棋局并未终止，罗洗河也并未投子认负。遭此飞来横祸，意志薄弱的棋手或许早已推盘投子并开启复盘胜的愉快旅途；作为最顶尖的职业棋手，罗洗河的斗志还未殆尽：眼高于顶的对手正喜形于色，必有破绽可寻。在智商高达160的大脑全速运转之下，罗洗河终于眉尖一挑，计上心来。

本局是笔者心目中不朽的经典，也是围棋史上无可替代的奇局。传奇往往源于巧合，古人诚不我欺——没有罗洗河鬼使神差般错放的一子，世界上或许会多一盘平淡无奇的完胜好局，却从此错过了一个流传天下的传奇故事。所谓天才，往往更是如此——没有这样急转直下的身临绝境，就迸发不出那般璀璨的智慧光芒。

"且让对手得意这阵，吾终必取其首级。"罗洗河面无表情地这般想着，眼中却流露出了狡黠。

本章的故事，也从这里正式开始。

这是一个量产世界冠军的时代——用"过江之鲫"来形容或许刻薄，却贵在真实。

从铁血的中国式道场的流水线上一路走来的少年们在世界大赛中披荆斩棘，罕逢敌手。可一座座璀璨奖杯绝不意味着他们可以并肩前辈大棋士们荣登围棋殿堂——千篇一律的胜在实用却鲜有美感的棋风，想在围棋文明中刻下属于自己的印记，绝非易事。

新一代的年轻的世界冠军们无疑是可敬的，他们无不勤奋刻苦，大多品性贤良，个个都有中华围棋之担当；茕茕孑立般立于他们身侧的罗洗河，或许已经不能战而胜之，却注定青史留名——

他有韦氏测验高达 160 的智力商数，"天才"二字对他来说早习以为常；

他有邋遢到只好用"狂放"和"不羁"来形容的惨不忍睹的边幅，每每与端庄高雅的夫人共同出席，反差和违和双双爆表；

他似乎永远都有实力战胜这个星球上最强大的棋士，却总在名不见经传的棋手面前马失前蹄；

他总下别人想不到的棋，也总说别人摸不透的话；他因口出狂言和目中无人屡遭诟病，却始终我行我素，特立独行；几乎所有棋手对他棋艺的评价，最终都回到一个字——"诡"。

罗洗河之名一日不亡，则"诡"之头衔不容他人染指半分。捉摸不定的棋路加上不拘常理的构思，往往使其对手无所适从。他在三星杯上与崔哲瀚弈出的人尽皆知的四劫循环之名局足以展现其傲人的才华，可罗洗河的名局绝不仅限于此，本章讨论的便是另外之一。罗洗河的围棋之所以"诡"，便是因为对手很难发现每手棋背后的真实意图。对手往往为其眼花缭乱的手段所迷，而在不觉间错过了真正的杀机，这也是本章题目"声东击西"的要义。谈到这里，读者们猜到本局中白的翻盘之术藏于何处了吗？

本局白败势已定——罗洗河清楚地意识到了这一点。而更为重要的是，罗洗河清楚地意识到了：对手也是如此认为的。苦苦支撑百余手的宋泰坤一招得手，乾坤易主，此时内心想必正自澎湃；本局自己所仗的最后一根救命稻草，势必要着落在对手的忘形之心上。

想明此点，罗洗河望了望双方所剩无几的保留时间，轻轻摇了摇头，落下了改写本局命运的第一手。

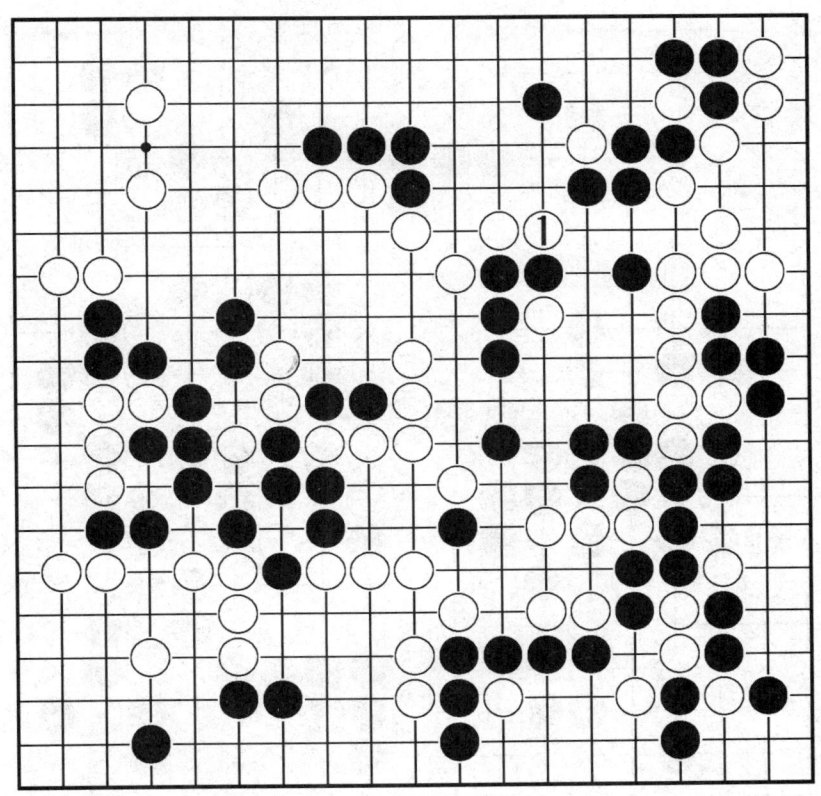

图6

如图6，正沉浸在翻盘欢喜中的宋泰坤一愣，白1是奇怪的一手。

职业棋手从不着无意义之手，因此白1定有内涵——队友、教练、对手、对手的队友、对手的教练——所有人都这么认为。可包括在电脑前观看在线直播的吃瓜群众在内，没有人看懂这平淡无奇的一冲究竟妙在何处。因为，哪怕黑脱先他投，白似也无计可施。

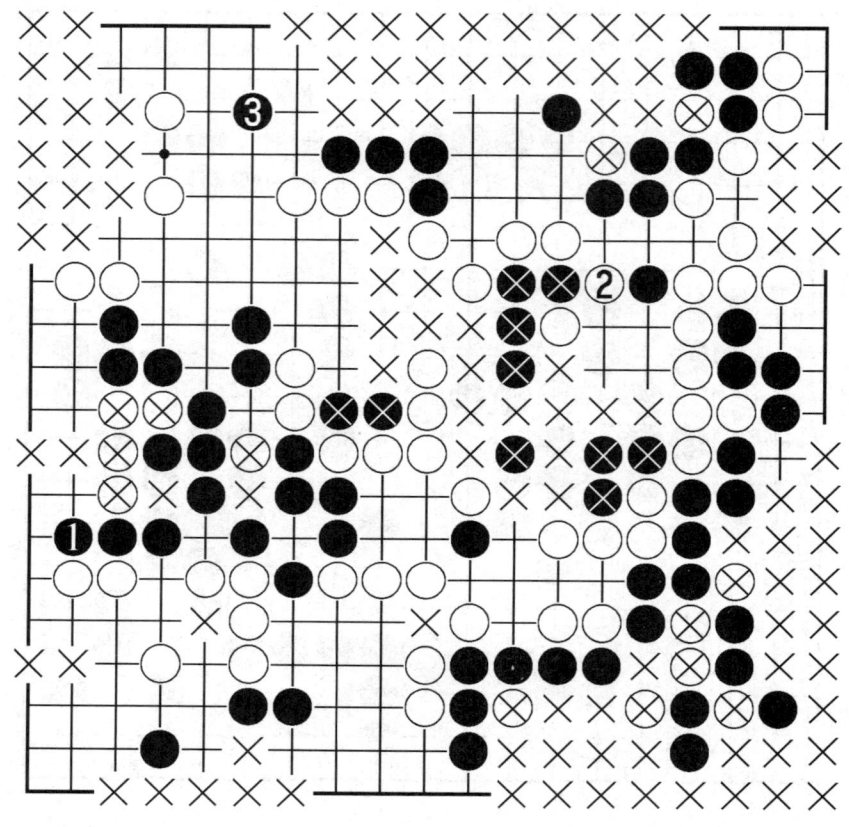

图 7

如图 7，哪怕黑 1 置之不理，转去将左侧大龙彻底做活，白也只能将中腹八颗残子收入囊中。这样，黑 3 抢到上方最后一个大场后，简单判断形势：黑方保守点目已经 80 有余，而白方满打满算也凑不足 70。如此白大败。

实战中，宋泰坤稍作思考便否定了上图变化。这是当代韩国棋手铁血棋风的最真实写照。

如果说中国围棋取道中庸，那么日本和韩国则无疑走到了两个截然对立的极端。师从本格派老师的笔者，自然崇尚棋形，崇尚效率，崇尚均衡。可哪怕作为美学流鼻祖的大竹英雄先生，大概也不得不以自己血泪的教训承认韩国围棋看似野蛮背后的合理之处。除去在巅峰时期依旧被前后辈冠以"异端棋路"之名的李昌镐,从开国元老金寅到一代霸主刘昌赫,从自学成才的徐奉洙到科班出身的李世石,从昔日的围棋太子金志锡到今天的棋坛霸主朴廷桓,(在此,笔者唯独避去了韩国另外两大巨擘赵南哲和曹薰铉,因为他们的棋风迥异。若要探寻里间因由,或许要从二人自幼东渡日本求学的经历中推敲一二。)每一位韩国棋手身上都刻下了大韩民族特立独行的战斗印记。若想用一个最直观的细节来勾勒出他们的战斗本能,那恐怕就是:**能赢一百目的棋,韩国棋手绝不会只赢一目。**

是的,这公然挑衅了一代代围棋大师最根本的围棋观——泉下有知的吴清源先生恐怕五味杂陈,盛极而衰的李昌镐老师或许也只能腆然一笑。传统围棋讲究文化内涵,所以我们聊余味,聊分寸,聊中庸,聊平衡。可从一开始就将围棋划入残酷的竞技世界的韩国棋手们,已经在确信本局必胜时开始考虑"一定要尽可能大胜,这样很可能会打击到对手下一次与我对战时的自信心"这些更加功利却也更具可操作性的现实问题。笔者无意探讨文化围棋与竞技围棋孰优孰劣,二者本身就是各占胜场的独立维度。可不论怎么讲,坐拥世上看似最不合理棋风的一代韩国棋手总是挺直腰板,在棋坛无数次的风云变幻中始终屹立不倒,就已经用其扎实的基本功捍卫了战斗围棋的合理性。号称"中国围棋黄埔军校"的各大围棋道场中,暗地里流传的所谓"不传之秘"从来就不是几句提纲挈领的"境界纲要",却大多是源于早年韩国棋手和新一代国内年轻棋手原创的高难度死活题集,铁一般的事实讲述着不容质疑的道理:高强度的围棋比赛中,源于战斗和死活的基本功,永远是一切境界的根本。

宋泰坤是从韩式围棋道场一路走出的硬汉,无端妥协根本无从谈起。最后一次验算了左侧大龙无恙,他夹起一枚棋子重重地拍在棋盘上,冷峻的眼神再一次射向对手——我就不退缩,你奈我何?

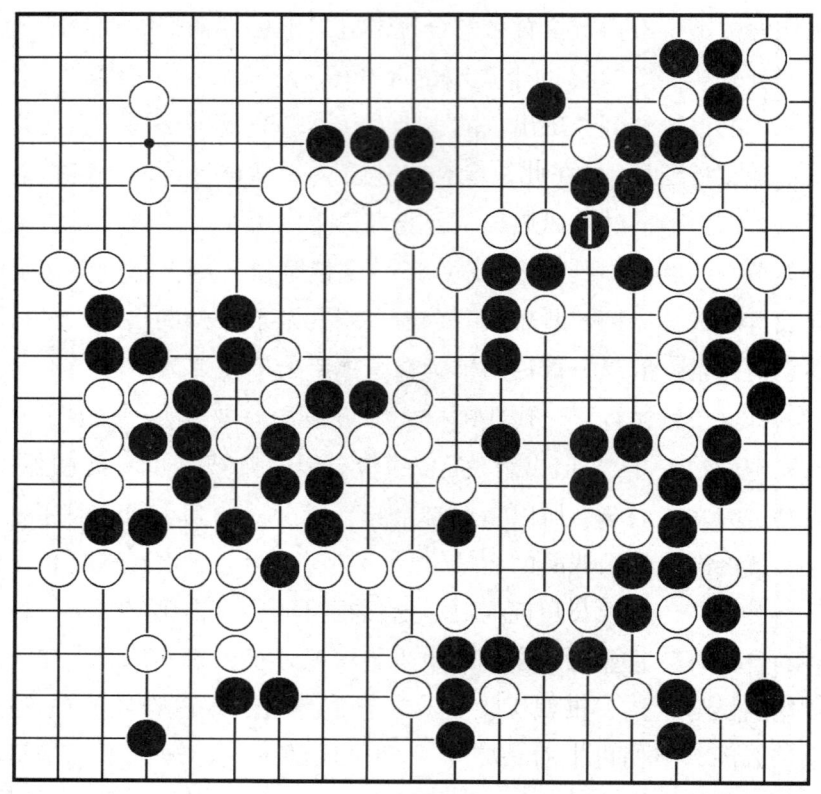

图 8

如图 8，执黑的宋泰坤毫不犹豫地选择了一毛不拔。黑 1 救回八子，静待对手出招。

罗洗河看到此手，再一次摇了摇头，不由自主地一声轻叹。面对强硬到不讲道理的对手，左侧大龙却无法攻杀，穷途末路的无力感已经写满双颊。犹豫半晌，他又轻轻落下了一子。

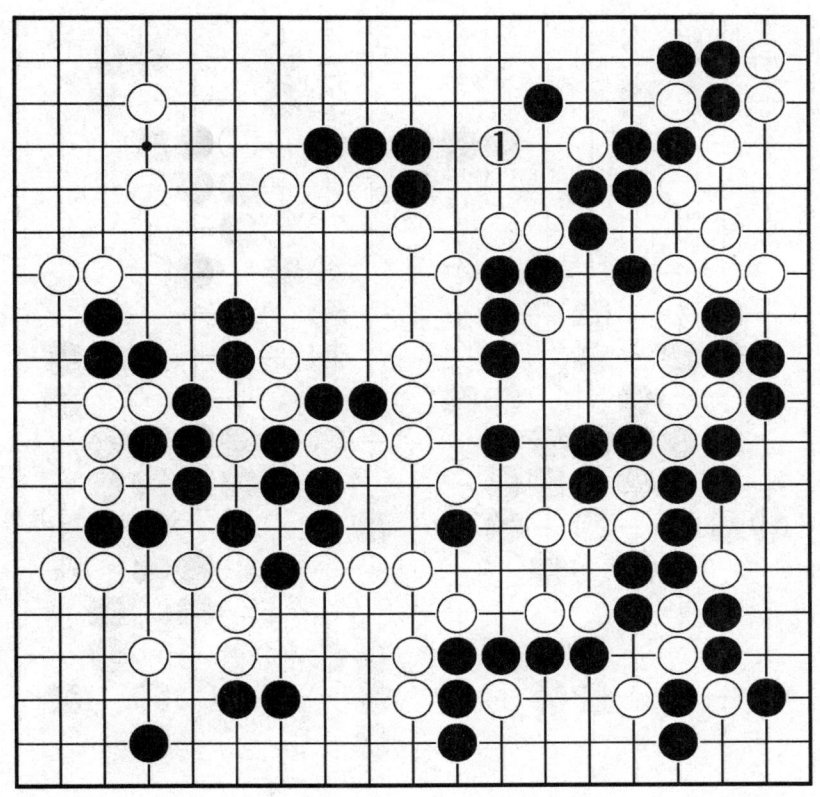

图9

如图9，宋泰坤再次一愣：必败之局，对手仍不认输，究竟所图何在？

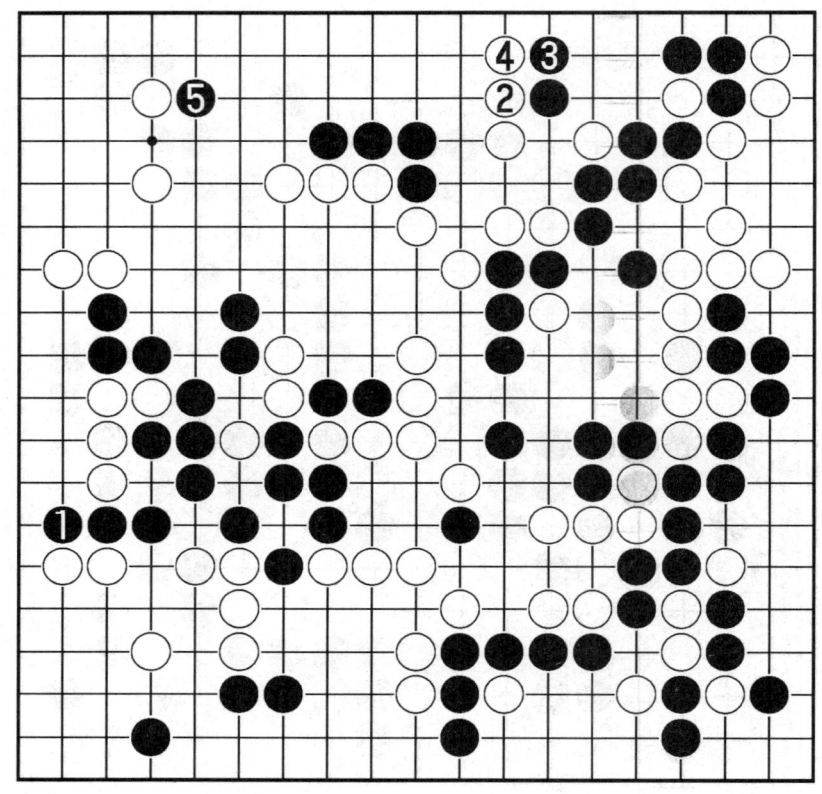

图 10

如图 10，此时的黑方同样可以不予理会，转而彻底解决左侧大龙的所有隐患。这样，哪怕白 2 开心冲下，依旧无力回天——不论是如上图那样腾挪做活，还是干脆扳粘收官，黑盘面 20 目以上的优势依旧不可动摇。

上面的变化在宋泰坤脑海里一闪而过，却在瞬间便消失无形。十余年不分昼夜的基本功苦修、反复翻阅到早已拆了封线的《死活大全集》尤在手畔——又一次小心翼翼地验算了左侧大龙生死无忧后，宋泰坤高傲的大韩民族的自尊心已经在不经意间被白方挑动：既然没有算错，那便绝不放弃每一寸土地山河！

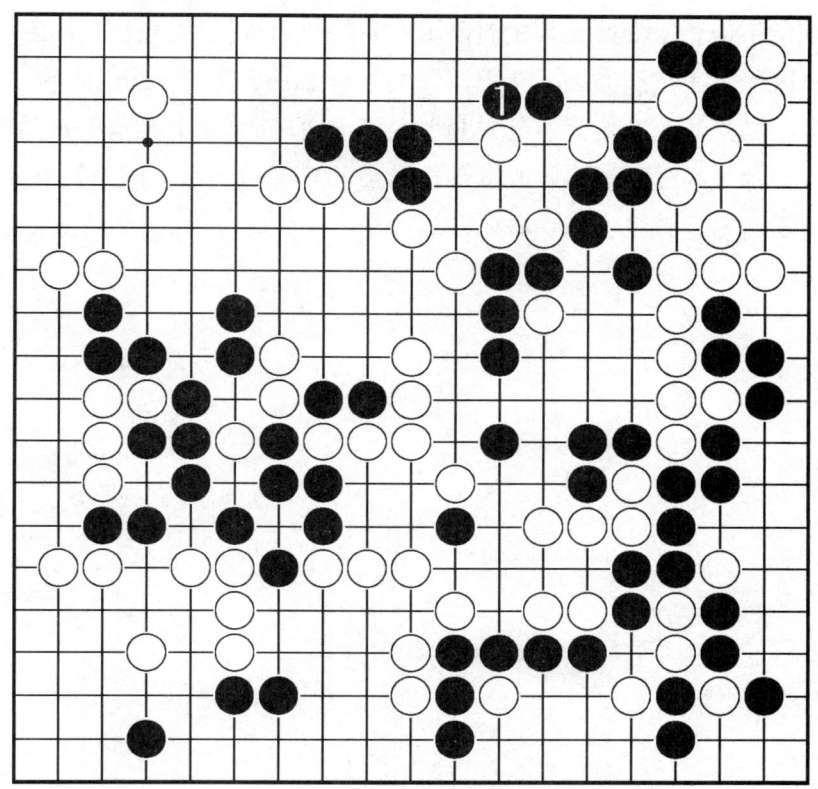

图 11

如图 11，宋泰坤默默地拍下了黑 1，似在落子之时已经明白对手这两着棋的意义——对手多半是在找投场了。

投场是职业棋手间的专有名词，它是指一位棋手认输前故意走出的勺子或打将。胜败乃兵家常事，可职业棋手的自信和尊严却绝不可能被一盘败局轻易打散，因此职业棋手在决定投子认负之前，往往会故意打两三个将以调整心情，或是故意走死自己一块棋，以之作为认输的借口。

找投场这个棋界潜规则完全影响不到围棋的公平正义，却从另外一个角度体现了棋手之间的尊重和宽容。哪怕此次战而胜之，给对方一个台阶下也是对人基本的尊重——本书前文所讲的"余味"，在此体现得淋漓尽致。

闲话不谈，宋泰坤无数次验证了大龙的死活变化后，已经知道了对手所想；既然对手已经失去了斗志，那么给对手一个投场，或也无妨。

果不其然，一脸生无可恋的罗洗河看到宋泰坤寸土必争的成竹在胸，呼出一口浊气，顺手轻轻收起散落棋盘边的几颗白子后，随意地在棋盘上落下了看起来应该是本局白方的最后一子。

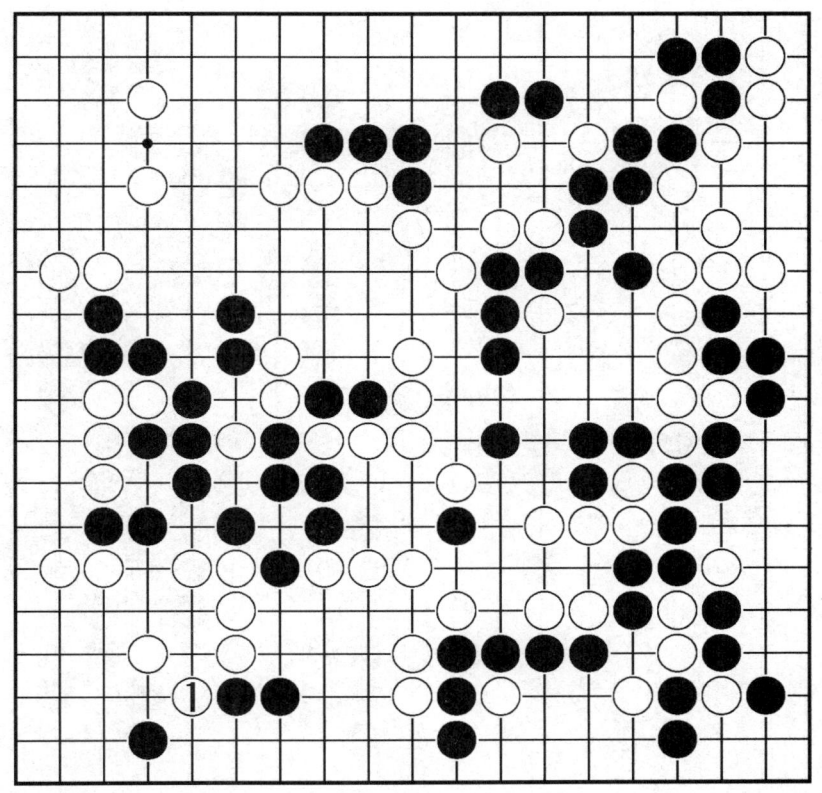

图 12

如图 12，这里，白方的绝望和不甘已经跃然纸上。

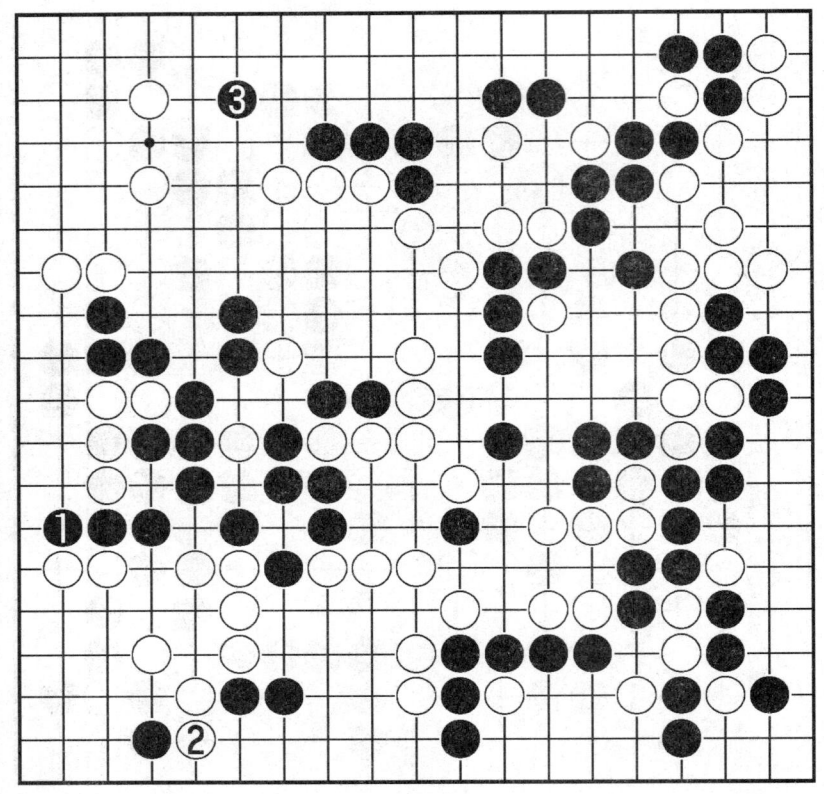

图 13

如图 13，因为这着棋依旧不是先手。哪怕黑不予理会，径自做活，白 2 的穿下绵软无力，黑简单收官，仍然是不可动摇的黑方胜势。

看到这着棋，看到罗洗河脸上的表情，宋泰坤一边心中暗爽，一边已经肯定了对手即将认输的判断。他耳畔似乎已经听到同屋队友的赞叹，看到教练和老师脸上欣慰的笑容，闻到晚上庆功宴上烤羊腿的阵阵飘香。

可职业棋手是不应该在对局时想与棋无关的事情的。宋泰坤徒然一个激灵，摇了摇头，将那些杂念抛诸脑后，并快速地落下了一手。

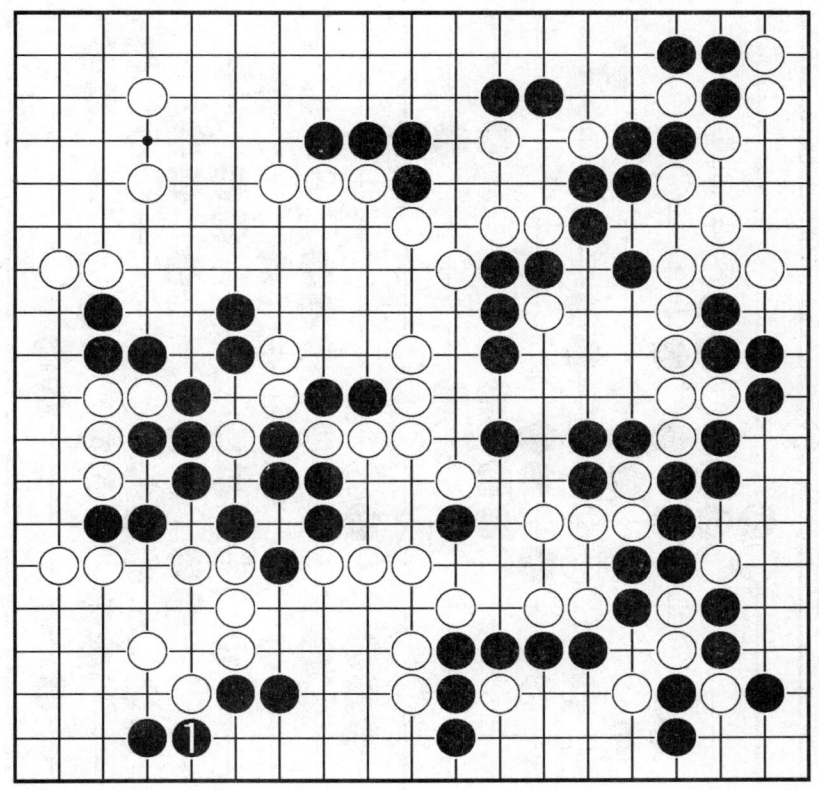

图 14

黑1简单跟着应就好。对手已经连下三招打将,自己已经给了对手足够的台阶和投场了;再要继续,似乎就是赖皮了吧?

可是在这个瞬间,罗洗河脸上的颓然和懊恼忽然消失不见,嘴角甚至流露出一丝抑制不住的阴谋得逞的狡黠。黑落子的瞬间,他已经捻起棋子,快速地再次出招。

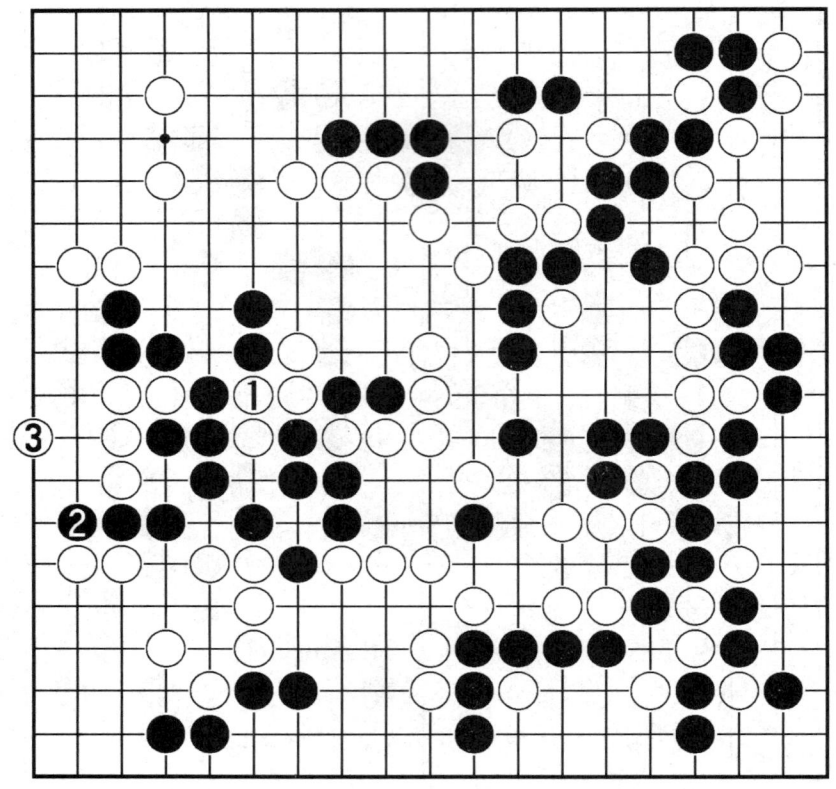

图 15

如图 15，双方霎时落子如飞，1、2、3 瞬间落在盘上。白 3 一看就知颇有妙味，可是——能在古力巅峰期让其连续吃炸的宋泰坤的计算力岂是浪得虚名，这一妙手早在他的计算之中。此时的宋泰坤稍稍停顿片刻，抬起头望了对面已经恢复了古井不波表情的罗洗河一眼：想以此招偷龙转凤，看来这位罗老师的计算也不过如此罢了。长考这么久，仅仅祭出这招早在我预料之中的所谓"妙手"；这种程度的计算，想要战胜我，恐怕还远远不够吧？

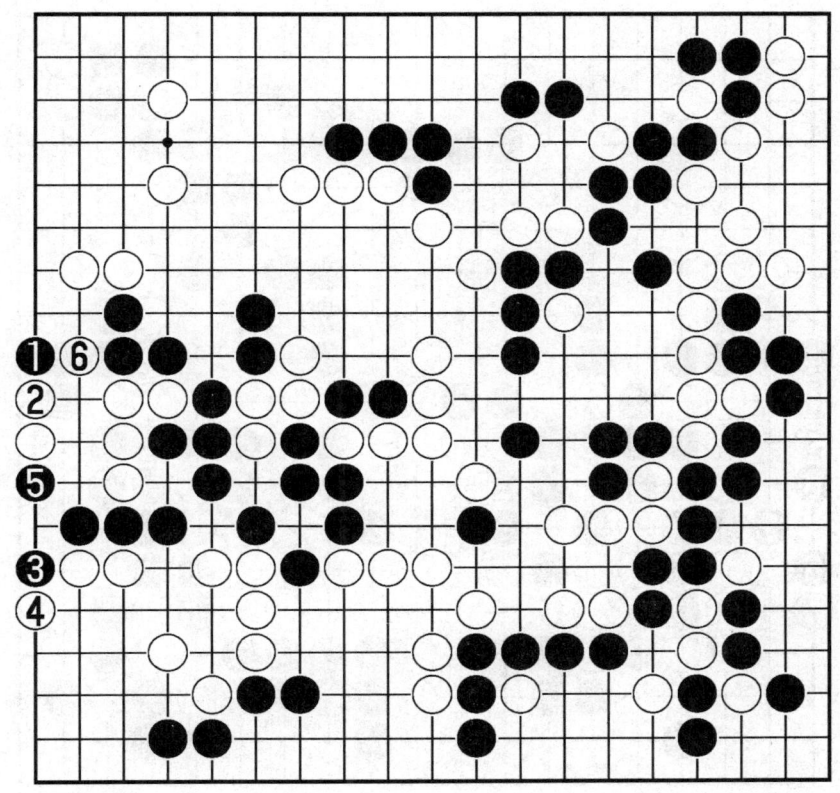

图 16

如图 16，宋泰坤虽脑中跑马观花，手上却无丝毫闲情逸致，双方见招拆招，1 至 6 瞬间落下。

正准备按照预想图一锤定音的宋泰坤的手忽然一顿。

他忽然发现，盘上的棋形和自己早已算好的变化似乎有些出入。

再定睛一看，宋泰坤的下巴这次掉到了地上——黑棋大龙已经愤死！

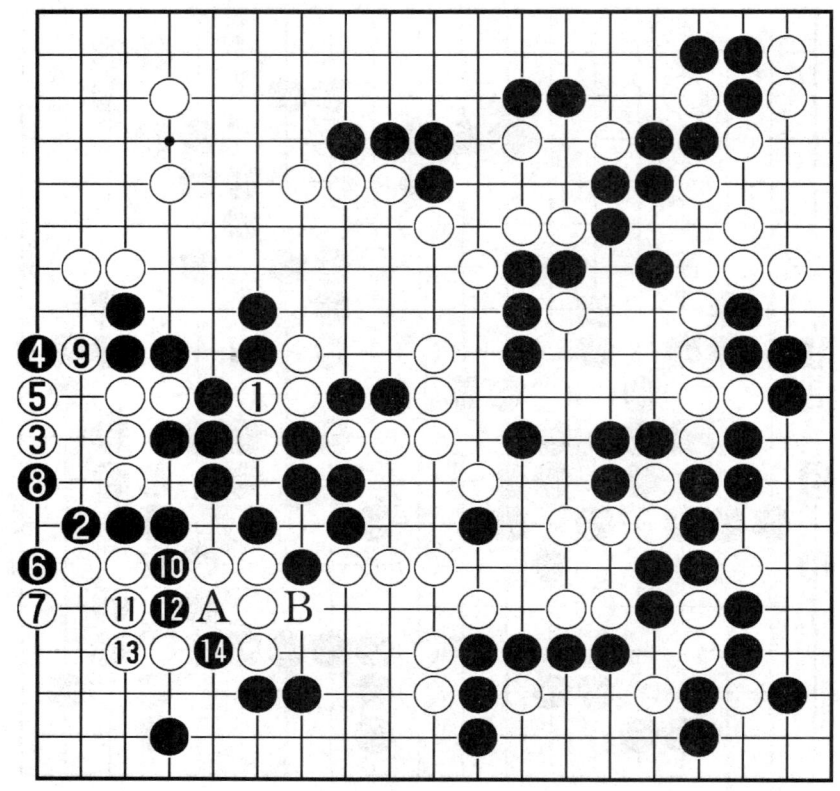

图 17

如图 17，这是宋泰坤的原计划。白方虽有 3 位妙手，但奈何下方白棋的防线实在太过薄弱。以下变化必然，黑 14 后，且不论左下白方生死如何，单是 A、B 两处的见合，便足以使黑逃出生天。如此，白手段虽然赏心悦目，却终究功亏一篑。

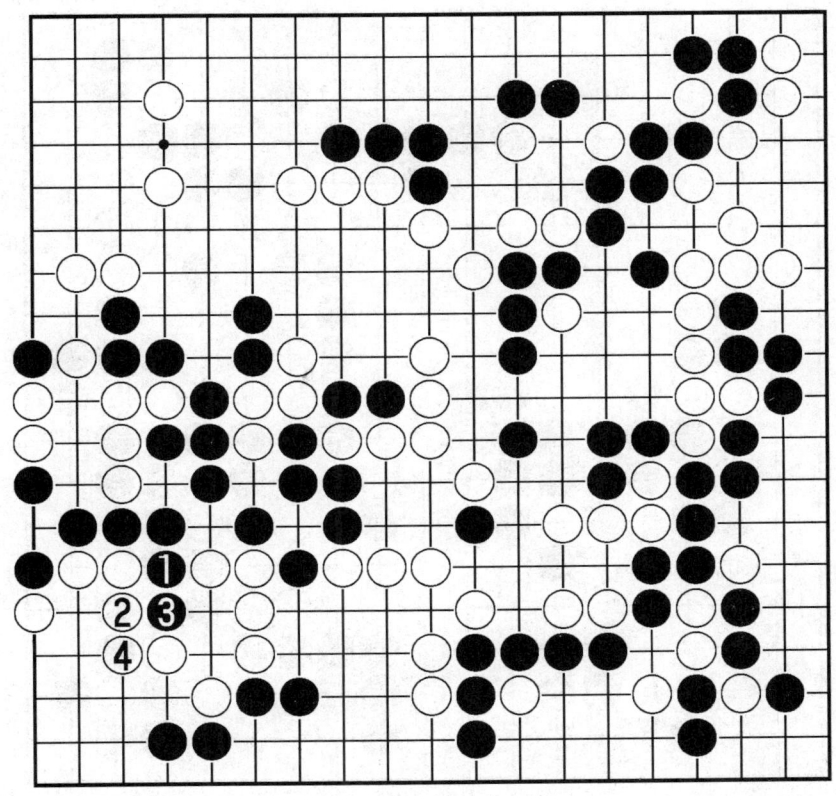

图18

可是实战黑方已经不能按照预想变化进行。如图18，黑1冲时，白简单2、4便可顺利通连，而白方的通连无疑宣告着黑大龙的无疾而终。

冷汗已经完全浸湿了宋泰坤的后背。他怎么也不会想到，一分钟前看上去还了无生趣的罗洗河竟然从第一个表情开始便上演了瞒天过海的好戏。

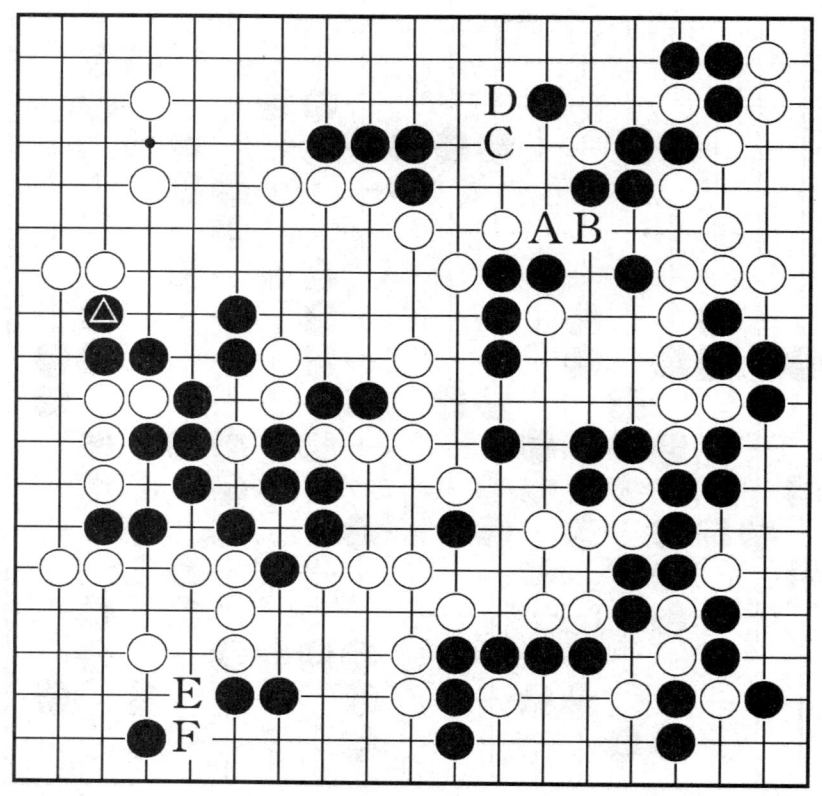

图 19

所有的表情是假的，所有的气氛也是假的；所谓的打将是假的，所谓的投场也全是假的！如图 19，看似漫无目的的 A、B、C、D、E、F 一系列交换，其实全是罗洗河从一开始就苦心孤诣的一次设局。**原来罗洗河早已算清了左侧的所有变化，而之后的一切，都只是想要掩盖掉 E 位交换的阴谋味道。**前面 A、B 和 C、D 的交换只是为了造成一种将要投子的假象，并利用人性的惯性使对手认为 E、F 的本质和前面的两手交换没有不同；同时，脸上的、手上的、肢体上的一切表情和动作，也都是为了使对手坚信自己已经放弃抵抗，使其不再细究 E 位落子的深意。

宋泰坤在这一刻已完全知悉了对手的全盘阴谋，却悔之晚矣。对手所设的计谋终于奏效，使自己在下出 E 位一手前放弃了验算，而这致命的失误酿成了最后的悲剧。

此时的罗洗河，终于露出了释然的笑容。

三声东击西

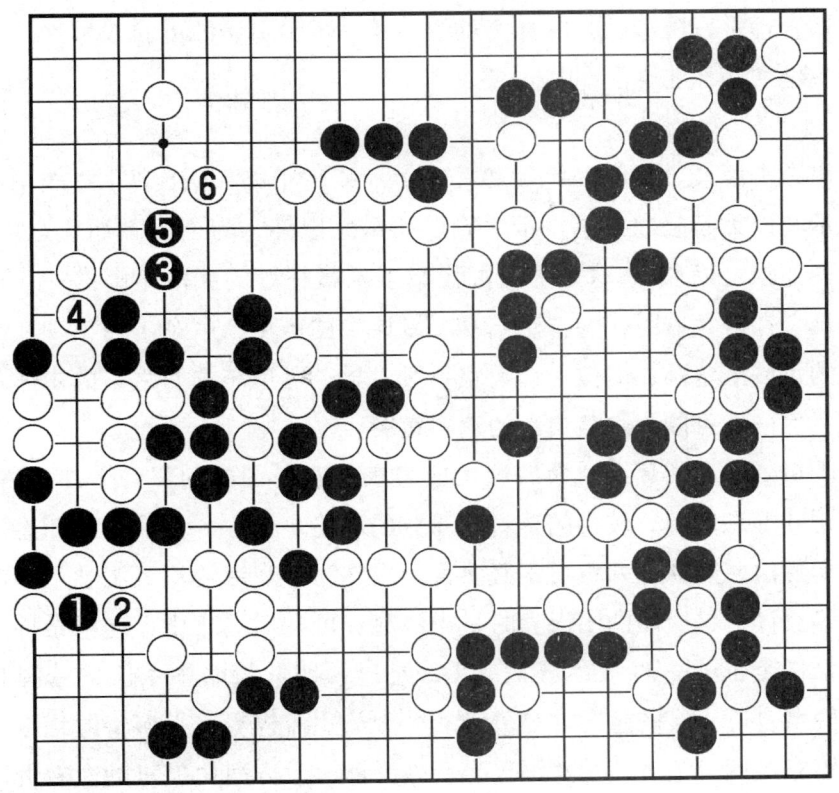

图20

如图20，震惊于对手全盘设计的宋泰坤已经无心恋战，简单交换了几手后，投子认负。回想起来，黑方至少有3次机会可以不顾白的障眼法将全盘最后一处弱点补牢，可强大的自信和高傲的尊严使自己疏于防范，配上对手几可乱真的微表情表演使自己彻底丧失了警惕之心，终致翻盘大祸；如潮的挫败感深深席卷着宋泰坤，无意间碰落一地的棋子恍然不觉，甚至连职业棋手间必备的复盘环节也抛诸脑后，匆匆离开了赛场。

传奇小说般不断反复的本局中，执白的罗洗河在必胜之势下错放棋子，形势瞬间急转直下。但乍逢不测之际，他没有束手就擒，反而利用对手自幼形成的强硬棋风，通过棋盘内外的全方位心理攻势，最终瓦解了对手的警惕之心，不经意间完成关键交换后，立时图穷匕见，一举翻盘。通过一切合理手段隐藏己方的真实意图,并一步步引诱敌方自投罗网,正是本章主题"声东击西"的核心要义。

声东击西最早源于古代兵书《三十六策》中的兵法要诀:"故用兵之道,示之以柔而迎之以刚,示之以弱而乘之以强,为之以歙而应之以张,将欲西而示之以东。"这是中国古代军事家最精妙的兵法策略之一,也是人类社会在冷兵器时代的智慧结晶。漫谈中国历史,声东击西出现在战乱时期的每一个角落;诸位兵法大家手段各异,**可声东击西之策的本质从未改变:尽一切可能,隐藏自身的真实意图。**

围棋是静态的兵法之争,这也使声东击西在围棋的舞台上如鱼得水。回合制的静态博弈,较量的是对阵双方的谋略高低——倘若我已知悉对手的一切想法,则孰胜孰负再不必多言。当作为旁观者的笔者洞悉了罗洗河的全盘设计,这所谓的阴谋立时显得浅显;可在对局之中,连宋泰坤这样的棋坛俊秀也会一时不察遭了毒手,足以说明此策略中手段的选择在其次,隐藏自己真实的意图才是关键。今天的主流棋界,大多将缠绕攻击等同于声东击西,笔者认为并不妥当,因为针对敌方两块孤棋的左右缠绕与其说是计策或阴谋,不如说阳谋来得更为贴切——缠绕攻击的手段一旦使出,对手左右不可兼得必死其一,因此战术目标从一开始就一览无遗。真正的声东击西未有定式——棋手可在实战中利用一切并不违反规则的手段骗过对手并最终实现自己真正的战略意图。

声东击西是知易行难的围棋战术。年龄小的初学者很难学会声东击西——这无关围棋水平的高低,而是涉及到客观的科学规律。刚入门的小朋友想吃掉对方大龙,便只会红着双眼逐级紧气,待对手终于把所有断点安全连上,便只好推枰撒泼,嚎啕大哭;当一位棋手开始尝试隐藏自己明确的吃子目的转而徐徐图之,便是他走向高端和成熟的开始。笔者兼职围棋教练之时,每每遇到此事便心急如焚,可严格的科学训练时刻提醒着笔者:年纪尚幼的小朋友学不会声东击西的思想,千万不可苛责。发展心理学巨擘皮亚杰的认知发展阶段理论表明，处于前运算阶段的儿童开始掌握"守恒"概念，而所谓的声东击西，其实就是建立在守恒概念上的问题解决手段的提高。因此，**笔者真心希望那些看到自己子女或学生只会一根筋紧气便气不打一处来的棋迷朋友们放宽自己的心态，更加客观地看待这个问题：小孩暂时不理解隐藏自己的目标不是因为他们愚笨，而是因为他们的大脑发育尚不足以支撑他们建立"守恒"的重要概念；其他许多问题同样如此。棋手一路的成长经历已经足够坎坷，"少批评，多鼓励"请永毋忘怀。**

声东击西的战术思想绝不仅仅限于方寸之间。北大围棋双姝——"珍公子"和"雾先生"，之所以不光在棋盘上披荆斩棘，还能在尔虞我诈的"狼人杀"战场上同样所向披靡，便是因为此二君深谙声东击西之精义。狼人杀是近年风靡全国的桌面游戏，它对玩家口头表达能力的要求无出其右；而作为素被认为"不善言谈"的棋手，能在这样一个游戏中鹤立鸡群，足以证明声东击西思想的举足轻重。从另外一个角度看，声东击西也未必一定损人利己——隐藏自己的真实意图可以维持外群体个体间脆弱的交际网，也能使每个人存有独立自我的同时尝试理解他人世界，并朝着孔子"和而不同"的终极理想前进，这未尝不是一件好事。

罗洗河一定是声东击西的战术大家，而每位围棋高手，也必有属于自己的得意之局。当棋手对声东击西的理解超越了单纯的欺骗和隐瞒，便是其真正自成一派之时。

四. 轉換

四、转换

每年寒暑之际远游参赛，是笔者师门的传统。不知疲倦、无休无止的浴血奋战固然使人提升迅猛，与老师和师兄弟几人的朝夕相处，现今回想起来，却每每令人更觉珍贵。漫长旅途中的言笑晏晏自不必谈，师兄弟几个于夜深人静时觥筹交错、大谈史料秘辛，当然也是意气风发的少年们不容错过的保留项目。令笔者至今不得其解的巧合是，不论战况如何，众人的舌战最终都会指向同一个问题：**谁是围棋史上杀力最强之人？**

这问题乍一出场，便总是彻底激活了现场每位少年压抑已久的辩手灵魂。平日里文质彬彬、不苟言笑的师兄谈天说地间，宽厚的大手已不顾礼法地悄然搂住旁人肩膀；素来谨小慎微、拘谨局促的小师弟气吞山河，唾沫生津的忘我姿态与平日里判若两人。众人化身博古通今的学者，各自旁征博引、引经据典，从范西屏到当湖十局，从呕血耳赤到六超争锋，从陈祖德到古力，从石佛到石头，各家棋士悉数登场，斗得不亦乐乎。虽然从未有任何一场辩论有胜方荣膺退场，大家一通胡闹，倒也自有一番乐趣。

某一天，许是抱着绝不愿与他人同流合污的想法，某位被大伙逼至墙角的兄弟情急之间忽然灵感乍现，脱口而出：聂卫平！

毫无意外地，众少年立时笑作一团，自知闹出笑话的那位仁兄也被羞愧臊红了脸，默默低下了头。作为历史上最具影响力的中国棋手，聂老头上闪耀着无数光环，却始终不曾与"计算"或是"杀力"沾上半点瓜葛。被誉为"前五十手天下无敌"的聂卫平，在一次又一次行云流水间骤然打出匪夷所思的惊天大勺后，终于被好事者冠上了"五十手后人尽可欺"的不雅头衔。渐长的年岁加上与病魔缠绵的抗争毕竟慢慢蚕食了聂卫平的体能，其后半盘精力不济也在情理之中；加之聂老本人对自己打勺的态度也颇具大将之风，引得众人哄堂大笑间往往皆大欢喜，却不知不觉在棋界留下了杀力不济的刻板印象。

天真烂漫的少年自然不解其中道道，听风得风的他们胡乱嘲讽聂老的杀力一番倒也无伤大雅；可诸多棋界人士也随波逐流，跟着隔壁老王一起群嘲聂老手无缚鸡之力，这恐怕有失偏颇。用最简单的逻辑来讲，聂卫平战胜了诸君心目中山岳般伟岸到神圣不可侵犯的一干超一流棋士站上擂台赛的巅峰,若没点腕力,你当对面正襟危坐的藤泽秀行是好言可劝之辈?(坂田荣男倘若泉下有知,不知会否哭晕在厕所。)

笔者心目中,巅峰期的聂卫平是同时代棋手里战力最强的棋手之一。本章要讨论的这盘棋,或许能对这个看似狂妄的结论,提供些许微不足道的佐证。倘若读者在阅读本章后,能对聂卫平的围棋形成更客观一点的认识,那便真真幸甚至哉。

闲话已毕,进入正题。

四、轉換

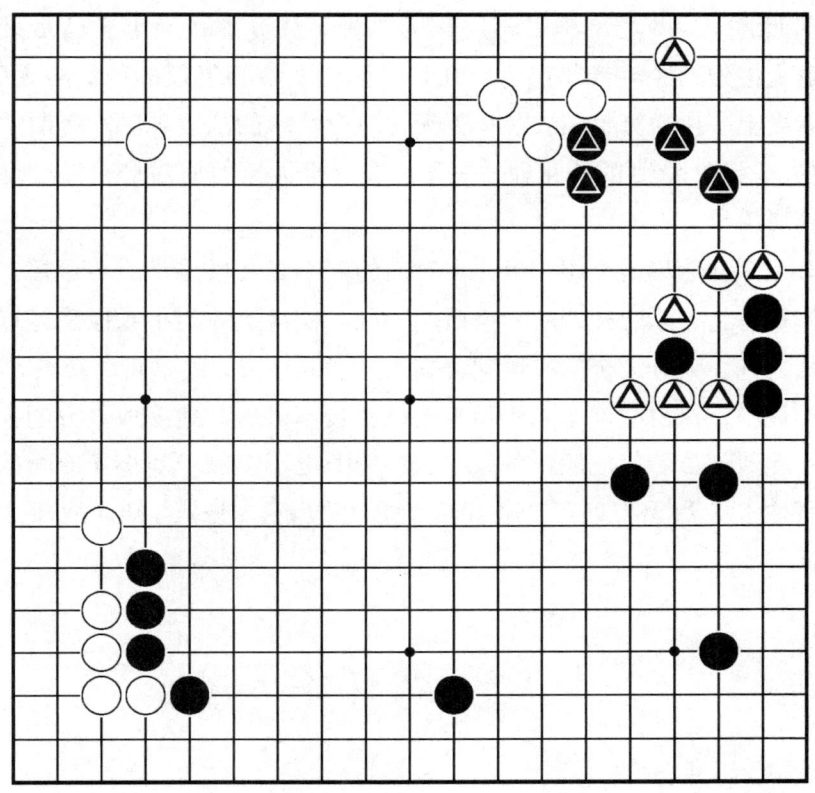

图1

如图1，这是第二届农心杯中国队选拔赛中的一局，对阵双方是聂卫平和刘小光。

彼时的世界棋坛韩流正盛，羽翼未丰的龙虎辈高手仍在石佛无处不在的阴影笼罩下举步维艰。单挑难觅胜机的国家队似乎更愿意将重宝压在农心杯这样的集体赛事中，却不想年初时李昌镐再次独力终结了擂台。上阵不敌的棋手似乎无地自容，纷纷总结道自己心态调整得不好，从而影响了关键局的临场发挥；场下围观的众高手更是心急如焚，恨不能亲自上阵杀敌，为国争光。

毕竟是代表着国家整体实力的擂台，年轻棋手无不希望抓住机会鱼跃龙门，农心杯预选赛上自然刀剑无眼，火光四溅。而某一轮两位"老将"

的不期而遇，为赛场增添了不一样的风光。聂卫平和刘小光已是见惯风雨，盘上惨烈的经年苦斗仍历历在目，深谙平常心道理的他们心无旁骛，为观者奉上一谱通算整届农心杯也无愧一声精彩的乱战名局。所谓"争棋无名局"，讲的恐怕正是此理——预选赛中毫无压力的对局，往往远比决赛更精彩纷呈。

聂卫平自然毋需介绍，坐在他对面的刘小光九段也是威名远播。与生活中彬彬有礼、乐观开朗的形象截然不同，棋盘上的刘小光似乎笼罩着一股阴鸷之气，大开大合的棋风配合骤然发动的怪力，手下斩落豪杰无数。

本局中，执白的刘小光棋局伊始便"蛮不讲理"地攫取上方的大量实地，右侧数子虽看似危险，可黑方的包围圈也不牢靠。刘小光冷酷的眼神始终盯住上方黑无根四子，心说究竟谁在攻谁，还未可知。战斗才刚刚开始。

四. 轉揆

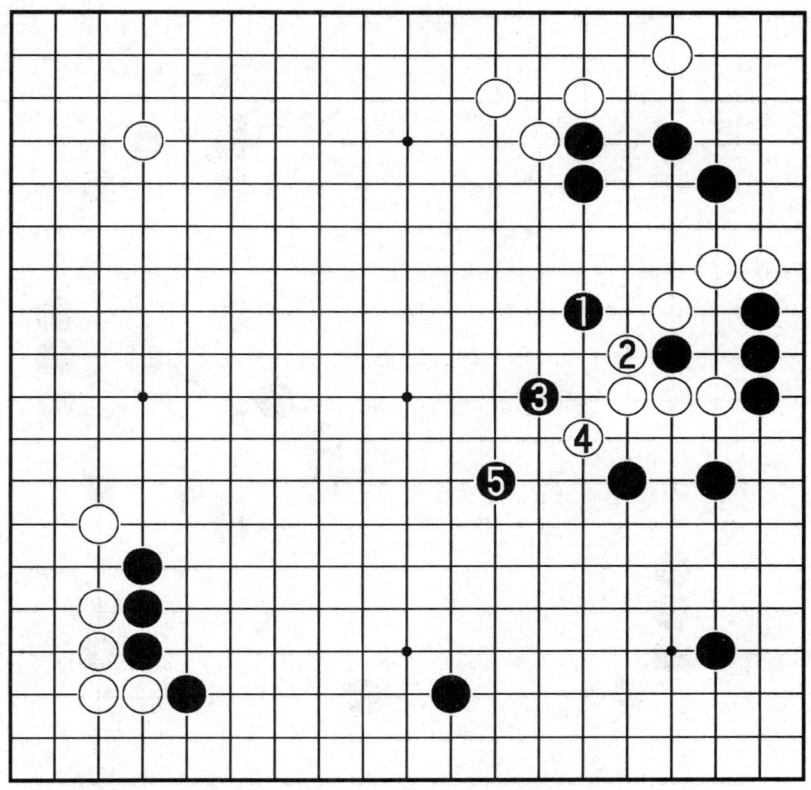

图2

如图2，黑1、3、5连飞，这是聂卫平最喜欢的招法：行云流水间掌控盘上大势，加强自身孤棋的同时对棋形凝重的右侧白棋持续施压。下面的己方阵势虽然磅礴却略显空虚——若白无脑逃窜，黑可通过假意追击顺势将其实地化，内外兼得。

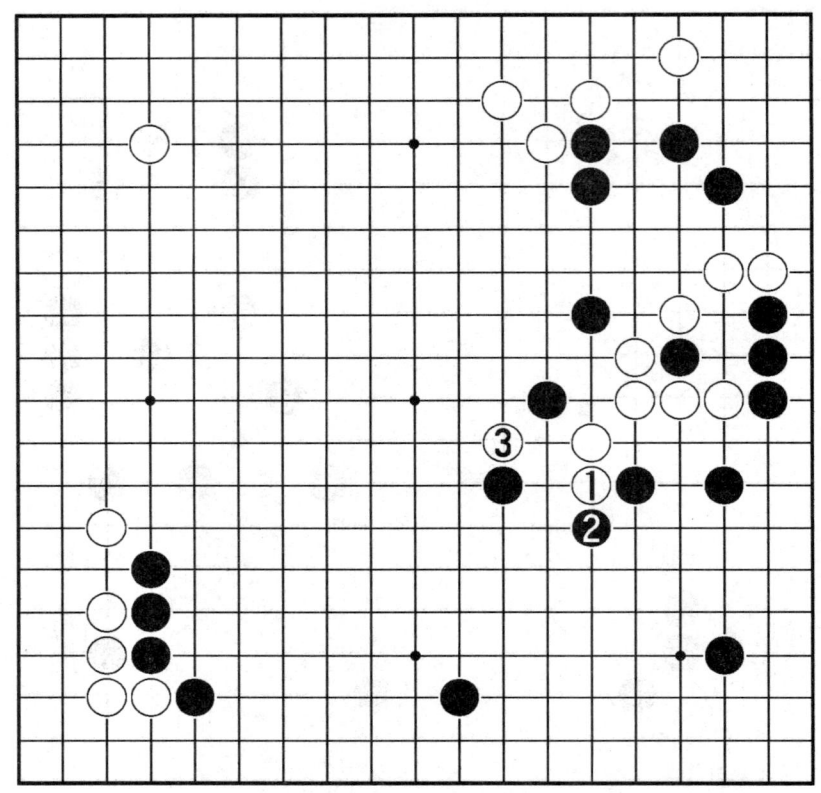

图3

如图3，或许聂卫平还沉浸在黑连飞的气势如虹中得意满满，刘小光已经闪电般出手，1、3跨断，悍然反击。

"天煞星"的凶名绝不单指其算路过人，每时每刻的反击意识也是刘小光的成名所在。与普通的逃孤思路不同，白始终对上方的无眼黑子"耿耿于怀"——若能在出头的同时拉上对手互跑，那才算得上公平。利用"以跨治飞"的要诀，白瞬间撕裂黑本就朦胧的包围圈；黑若想坚持冲断封锁，由于自身各处的断点甚众，加之气紧因素，风险不可低估。

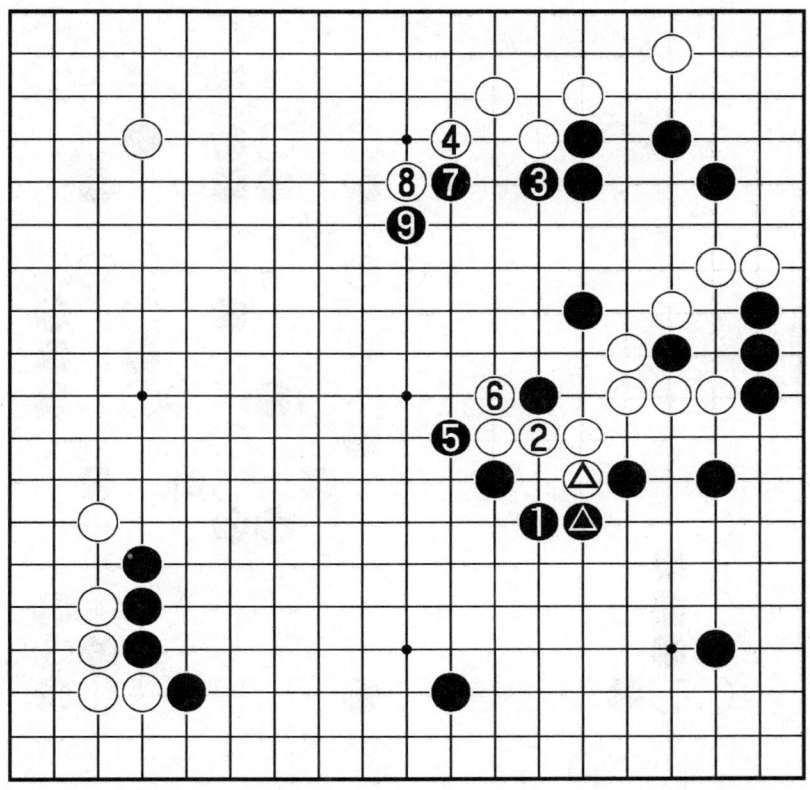

图 4

如图 4，实战中聂卫平几乎不假思索地选择了 1 位单退，令许多观战者一愣：这脸打得也太快了吧！说好的行云流水、气势如虹呢？黑潇洒无比的连飞，就这么轻易被白捅穿了？

可定睛一看，大家却发现这一选择无比合理。首先，白冲破黑的小飞并不意味着旅程的终点——简单交换后，黑 7、9 连扳的缠绕手段令对手十分头疼，白右侧大块依然无眼，笨重不堪。另外，现在看来，前谱△的交换白无疑大损，将自身走成愚形弯三不说，还将黑南岸的包围圈加固许多，下边超过百目的恐怖模样已经初现端倪。

笔者不知道聂卫平最早连飞时是否就已考虑到实战的变化，但黑寥寥数手便转换了攻击方向并将下方阵势于不经意间悄悄加强，正是"醉翁之意不在酒"在棋盘上的最佳重现。

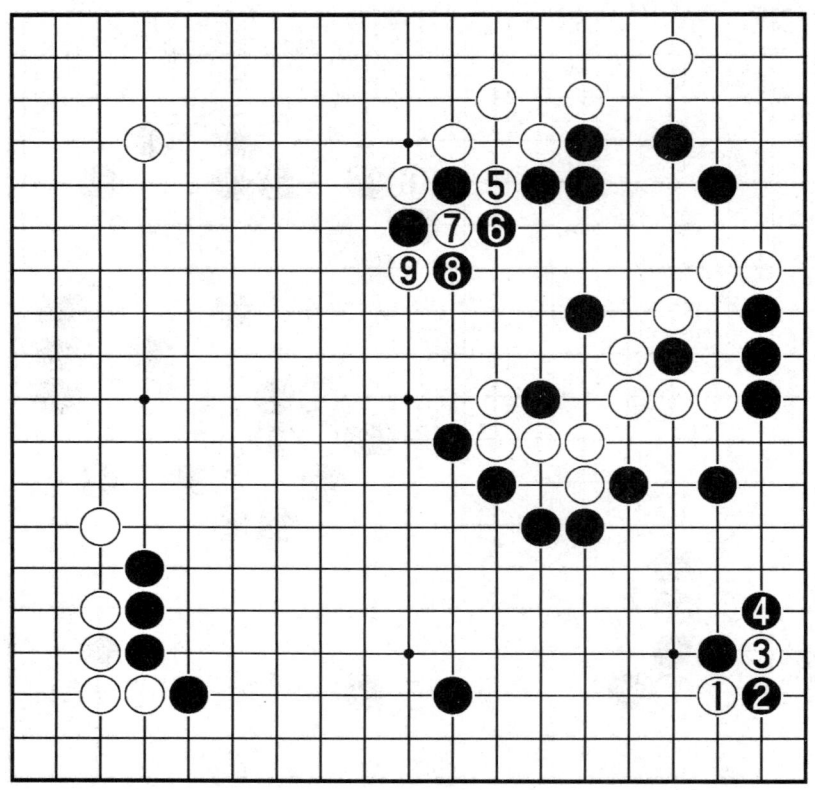

图 5

如图 5，白大龙尚未做活，下方黑模样又张开血盆大口静待猎物送上门，白棋形势显然不容乐观。长考后，刘小光决定以暴制暴，1、3 制造劫材后，白 5、7、9 引爆天下大劫。

"初棋无劫"是围棋的常识，因此白逆流而上的开劫出乎几乎所有人的预料。

四、轉換

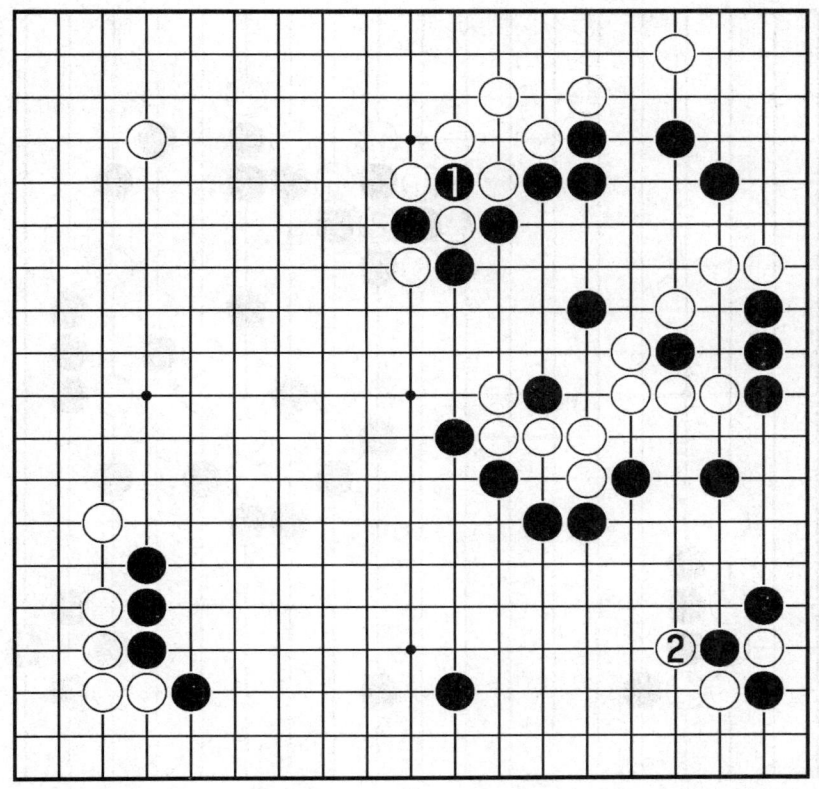

图 6

如图 6，黑 1 当然提劫，然后白 2 打，誓要与对手纠缠不休。这显然是要命的劫材。黑若乖乖应劫，则见下图。

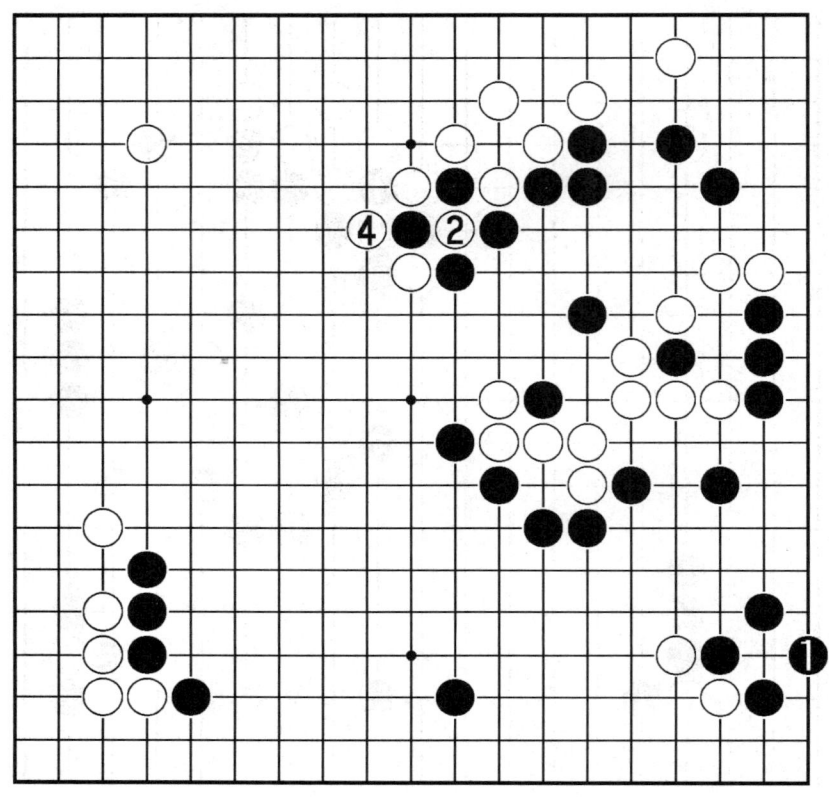

图 7

如图 7，白毫不犹豫地 2、4 连提，黑无论在棋盘上其他任何地方连下两手，也不可能弥补劫败的巨大损失。可若不应，小目一子被白凌空提起，黑所谓的"惊天大空"瞬时土崩瓦解，似也超过了黑能承受的心理底线。

一时间，黑似乎进退维谷。刘小光利用打劫解危局，似已初见成效。

终于，聂卫平落子了。

四、转换

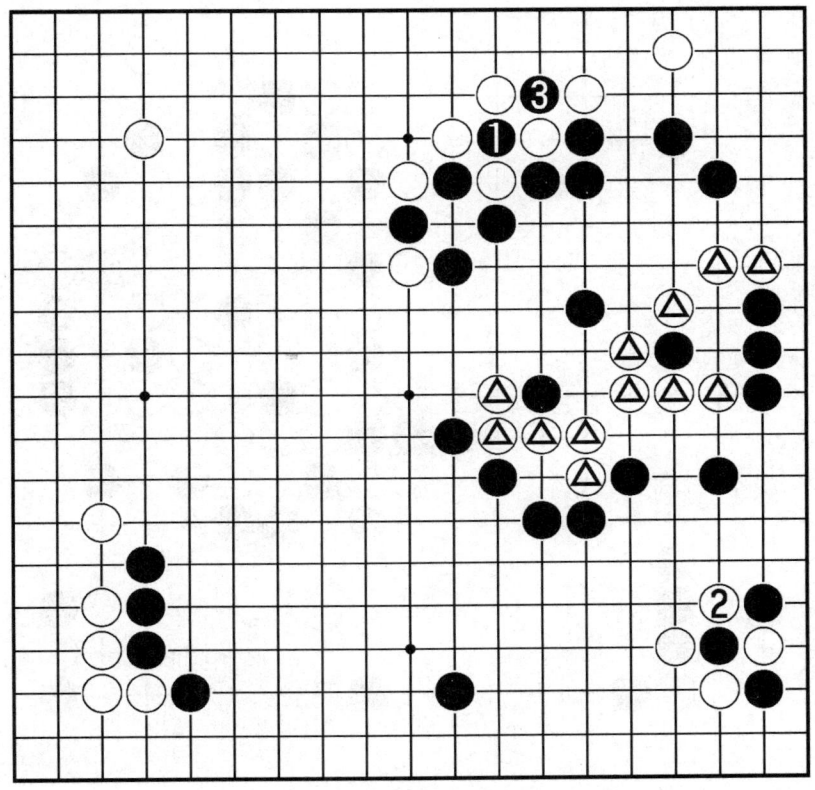

图8

如图8，黑1、3连提，彻底清算劫胜辎重；白当然不予理会，将右下角彻底提穿。这个转换价值难以评估，上方白的厚势顷刻易主，下方几乎实地化的黑阵也打了水漂。不过，由于黑解决了自身不活的后顾之忧，右侧白大龙立时显得更加孤立无援，其摇摇欲坠之势，预示着白棋依然苦战。聂卫平在此处大胆消劫，气魄着实过人。

纵是苦战，刘小光处理大龙的手法也始终与众不同。

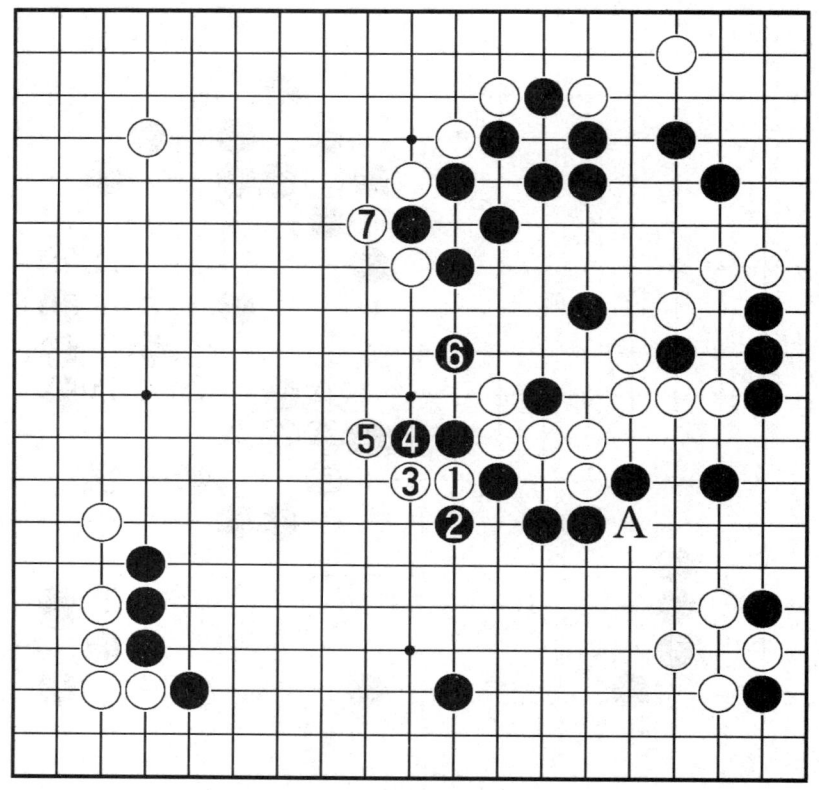

图9

如图9，白1、3、5抓住黑几乎唯一的断点，然后白7反打，笔者实在不知应该用"进攻是最好的防守"还是"置之死地而后生"来形容。白置自身岌岌可危的大龙于不顾，反攻黑仅存的弱点，大胜负师的气魄跃然纸上。客观来讲，这套组合拳虽稍有过分之嫌，但由于黑A处还留有薄味，上方一串蜂窝煤式的提子也仍存在种种变数，黑想要屠掉白棋大龙一锤定音，绝非易事。

四、轉換

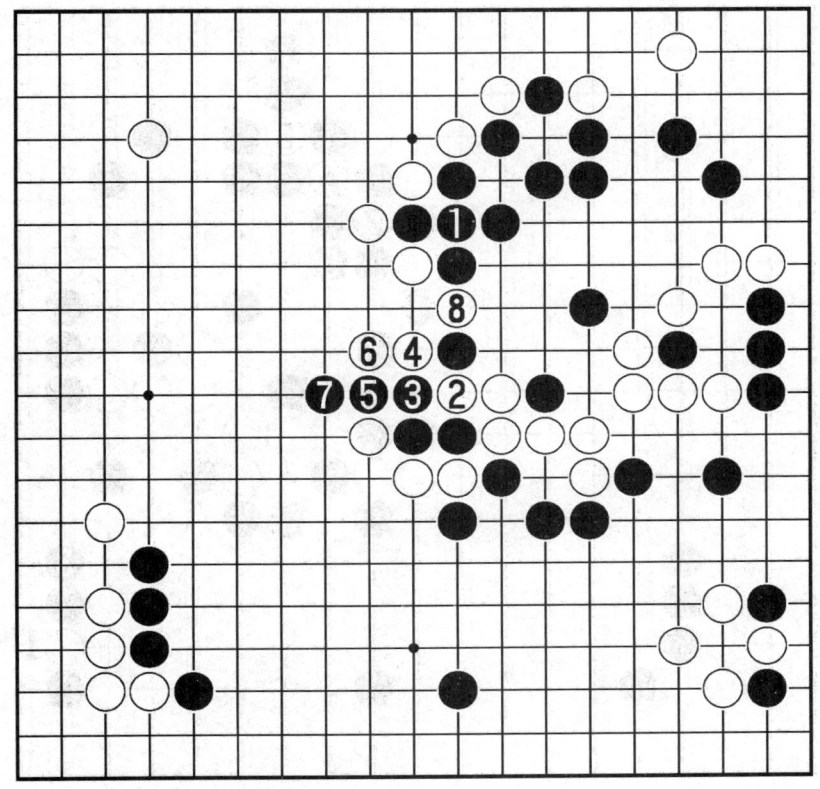

图 10

如图 10，举例来说，若黑这般妥协，则白越战越勇；2、4 打穿黑防线以后至白 8，白方大龙顺利出头以后，黑棋此役几乎一无所获。虽然提子畅快无比，可若不能将厚势转化为实际的利益，左下角被拔花的天大损失，将无从找补。

实战，聂卫平长考之后，又有惊人之举。

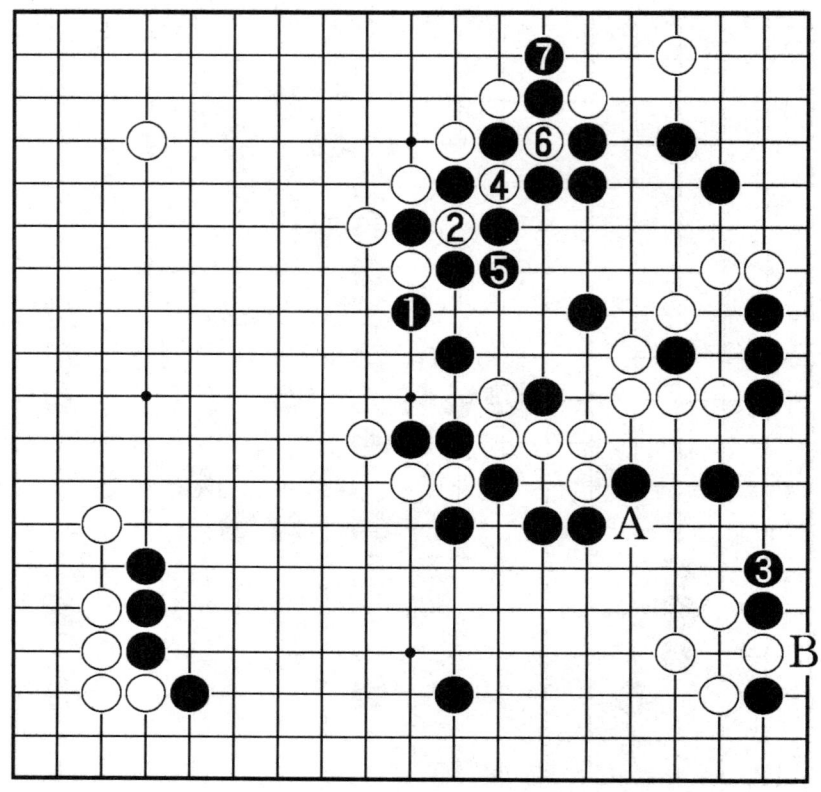

图 11

如图 11，黑 1 反打，令刘小光一愣——难道黑又要打劫？可是，现在的局面，黑的劫材在哪？心怀疑惑地 2 提后，黑快速给出了答案，3 退。

记得当初打谱时，笔者几乎找遍全盘才终于发现了这手棋。这实在很匪夷所思，就如双方剑拔弩张地遥相对峙，你死我活地激战正酣，黑忽然高举双手说"你赢了，我走了"——气氛上的急转直下令人猝不及防。当然，黑 3 解消了 A 位断点的隐患，同时给白的拔花留下了 B 位的余味，可这些能够弥补上方被提劫的损失吗？

白当然不予理会，2、4、6 连续拔子，上方厚势失而复得。正以为付出了巨大代价的黑方必然要痛下杀手，结果黑淡定地 7 立，仿佛在说：我仔细想了想，这串蜂窝煤还是决定不给你好了。

四、转换

　　黑前面因为这串厚势放弃了右下大空，却又在打劫的过程中放弃了这串厚势转而威胁白大龙，结果又在将要吃掉白大龙时再次回头，继续追究上方余味。这一串来来回回的思路转换，值得读者细细品味。

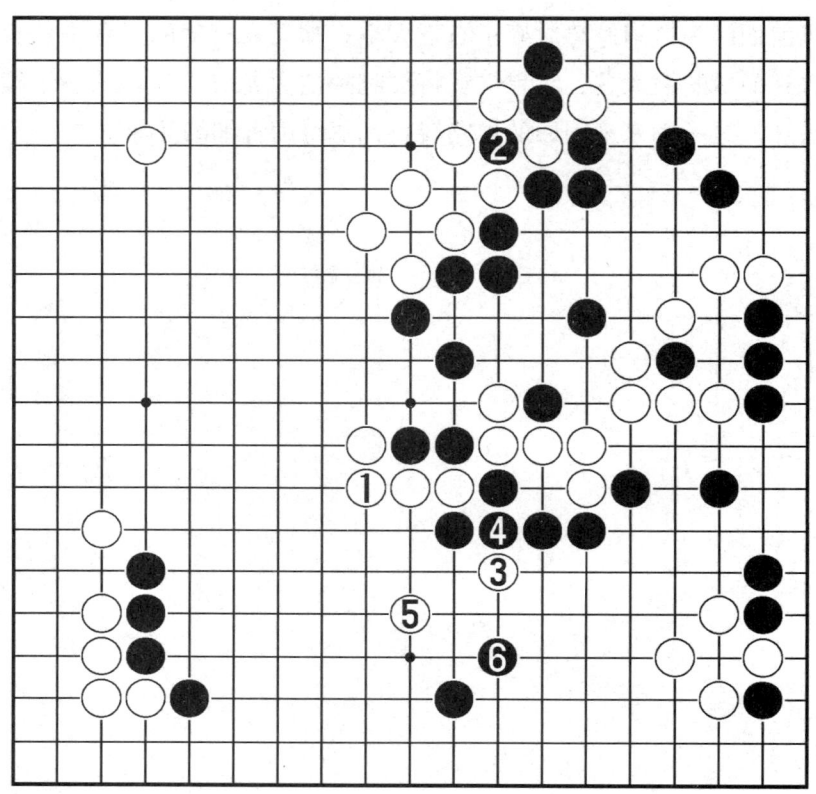

图 12

如图 12，黑可以不疾不徐地缓攻得利，白却不行。由于大龙仍然亟需处理，白在 1 位接，有围魏救赵之意，加强自身外面数子的同时威胁黑左右两处毛病；可黑仍然不予理会，2 提实在令人目瞪口呆。几手棋前仍大度放弃此处劫争的黑似乎瞬间完成了思路转换，又开始孜孜不倦地提劫以追求上方利益，明显还未成活的白大龙如空气般消失于黑方视野。既然如此，简单处理好外围后，白也不甘示弱。

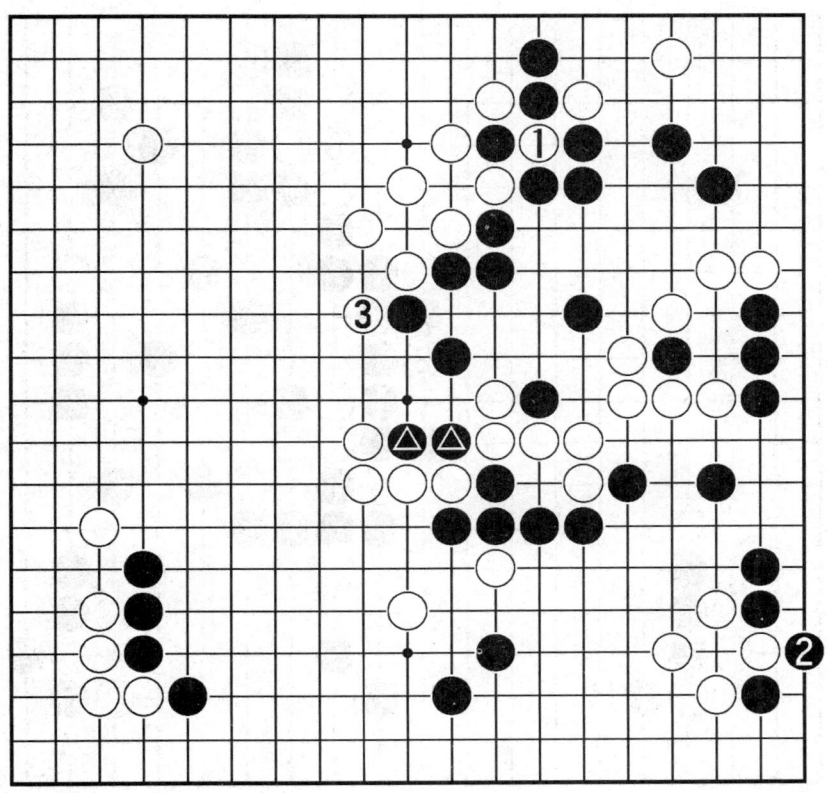

图 13

如图 13，白 1 提，战个痛快！既然你没有胆量屠龙，我便更有勇气脱先不补，让你来吃。可是黑 2 又如同掉在棋盘外，再次脱先。直来直往的刘小光面对黑方儿戏般的应对，自然不会手下留情。白 3 虎头，力有千钧。

此时的黑方似乎真正陷入了难局。付出众多代价后，白右侧大龙似乎不得不杀；可 ▲ 两子气紧如窒息，想在中央出头难如登天。黑若在局部选择妥协——

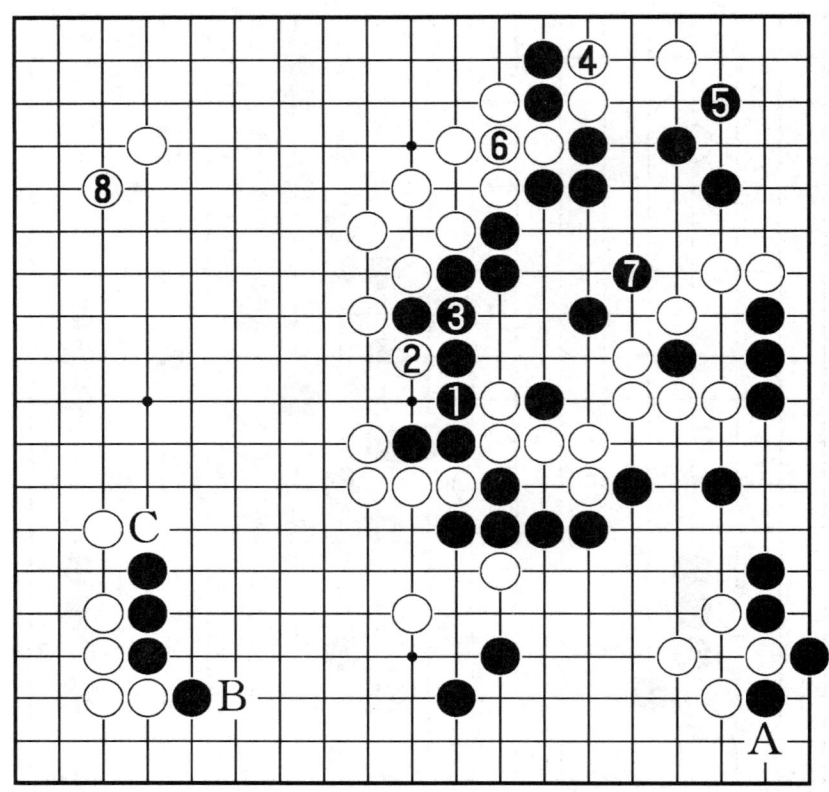

图 14

如图 14，黑 1 不得不补，白 2 先手封锁外围后，4、6 已是当然的权利；黑空味极恶，5、7 的防守亦是迫不得已；等到白 8 抢占上方大场后，环顾全局的黑棋才发现，付出血本才勉强吃下的大空还有 A、B、C 等多处隐患，而白棋在上方依托超级厚势围出难以估量的大空，黑再想从中破坏已是困难重重。如此，棋局将彻底失控。

举步维艰的白棋苦心运营数十手，终于将局面导向对自己有利的方向发展，此时的刘小光一定踌躇满志，热血沸腾。

将本局作为聂卫平的代表作也不为过，因为几处胜负关键点上，聂氏围棋闪闪发光。接下来——

四、转换

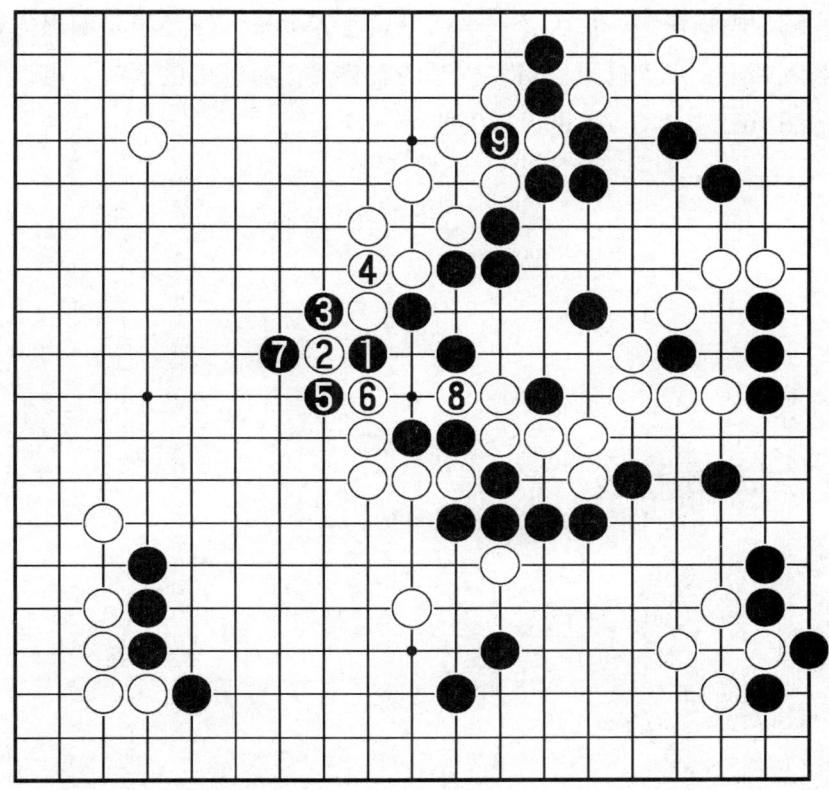

图 15

如图 15，陷入困境的黑方一不做二不休，1、3、5 直接出头。在白 6 卡吃时，黑未经半秒停顿，直接中央拔花，气吞山河！

原来，棋筋也是可以弃掉的！前图黑棋捉襟见肘的根源，便在于黑两子棋筋食之无味去之可惜；既然如此，通通弃掉，岂不快哉！白吃掉棋筋后，黑 9 继续提劫，假装一切没有发生过的魄力令人神往。白大龙死灰复燃的同时，上方之前的所谓"厚势"却愈显薄弱，所有潜力化于无形；而右下的"拔花"棋形，也在不觉间再次陷入黑方的重重包围。

当我们冷静下来清点战场，便会惊奇地发现，从黑最初的连飞开始，通过目不暇接的战斗，黑已逐渐掌控了全局。下方模样完璧归赵的同时，黑顺势将白上方打穿，使其所有成空潜力化为乌有；同时，中央拔花威力十足,哪怕吃通棋筋,白大龙仍未活净。通算下来,四处脱先的黑方在战斗中获利颇丰,局面已呈黑目多棋厚的态势。仍有疑虑的读者,可以对照下方的图16(基本图),进退得失便可一目了然。

四、转换

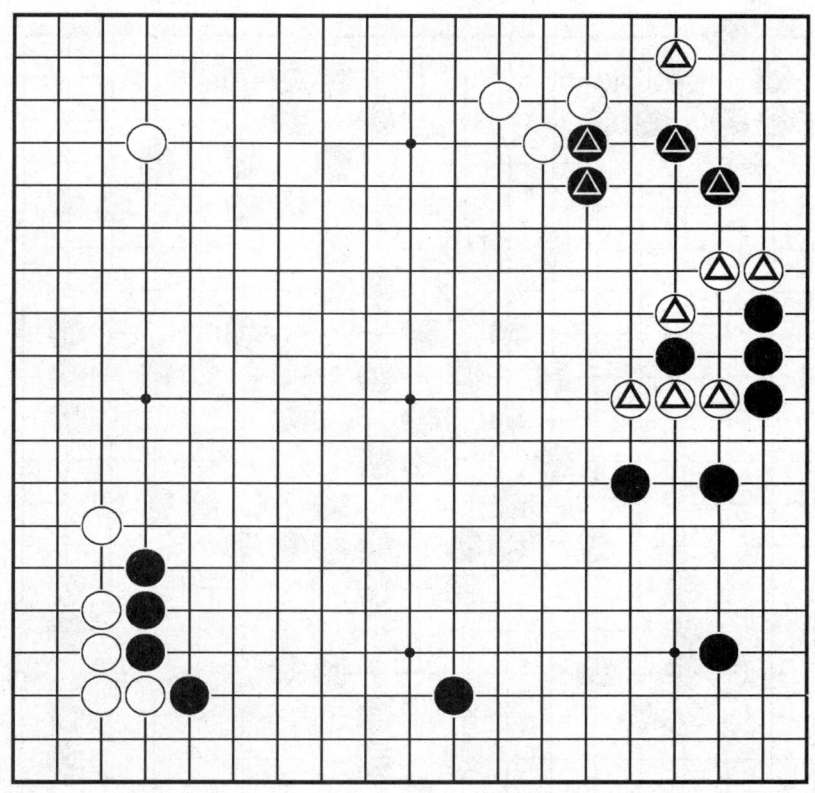

图 16

之后的进程已经无关胜负，刘小光仍在努力搅乱盘上局势，可聂卫平再没有给白任何机会。

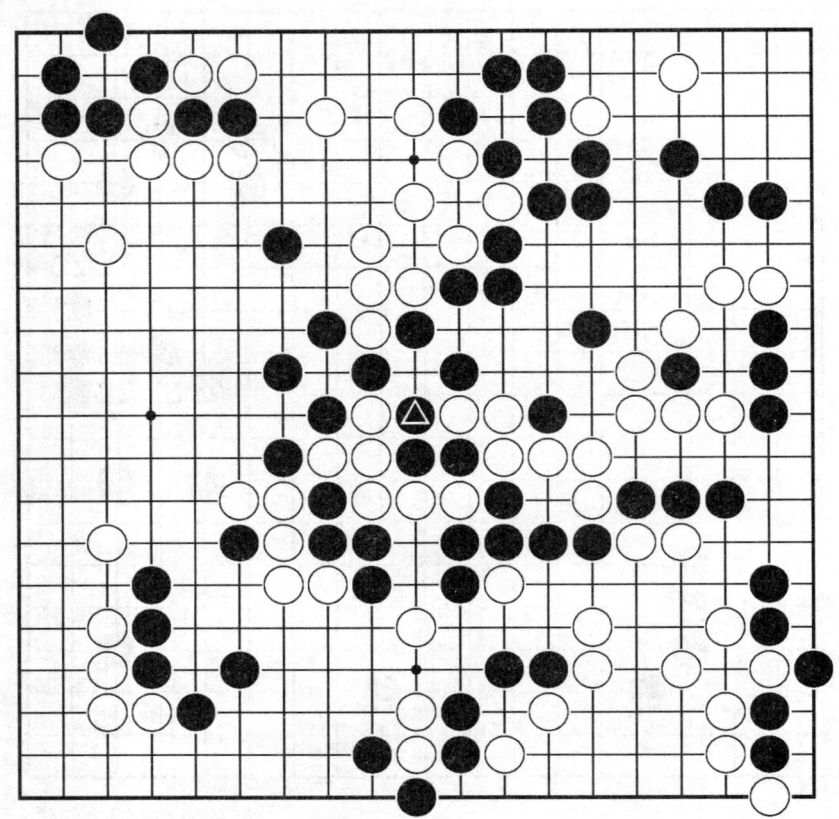

图 17

如图17，这是本局的终局场面。无奈形势差距越来越大的刘小光最终选择以战士的方式死去：四处觅机未果后，终于大龙愤死，棋局戛然而止。

本局中，黑白双方始终处于复杂难解的缠斗中。看似处处得利的白方，在每一处局部战斗中都实现了自己的最初构想，却通盘都找不到明显胜机。反观黑棋，在眼花缭乱的战斗中始终保持冷静，四五处动辄百目的岔路口上全部做出正确的选择，行棋不拘一格，深谙转换之理。**上方蜂窝煤状棋型的失而复得乃至再失再得，右下拔花的时取时予，中腹棋筋和开花的取舍抉择，都集中体现了"转换"这个围棋概念的重要性**，值得读者

四、转换

反复品茗。而前面弃之敝屣的黑两子棋筋最终死而复生并冲死白大龙，是巧合更是点睛之笔，为本局划上圆满的句号。

围棋中的所谓转换，主要指在战斗过程中，牺牲一部分局部利益，以换取全局层面上更大的收获。本局中，聂卫平对上下几处棋型的时取时予绝非心血来潮随意为之，而是精准衡量了每一个局部的得失后做出的最适合当前局面的选择。**变化是围棋的根本主题——如果围住一块空后便墨守成规画地为牢，只会眼睁睁看着自己的地盘越来越小，与胜利的终点渐行渐远**。学会在不断转换中以小博大，时刻牢记利益至上的原则，才能在纷乱的战斗中如鱼得水。

回到本章开头提出的问题，一名棋手的战斗力绝不仅由直线计算能力来衡量，在每一处战斗中能否因地制宜地灵活转换，才是战斗之精义，更是取胜之关键。聂卫平素以大局出众、判断精准著称，这些优秀特质能助其在最混乱的局势中紧紧把握住利益焦点，不被棋形常理所束缚，始终下出有利于大局的变化，称雄一方也是情理之中。在其他棋战中，聂卫平还有许多与本局貌离神合的战斗名局，有兴趣的读者可以自行查阅，相信定会大饱眼福。

转换是一门技巧，更是一种艺术。**为了赢下一盘棋，棋手可以忍辱负重，也可以委曲求全。棋理可违反，棋筋可抛弃，愚形可无睹，模样可任破，情急之下甚至连大龙都可牺牲**——只要在一次次的转换中，不被混沌的表面迷失了双眼，始终向着胜利的彼岸迈出坚定的步伐，那便已经足够。看着两位棋手在盘上完成一次次彼此心知肚明却始终眼花缭乱的转换，胜负的天平也随之反复倾斜，细细品味此间蕴含的彼此围棋观和世界观的差别，也是种美好的体验。

棋手的世界观里，没有什么一成不变，却也没有什么真正改变过——所谓"不忘初心"的美好，或也如此罢。

五、鬼手

师徒间的对弈，从来都是坊间热点。曹薰铉和李昌镐的师徒争霸早已成为棋坛佳话，而当年错综复杂的聂马争雄的恩怨情仇的背后，也有一段鲜为人知的师徒情缘。

曹李和聂马这样的师徒组合其实已经带有比较显著的现代气息，更早的师徒之间似乎更加血脉相承。在师尊的耳濡目染下寒窗十数年，历尽千辛万苦终于获得在最高棋战上与老师平起平坐的资格，这单是想想便颇觉神往。时间与历史在师徒交错的落子中缓缓流淌，名誉和尊严也在彼此心照不宣的偶然对视间完成最神圣的世袭和交接。

这是围棋最动人的瞬间，这是传承的力量。

本章要讨论的这局棋，恰巧也是一盘师徒对抗。可更为特殊的是，这应该算得上是一盘"古棋"。

每当话题涉及到围棋历史，人们总习惯慌不择路地选边站队，"古吹"和"古黑"两派井然有序、泾渭分明，如仇人相见般争个头破血流。有人高举"黄龙士拳打职九，范西屏天下无敌"大旗，便立时有人跳出来指其鼻子大呼"秀策丈和辣鸡业五，名人六超都是渣渣"。这自然都是些无稽之谈，不过从众人对古人棋力评价的两极分化中，或也能稍稍瞥见围棋的深奥幽玄。各自沉浸在自己内化世界中的人们当然可以对每位棋手品头论足，不过笔者觉得，若是连最基本的尊重都缺失不见，或许谈不上"离经叛道"，却至少称得上"缺乏教养"吧。

笔者本人对棋界先辈大多尊崇缅怀，这或许与自幼的师门教诲息息相关。百十年前的各路高手呕心沥血间留下张张纵是放在今日棋战中也不会令人颇感另类的传世棋谱，这本身就是一桩传奇。

入夜时分，当一名幼童手捧已经残缺不堪的棋谱，在不知相伴多少年岁的榧木棋盘上一步步拍下穷尽前人一生智慧的结晶；耳闻清脆的棋子与棋盘碰撞声绕梁不绝，恍惚间似与前辈同榻相谈，神交相知——此间奥妙，绝非苍白的语言可以尽现。若能以欣赏的眼光更加宽容地看待古谱，哪怕是最坚定的"倒古"大能，或许也能有番别样体会。

回到本章话题，请诸君与笔者一道，安静地欣赏一百多年前两位棋坛巨擘间的交锋。

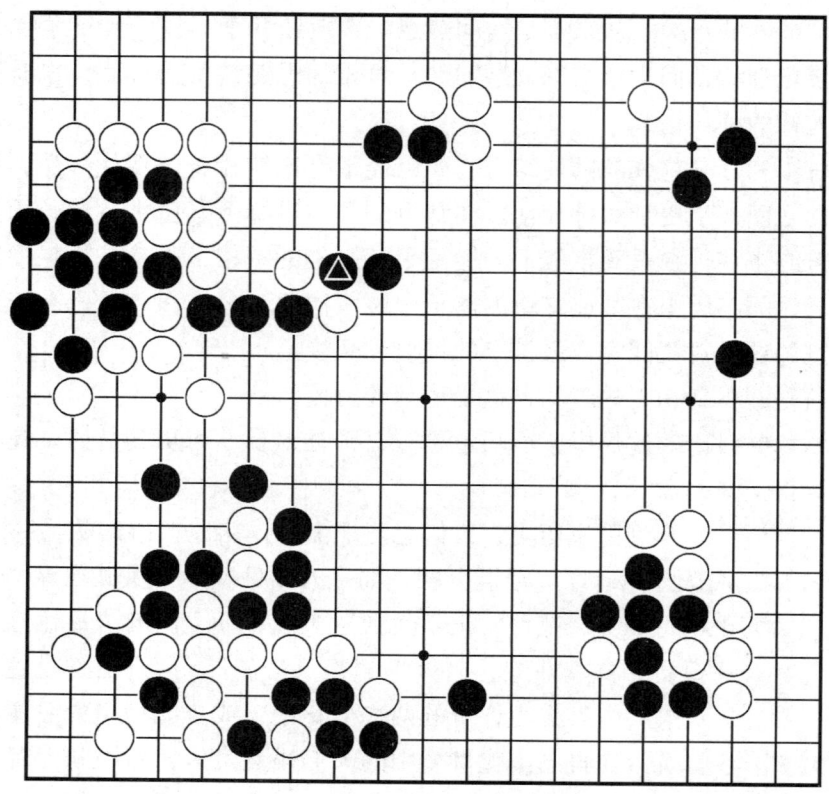

图1

如图1，本局弈于1895年，对阵双方是田村保寿和秀荣。

秀荣是大名鼎鼎的围棋名宿。作为在位期间统治力最强的本因坊之一，秀荣已经开始摆脱传统日本古棋的种种桎梏，下出现代围棋的雏形。与道策的玄妙、丈和的铁腕、秀和的神算、秀策的坚实不同，秀荣更加看重全局的均衡，行棋明于取舍，如高山流水般自然，往往在眼花缭乱的转换间悄然取得惊人战果——"秀荣的判断"之美誉，也正源于此。被誉为"名人中的名人"的秀荣，一生都没有留下什么流芳百世的惊天逆转之局，这或许是因为其大局观胜人一筹，鲜有局面不利的时候吧。

执黑的田村保寿同样声名远扬。作为方圆社最优秀的内弟子，他在拜入秀荣师门后迅速脱颖而出，成为与雁金准一时瑜亮的后起之秀，也是唯一一位几乎能与全盛时期的秀荣分庭抗礼的大棋士。本局结束的十三年后，他接过秀元传下的最后一任世袭制本因坊头衔，从此改名"本因方秀哉"，亲手开启了一段波澜壮阔的围棋史话。

被誉为"不败之名人"的秀哉，或许在许多棋迷的印象中声名狼藉，却掩不住他过人的围棋天分，也抹不去其为围棋界作出的卓越贡献。不齿秀哉之名的人们，大多对其在与吴清源"星、三三、天元"局中频繁地打挂与似乎出自弟子之手的"鬼手160"耿耿于怀，却鲜有人明白这是名人棋所自古以来的痼病顽疾，哪怕是你们口中圣洁无比的秀策、道策之流也未必撇得清干系。再者，秀荣与秀元的兄弟阋墙，秀哉和雁金准一被时代推上台面的恩怨情仇，四人之间说不清道不明的尔虞我诈，岂是单单一家之言便可尽信。天才总是孤傲自负，速来心直口快的秀哉本人也不可能记得清究竟得罪了多少人，后世评说弥漫的夸张至极的主观色彩，更为其人笼上一层神秘面纱。可别的不提，单是秀哉居然亲手转让出世袭制的"本因坊"头衔，用以资励棋界水平最高的棋士，就绝非是心胸狭窄之辈可以为之的突破历史的伟大壮举，更不用提他还顺便捐出了本家赖以生存的授予棋士职业段位的垄断大权，这在当时令不知多少宵小之辈垂涎三尺。

笔者无意争论秀荣和秀哉的恩怨孰是孰非，可若诸君真正细细品读了秀哉的生平棋谱，或许就会对风中流传的诸多中伤之语产生哪怕一丝的怀疑。毕竟，棋盘上如此直来直往的一个人，竟在生活中小肚鸡肠到这般地步，终是令人难以信服。

无论如何，在这一天，21岁羽翼渐丰的弟子对上神祇般高高在上的本因坊师尊，注定要擦出不一样的火花。

让我们把目光回溯，看看这盘棋十余手之前的情境。

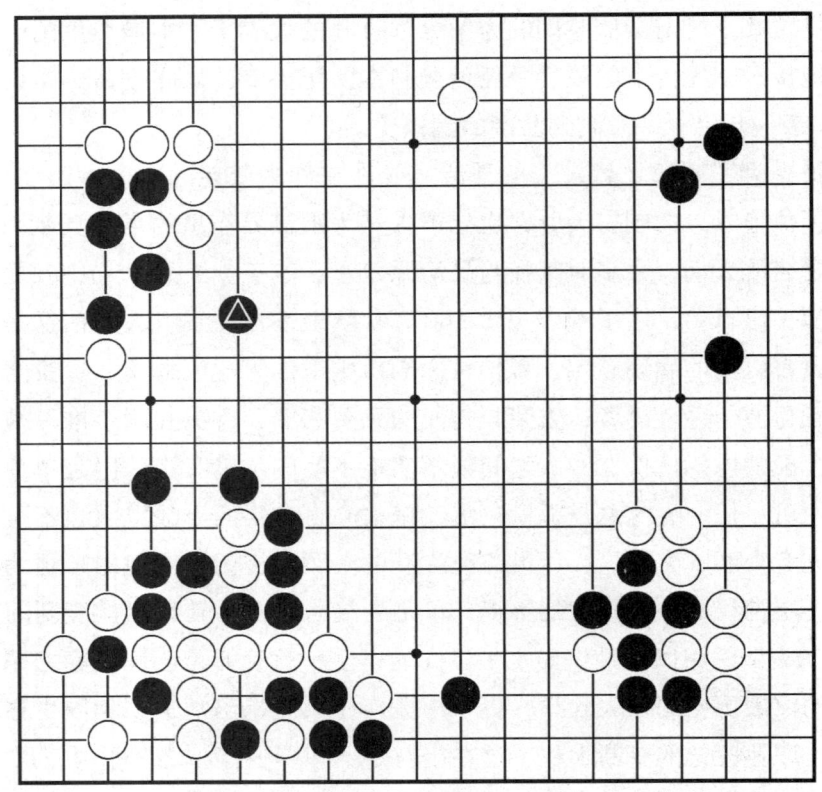

图2

如图2，棋盘四角熟悉的棋形令笔者一阵恍惚，让人难以相信这是百年之前的前辈下出的围棋。执黑的田村保寿充分发挥其"强腕"的特点，四处求战；反观执白的秀荣，却如闲庭信步般处处闪躲。黑处处吃子的同时却始终棋形低效笨拙，棋局反而朝着对白有利的方向发展。急于求战的秀哉长考以后，果断打入左上间隙，近乎蛮横地切割了左侧白拆边一子——这虽略显无理，但若白拿不出应对之法，则黑左侧巨空已经成型。

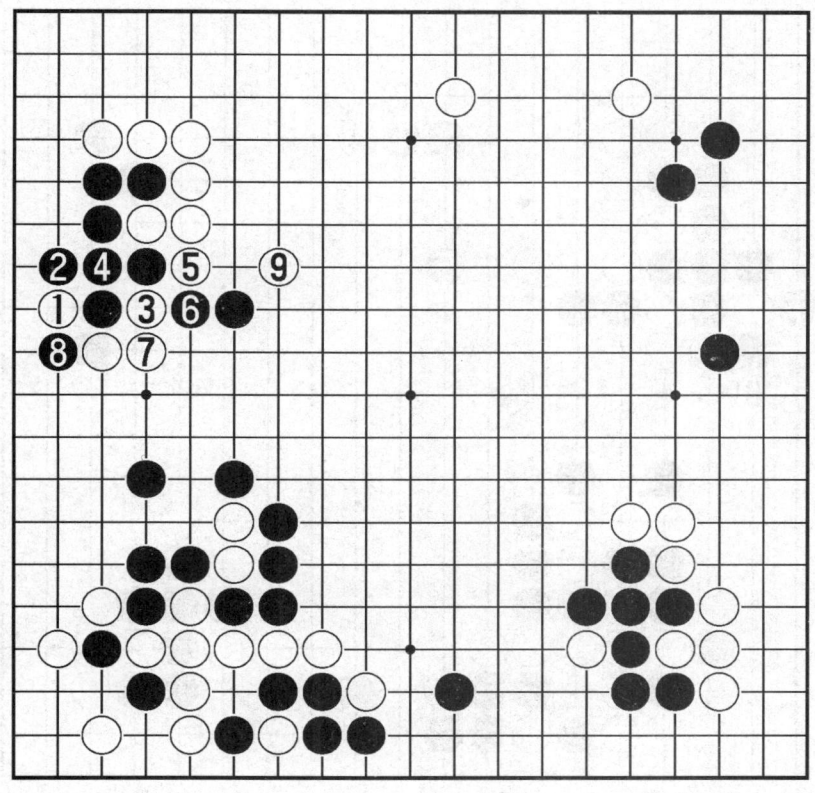

图3

如图3，执白的秀荣实战选择了就地出动，1、3、5直接将黑分断。可待黑8断吃，欲与白在此处一决生死之际，白9虚晃一枪后转而扩张上方模样，令黑措手不及。秀荣灵动不羁的棋路，寥寥数手间尽显无遗。

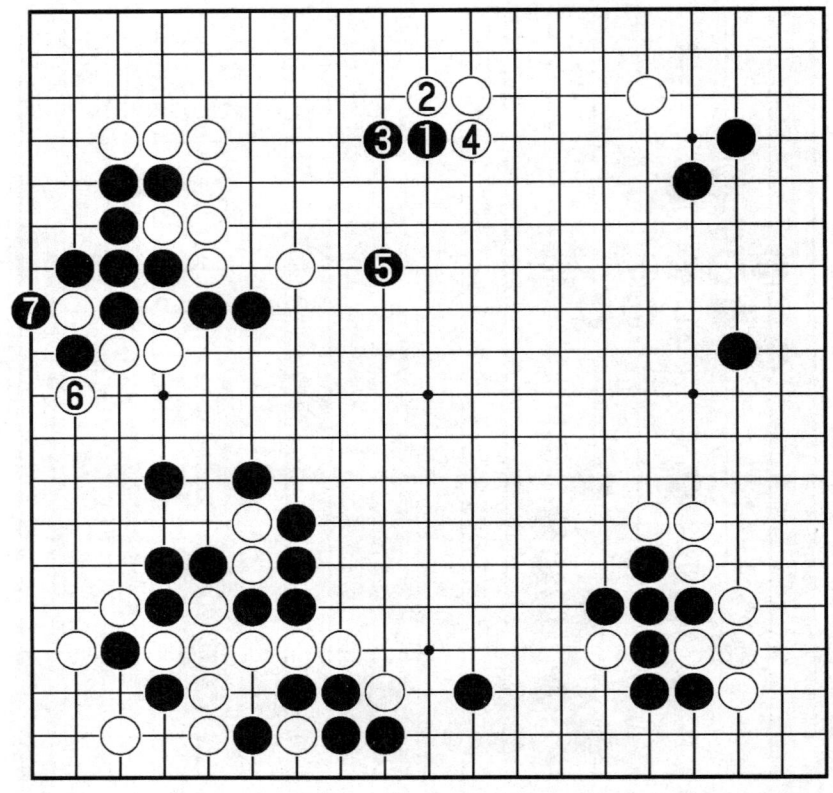

图4

如图4，面对秀荣的撒豆成兵，田村保寿依然想发挥自己的强项，选择了最强硬的着法。黑1、3、5直接侵入白上方阵势，将难题再次抛给对手。看似疲于奔命的黑棋其实已经收获颇丰，白一旦攻不出特别的成效，右侧也没有犀利手段，将面临实地不足的困境。

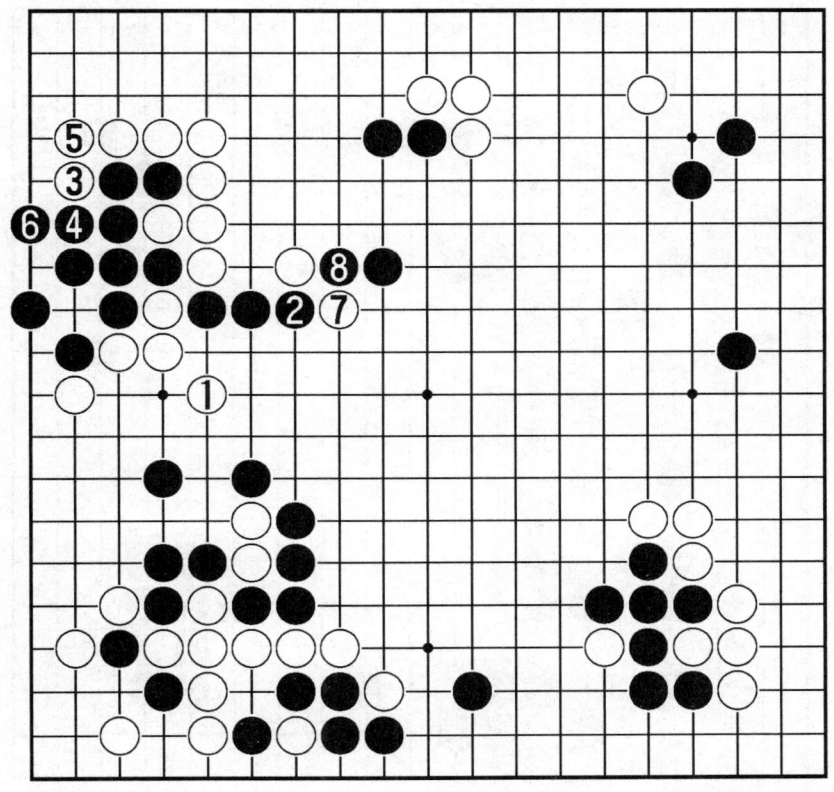

图5

如图5，此时的秀荣终于出招。白1分寸恰到好处，威胁中央两子棋筋的同时，还兼顾了左侧断点。黑2无奈自补后，白3、5是痛快至极的先手便宜，黑只能委曲求全地被迫补活。接下来，角部已经取得巨大战果的白不依不饶，7位扳出，秀荣已经成竹在胸。

田村保寿见到此着，眉头一皱，心生疑虑。早在之前下出大跳之时，他就已通算了白扳出反击的手段。现在白依然扳出，到底有何妙策呢？

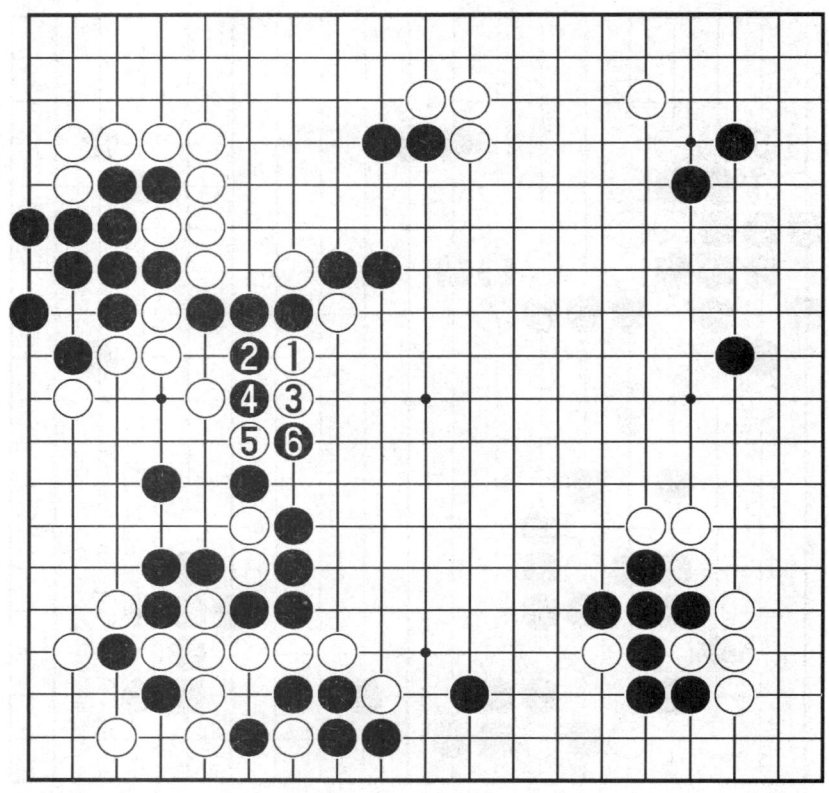

图6

如图6,这样直接封锁显然不能成立,黑简单冲出,白无以为继。

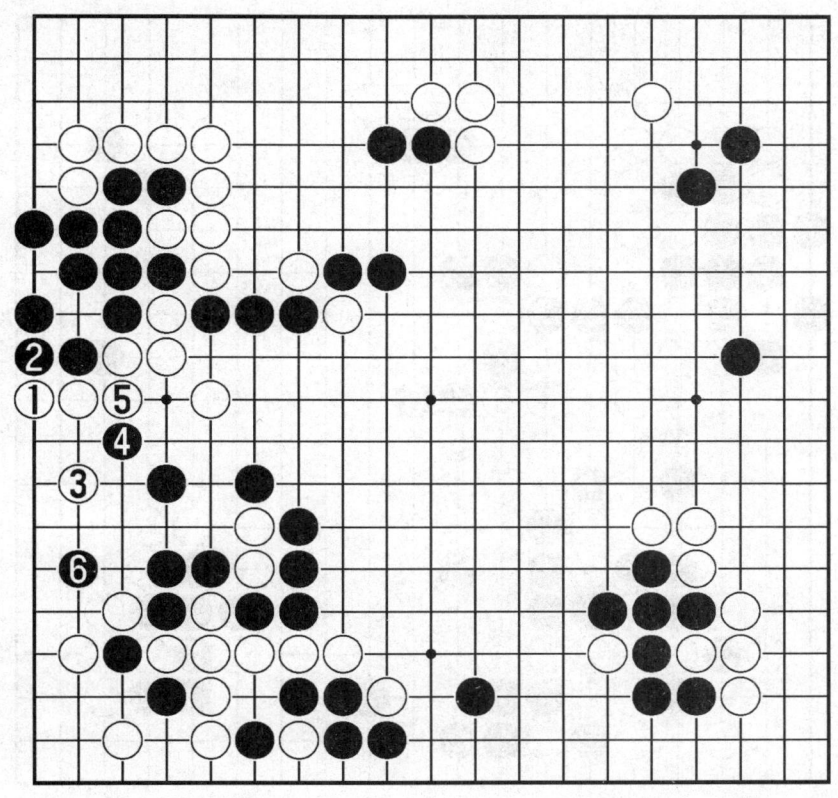

图7

如图7，白想从左侧偷渡也不能成功。虽然白1是绝先，但黑4位简单破眼以后6位跳下，白显然无法联络，全军牺牲。

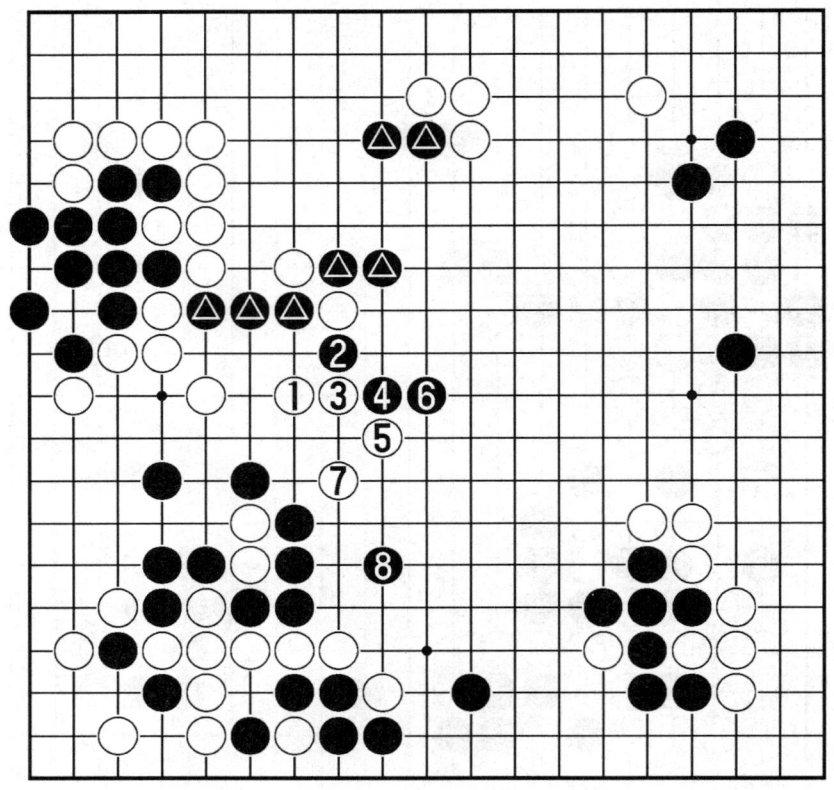

图8

　　白如图8这般全部拉出，似乎是局部的唯一办法。可黑简单从外侧进攻，上方黑肩冲数子无形间得到顺势加强的同时，白大龙依然生路渺茫。这种生硬的着法，显然不在秀荣的考虑范围内。

　　苦思良久的田村保寿，再也找不到白的其他脱身之法。抬头瞄了一眼师尊古井不波的神情，旋即再次整理了坐姿，挺直了腰板。老师纵有通神之谓，可身为棋手最基本的尊严却绝不容践踏——既然自己已经算清白并无出路，便没有任何退缩的道理。深吸了一口气，田村保寿捻起一枚黑子，重重地拍在切断之处，心道：老师对不起了，本局我要赢！

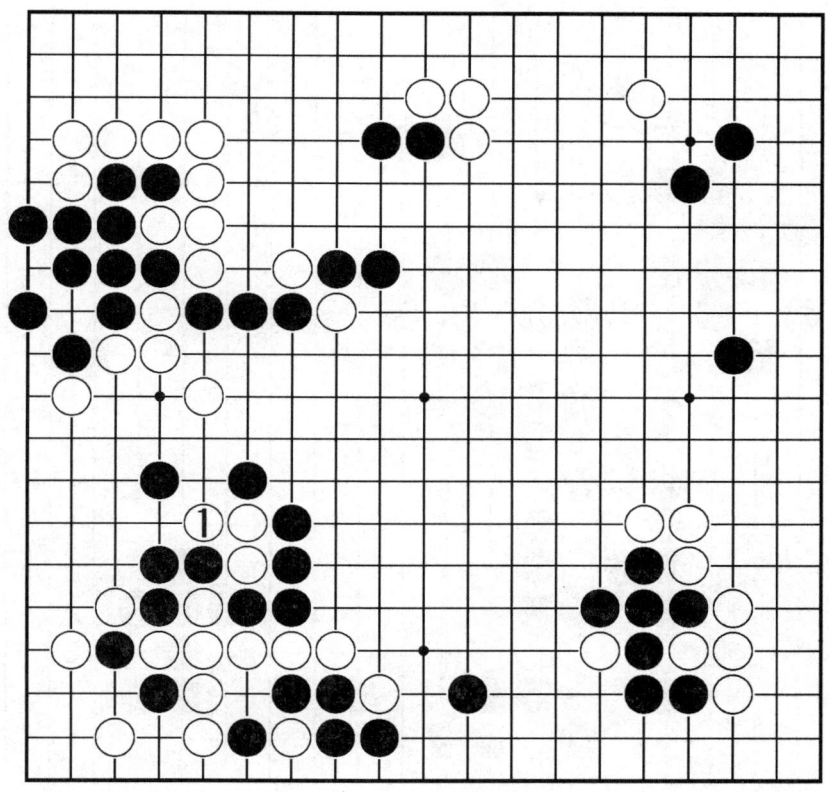

图9

如图9，当田村保寿仍以为自己的强硬着法将要得手之际，秀荣的白1已经落下。历史也自此改写。

这着棋被许多人看作围棋历史上的第一鬼手，因为在其自杀式袭击的外表下，另辟蹊径的思路使白方破局豁然开朗。乍逢此手，田村保寿被老师跑死子的行为惊得下巴都落了地，定睛一看后，下巴再也合不上了。

因为有此一手，看似山穷水尽的白左侧僵局，已经柳暗花明。

看似自寻死路的着法，暗含试应手之妙味。本身怎样努力都棋差一着的白棋，通过跑死子问黑应手，反而可以根据黑的应法突出重围。

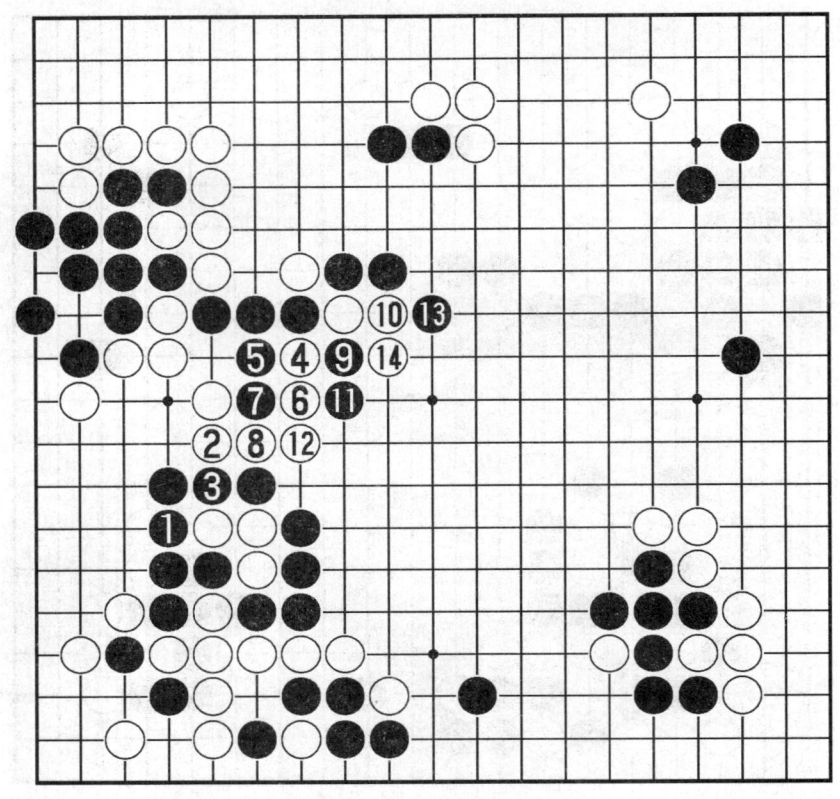

图10

如图10，若是黑吃在边路，2位多出的先手交换已经足够扭转乾坤；由于征子不利，被白4扳住以后，黑三子棋筋再无脱身之术，尽数阵亡。

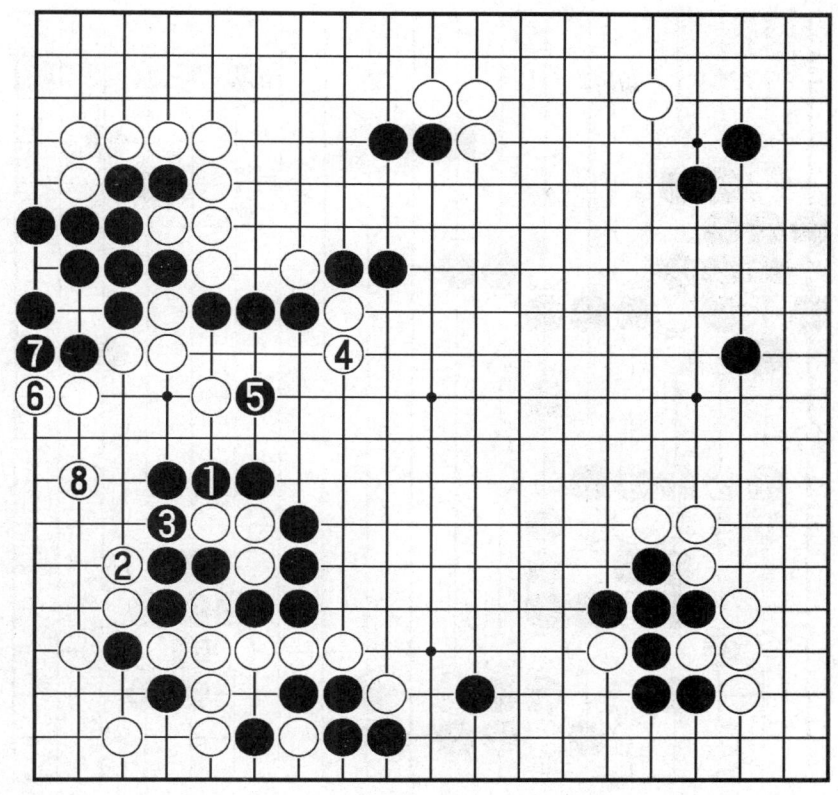

图 11

如图11，若黑吃在外面，2位的绝先也足以助白逃出生天。雪上加霜的是，白甚至还能在回家前交换到4位的先手便宜，黑数十手的苦心包围通通付之东流。

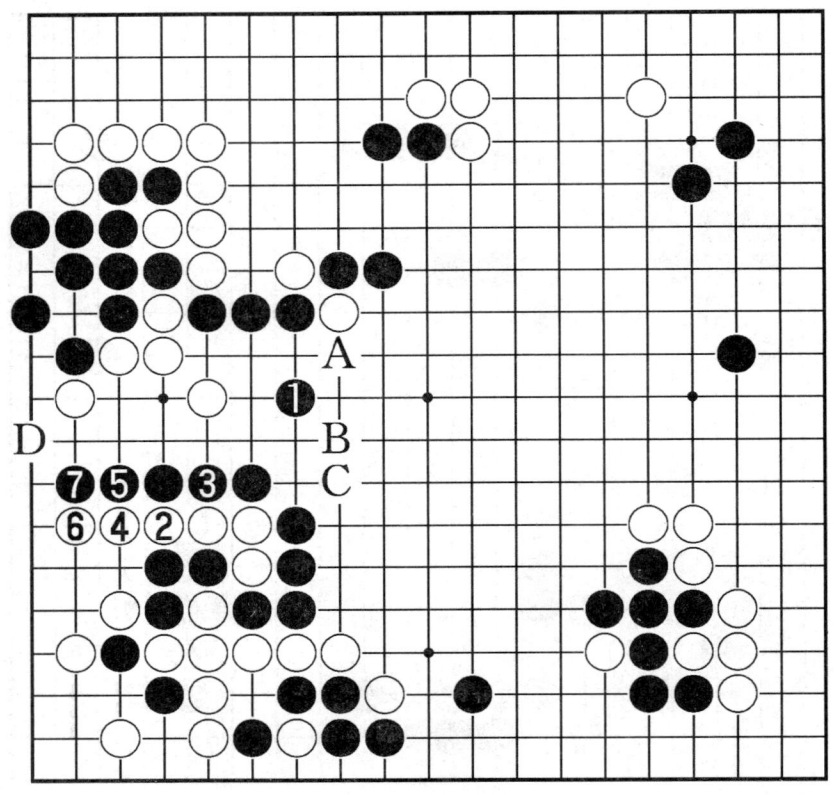

图 12

如图12，而如果黑脱先不应，1位封锁可能是唯一的办法。可白2位穿下以后，已经手握20余目的巨大便宜；费尽心力才勉强吃住的左侧白5子，将来还有A、B、C等外围的先手利用，甚至还有D位打劫联络的暗门。如此一来，黑为了吃掉20目残子所付出的代价，将远超成本，得不偿失。

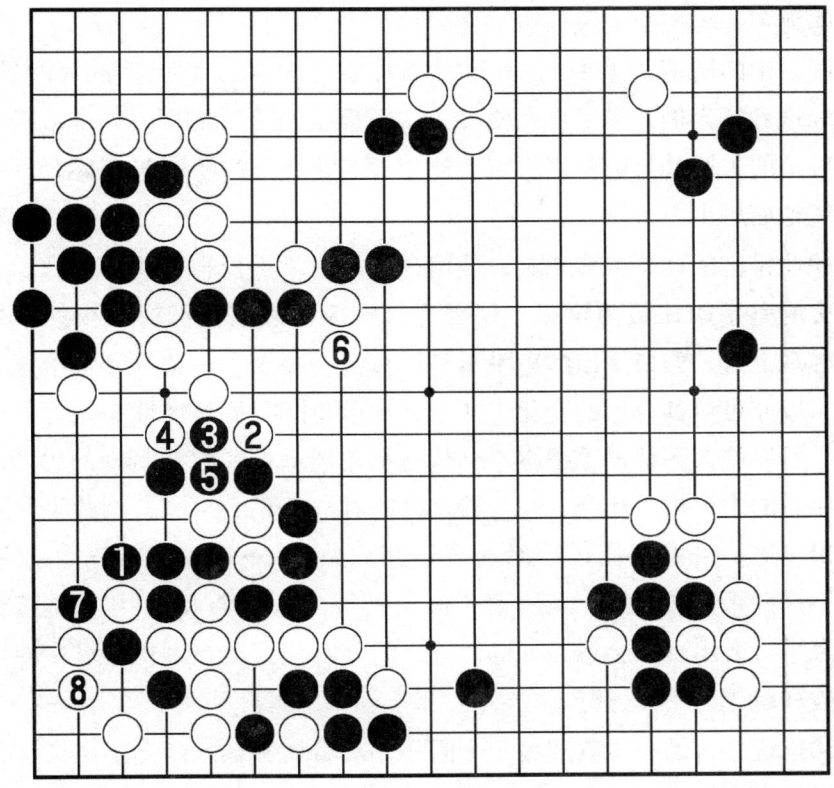

图13

　　有此一手，本局胜负已分。如图13，无计可施的田村保寿在实战中只好选择1位拐吃，可白当然不会任黑施为。经过2、4的先手交换后，白6堂堂正正地长在中央，力有千钧。白完整吃下三子棋筋的同时，黑上方肩冲四子瞬时显得孤立无援，这也为本局黑方的最终失利埋下伏笔。之后的进行中，黑通盘都需要为上方数子的死活殚精竭虑；而白在不紧不慢的缓攻之下，将形势差距越拉越大，最终中盘取胜。

　　本局中，执白的秀荣将子效战术发挥到极致。黑四处重拳出击全部落空，如打在棉花上始终不得着力。黑吃进白各处残子的同时，已经被对手上下沾光、左右逢源，这体现出白方卓绝的大局观和判断力。而在胜负关键处，秀荣一着"自杀式袭击"的脱困手法大大超出常理范围，看似荒谬又韵味无穷，无愧史上最佳鬼手之名。

围棋中的所谓"鬼手"，大抵是指那些完全脱离了正常棋理的妙手。以本局这着棋为例，棋手自幼便接受"不得跑死子"的严格训练，而秀荣在大胜负的关键处打破常理界限，使用故意跑死子的手法另辟蹊径，可谓置之死地而后生。

职业棋士的计算大多通玄，他们在实战中妙手偶得并不在少数。**可名垂青史的鬼手始终极为罕见，是因为其彻底打破了我们对围棋的过往认知**。客观上讲，秀荣下出的鬼手本身计算并不复杂——甚至哪怕给笔者十分钟，应亦可对其背后的变化十知八九，但正因我们习惯性地认为死子不可跑，所以绝大多数棋手根本不会从这个角度进行哪怕最基础的思考。一百余年后的中国棋手孔杰，在与朴永训的对抗中弈出的"自杀妙手"与本局如出一辙，可谓当代棋手对前辈智慧的致敬——倘若秀荣先生泉下有知，不知会否伯牙子期。正所谓"妙手易得，鬼手难求"，几乎绝迹于江湖的鬼手每有出现都会掀起如潮讨论，将其看作人类在围棋领域中对自身的突破和跨越，绝非过分。

佛家说，人的一生其实是一个圆——沿着轨迹，永远走不出命运的束缚。棋如人生的道理正是这样，只有走出自己从小到大为自己划下的圆，才能看到不一样的风景。站在画地为牢式死板围棋对面的鬼手，值得每个人珍惜。

六 宇宙慌

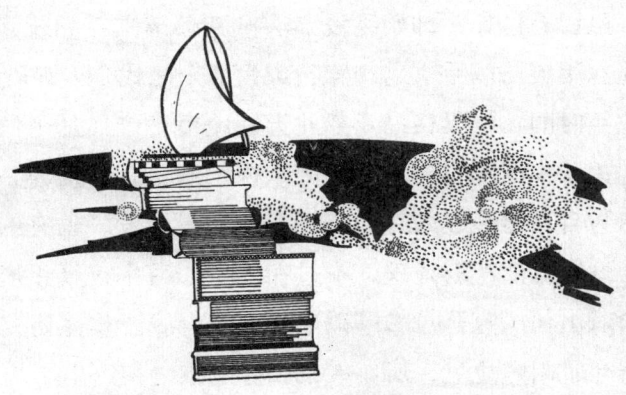

刚接触围棋不久的读者,可能对"韩流"一词没有特别直观的概念。道场出身的95后新生代国手在各项世界大赛上所向披靡,获得冠军奖杯似已逐渐成为一种习惯。赛前往往不可一世的韩媒终于一片唱衰,以失败者的无奈口吻记录下中国围棋走向霸主的步步足印。

十载光阴,足以令一切沧海桑田。新世纪之初的中国围棋,仍笼罩在一片哀鸣之中。彼时的韩国棋界方兴未艾,曹李师徒仍梦魇般亘在中国棋手头顶,横空出世的飞禽岛少年又已锋芒毕露,大杀四方。适逢足球"恐韩"论调盛行,作为中华传统文化瑰宝的围棋,居然也要被扣上"韩流肆虐"的不雅衣冠,这令当时的公媒喉舌无比难堪;而当难堪最终转化为满腔愤怒,形单影只的职业棋手就自然成为了公众的泄愤工具。从聂卫平到马晓春,从常昊到古力,一代代最杰出的中国棋手在难以想象的舆论重压下踽踽独行,虽偶有佳作,却始终没办法掀翻韩国围棋的统治地位——世界冠军的桂冠也屡屡与国手失之交臂,成为那个时代令人扼腕的遗憾。

短短十数年时间,棋界格局竟如此天翻地覆,这真是个值得大书特书的历史议题。关于中国围棋的崛起原因众说纷纭:有的认为举国体制胜之不武,有的认为自葛道兴起的冷血道场模式功不可没,也有的认为围甲联赛居功至伟。这些自然都有道理,不过在笔者心目中,真正撬动中韩棋力天平的,是俞斌出任国家队总教练以后强力推行的"集体研究"制度。

当围棋摒弃了门户之见,所有人都朝着围棋之神迈出了一大步。

昔日的中日韩职业棋手往往单兵作战,周遭的棋手可以是生活中的朋友,却永远是棋盘上的敌人;没有比赛的日子,他们总是独自在家,一人面对空荡荡的棋盘苦思冥想;偶然发现的所谓"密着"和"新手",也定要反复推敲后,留待重要的比赛先声夺人。

"集体研究"制度却完全不同。中国最顶尖的国家队成员,每周定时在中国棋院训练室碰头,共同研究棋手(特别是他国棋手)在比赛中弈出的新手新型。在这样的环境下,所有的派系之分消弭无形,所有的"新手""骗招""密着"全部开诚布公,拆它个酣畅淋漓。作坊式的个体施为在这样的时代洪流下自然无力抵挡，当初令中国棋手闻风色变的"大雪崩""韩国流"等一系列韩国棋手最擅长的布局套路，在极短的时间内摇身一变，成为中国棋手用以反制彼身的"套中套"，在布局阶段无往不利。某次世界大赛的预选赛中，当时风华正茂的张栩九段祭出独门绝招"张栩流"并一举击溃了一位中国的少年新锐，却在一周后的下一轮对局中被有备而来的怀揣集体研究结果的另一位新锐全部吃光——这已成为流传甚广的棋界轶闻，集体研究的威力也可见一斑。

从围棋三大坑（"大雪崩""大斜"和"妖刀定式"）到各式套路布局，以往令棋手头痛至极的复杂难题在集体讨论中被一一破解，中国棋手在世界棋战中的成绩也随之明显上升。不过，集体讨论也并非万能，有些套路，时至今日也未能破解。

有这样一种布局——它看起来并不复杂，却罕有棋手敢于在重大比赛中使用；它几乎从未在集体讨论中出现，也从未有棋手胆敢声称其勘破了此布局的全部玄机。时至今日，也只有一位职业棋手敢于在任何比赛中使用这个布局，这也使得他的名字，被永久地镌刻在围棋历史的殿堂上。

这个布局叫做"三连星"。这位棋手名叫武宫正树，他以一己之力将"三连星"推上了"宇宙流"的高度，几乎开创了一种全新的围棋战法——大模样作战。素来高傲不羁的藤泽秀行先生，或许也只有在武宫正树面前才会偶尔流露出半分相形见绌——"我们的棋用不了多少年就会被遗忘，只有武宫的棋才会流芳百世"。这样平淡却悲怆的言语，蕴含了多少不甘而无奈的高山仰止。随着"六超"时代的落幕，武宫正树逐渐从棋坛一线隐退；"宇宙流"之盛名，也再无人问津，成为一个时代的烙印。

武宫正树的围棋，独树一帜。今日棋界，同样坚持走向棋盘中央的甘思阳的"阳春流"虽令人起敬，但客观来讲，依旧没有逃出现代围棋局部战争的桎梏，大开大合的布局最终还是要走回寸土必争的老路。可"宇宙流"不同，武宫正树的围棋始终给人行云流水之感，局部纠缠绝不拖泥带水。这并非意味着武宫正树毫无杀力——与之相反，打过武宫棋谱的朋友一定会对其必要时赤裸裸的恐怖计算瞠目结舌——而宏观构想始终压倒局部的一切,才是宇宙流最知易行难之处。生活中的武宫正树慈眉善目,乐观开朗,这恐怕也是其总能在对局中大度放弃小利,始终追逐大模样的人格特质吧。毕竟,"吃亏是福"说来容易,真正能够践行的,总是凤毛麟角。

  本章选取的,是宇宙流最负盛名的一局。宇宙流是如此特别,每一次出现都如神迹般令人难以忘怀。如有兴趣,请读者自行阅读武宫先生的其他对局。笔者相信,你一定可以从武宫正树的围棋中,看到在其他棋谱中绝难出现的最珍贵的东西。

  闲话已毕,请读者与我一道,欣赏一盘只属于武宫正树的围棋。

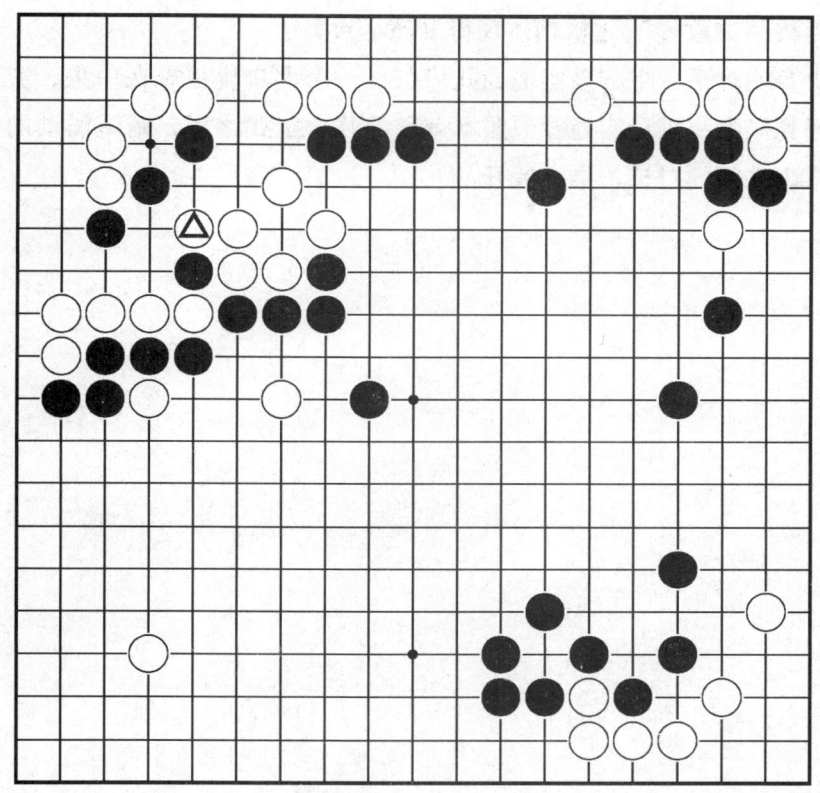

图1

如图1，这是第1届富士通杯决赛阶段的对局，执黑的武宫正树九段对阵林海峰九段。

1988年是围棋世界大赛元年，而富士通杯又是世界围棋大赛的鼻祖，棋局背后的意义自然不凡。日本的六超依旧在国内的各大头衔战上勾心斗角，却恍然不觉身后默默追赶的中韩年轻棋手已悄然成熟，三国鼎立之势雏形初现。

首次抛开门户之见共敌外寇，身负整个师门门楣和尊严的日本棋手个个卯足了劲，决不允许冠军奖杯旁落。正值壮年的武宫正树以数盘潇洒自如的宇宙流连克后辈曹大元、马晓春和老对手小林光一挺进决赛；而另一边的林海峰则接连战胜徐奉洙、赵治勋和聂卫平，以数个看似惊心动魄的半目胜将"二枚腰"之精髓体现得淋漓尽致。

　　决赛的对手一个脚踏实地稳扎稳打，一个大步流星志在中央，实为有趣。回到局中，棋盘四处看似照本宣科的几个定式之下，暗流涌动的两位六超棋士之间的对抗，早已展开。

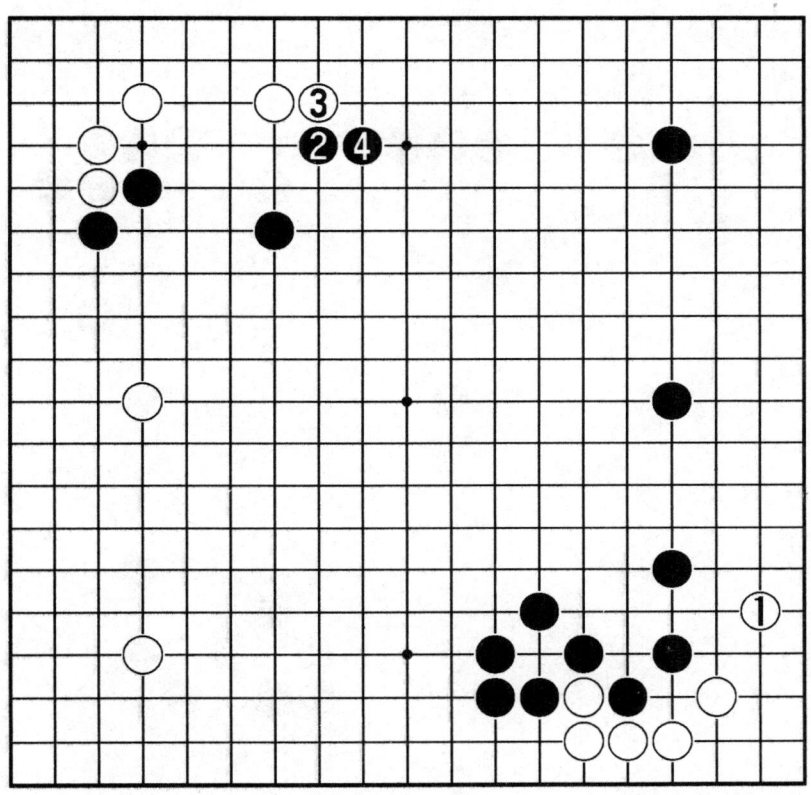

图2

如图2，这是布局伊始之型。执白的林海峰有备而来，索性将稳扎稳打贯彻到底，白1小飞露骨取地。黑棋应对也色彩鲜明，2、4肩冲直接脱先，以快速的粗线条勾勒出中央百目大空的轮廓。

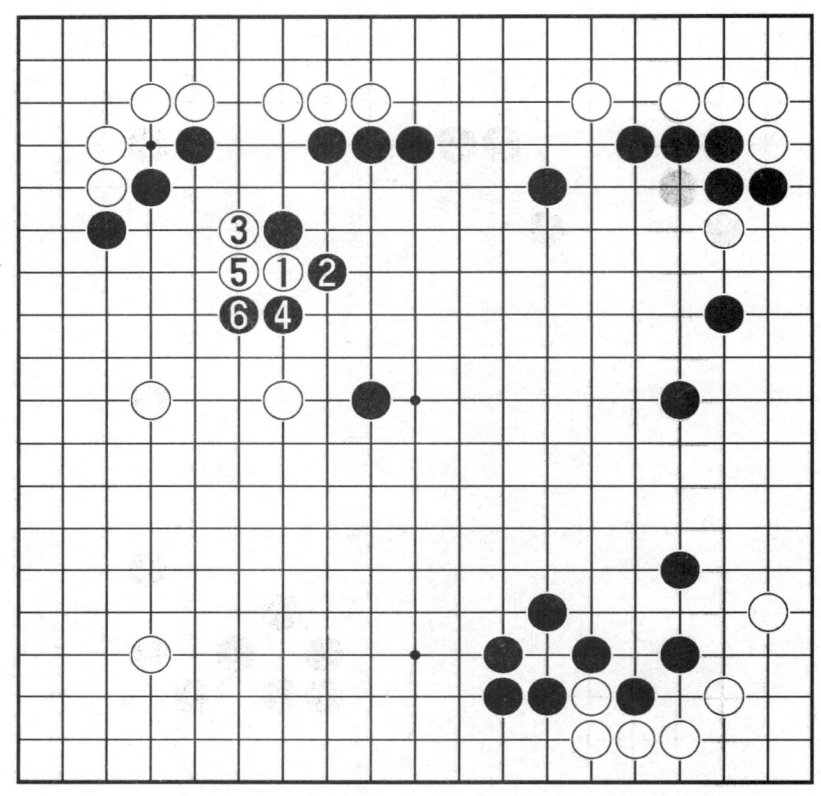

图 3

如图 3，长考后的林海峰祭出白 1 的碰靠手段，远窥黑上方弱点的同时，希冀顺势进入中央。面对白的试探，武宫正树不为所动，大手一挥——2、4、6 直接看轻局部数子，令本意试应手的白方反而一时难以脱身。双方在此局部几个来回，白成功地鲸吞左上黑子，却在外围付出惨痛代价，得失一时难明。黑怎样应用外围厚势最大化己方模样，将直接左右本局胜负。

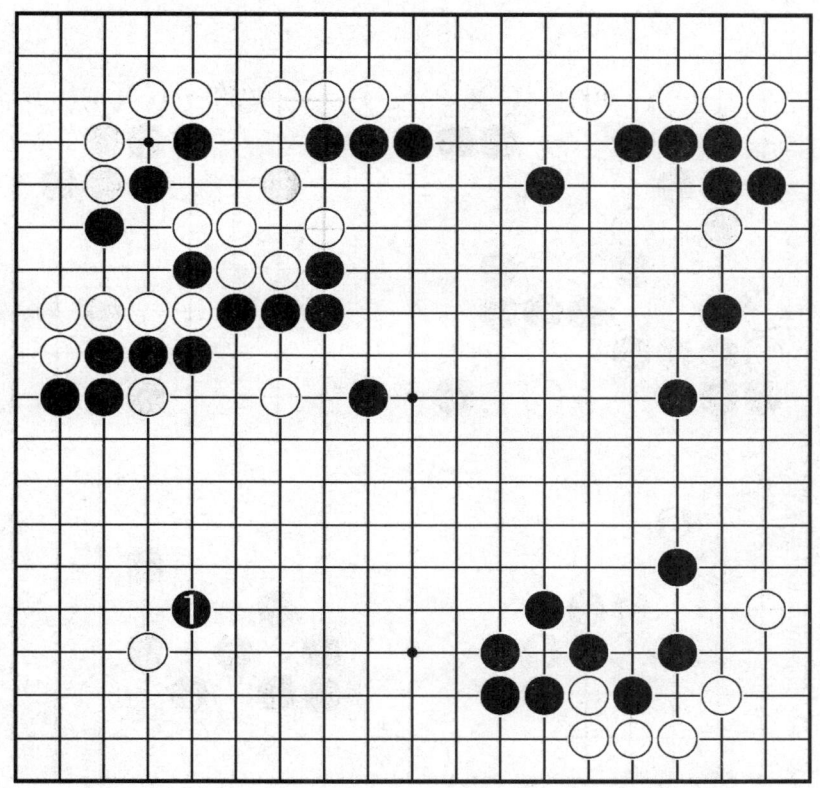

图 4

如图 4，深思熟虑后的武宫正树，右手捻起一枚棋子，重重拍在上图黑 1 位，也拍下自己整个围棋生涯最声名卓著的一着——五五肩冲。二十八年后的人机大战，冰冷无情的 AlphaGo 第 37 手下出的肩冲，被人类认为是机器向上个时代围棋王者的无声致敬——因为这样的肩冲，需要特别的勇气。

肩冲并不罕见，可位居五路的肩冲，令当时的所有棋手闻所未闻。"三路肩冲四路吊"是印刻在每一个自幼接受严格训练的棋手血液里的常识，因为四路以上的肩冲，为了中央虚无缥缈的未来利益，在局部要付出巨大的代价。

可是本局的武宫正树用自己的围棋告诉世人：萤烛之火，岂敢与皓月争辉？哪怕因此让对手左下全部实地化，利用自己更为宏大的模样，仍然能够顺利通达胜利的彼岸。

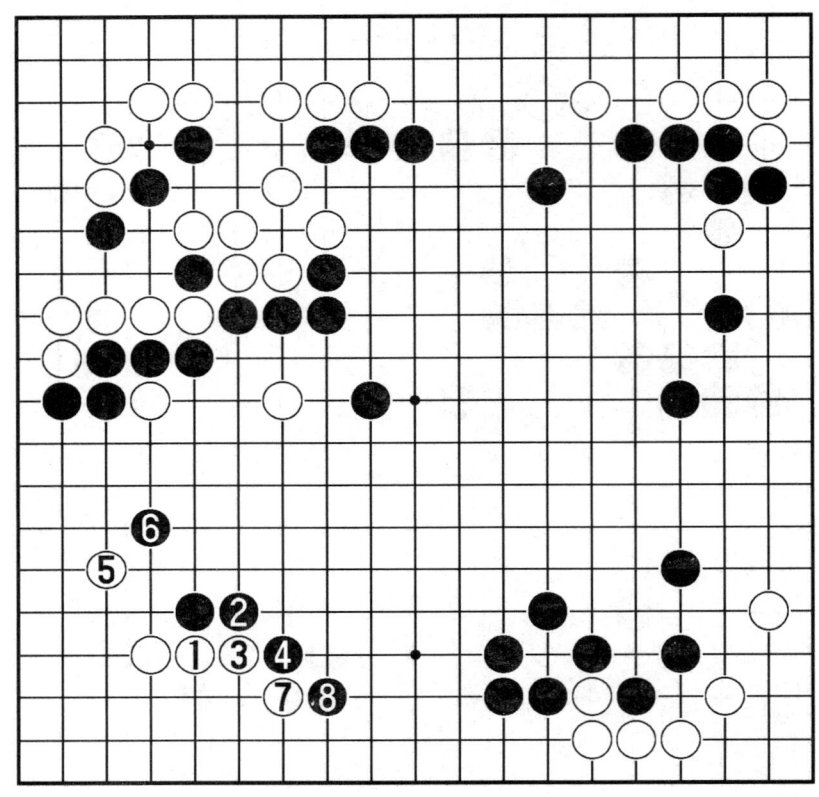

图 5

　　林海峰是昭和棋圣吴清源先生的高徒，平常心造就了其大棋士的恐怖心脏。哪怕乍逢对手的天外一着，也并未因此乱了阵脚；稍加思索后，决定以不变应万变，如图5，1、3、5、7顺势取地——既然对手将左下实地拱手相让，那便先笑纳囊中，再做打算。而已经拍下五五肩冲的武宫正树自然再不会将这点实空放在心上，连飞带压摁住白左下出头之势，深渊般的中央巨空已经静静张开血盆大口，静待来犯之敌。

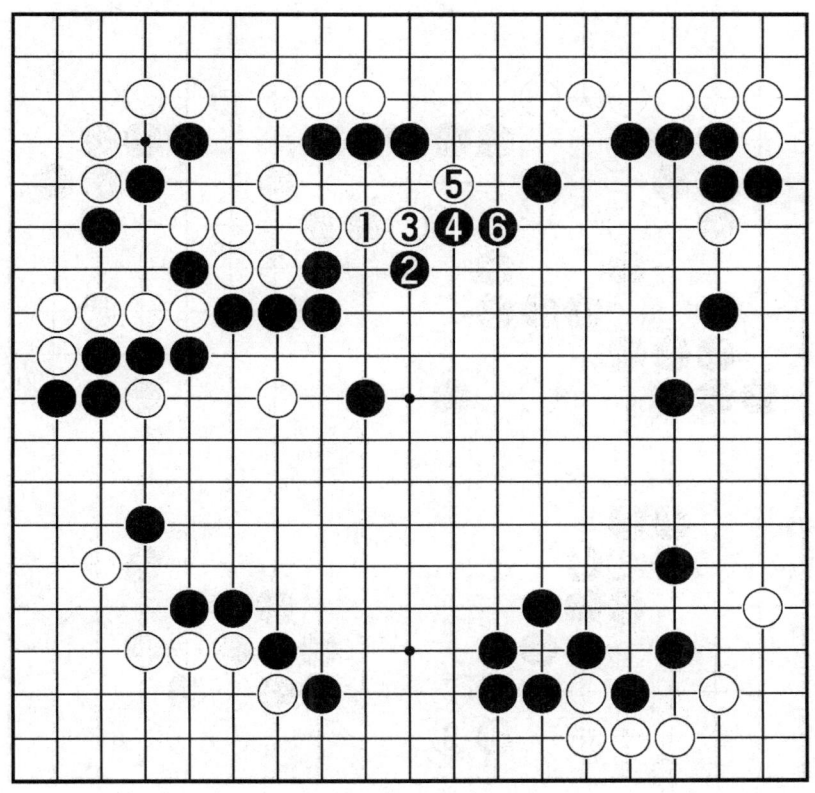

图 6

如图 6，接下来的进行中，白 1 试图考验黑方取舍，武宫正树大袖一挥，三子尽管拿去！在白又吃下十数目的同时，黑棋先前云雾缭绕的模样已逐渐成形。

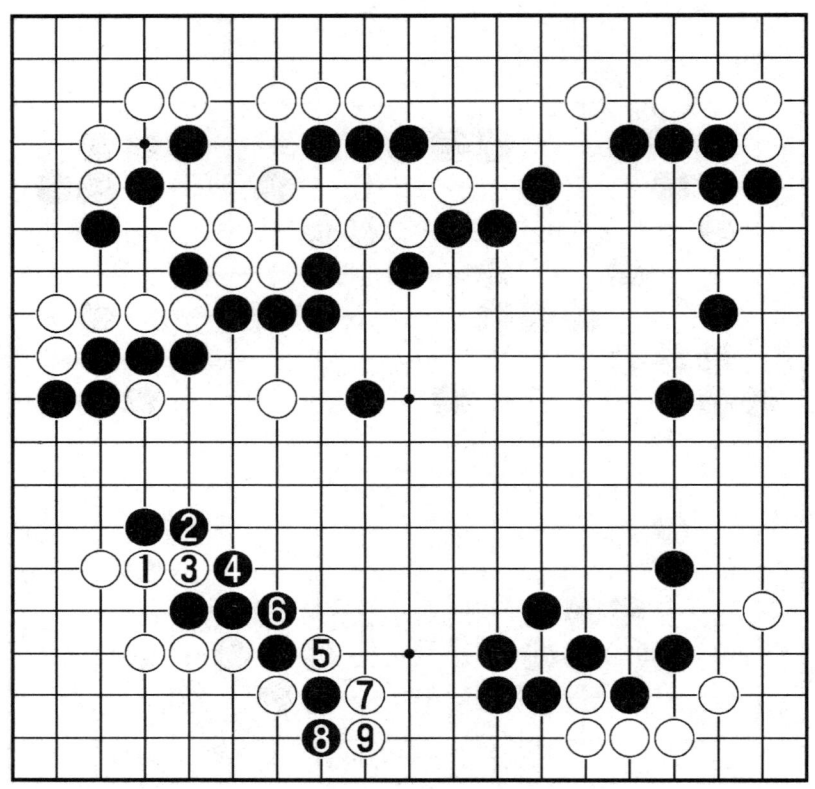

图7

"模样不好围"是棋界的共识,因为一旦某方下定决心要围出一片天,迎接他的必然是对手全方位的骚扰。模样边界处的摩擦往往以围空方的妥协告终,因为双方在此发生战役的风险比例显然失衡——破空方可以随处试应手,因为哪怕手段不成立,自己的损失也极有限;可围空方却需时时高度警惕,因为任何一处包围圈的破裂,都意味着全局的所有努力付诸东流。眼看武宫围模样心切,林海峰开始四处小刀割肉——先是上方挖走黑三子,接下来又立马转去左下挖洞,如图7,哪怕不能彻底撕开黑的防线,只要能在局部有所斩获,也算不虚此行。

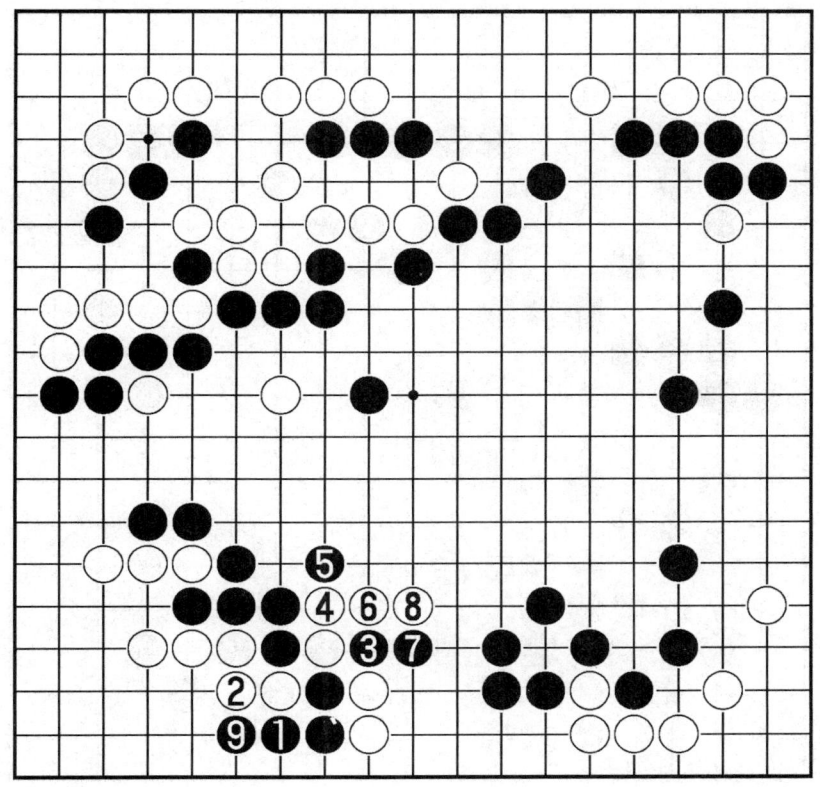

图8

可本局的林海峰，显然低估了武宫正树的勇气与实力。算清局部变化后的武宫正树毅然将所谓的"风险控制理论"抛诸脑后，以最强硬的态度直面对手的试探。如图8，寸土必争的争斗中，黑9彻底击碎了林海峰冷静的头脑。

此刻的林海峰心中恐怕已经在骂娘——你想鲸吞白侵入棋子也就罢了，竟然在收气前还有空来便宜我2目，是可忍孰不可忍！此后的白棋利用黑断点的气紧大做文章，在中央黑空里翻江倒海，局面一时极为难解。可黑毕竟人多势众，白棋虽然上下折腾，终究稍显勉强。

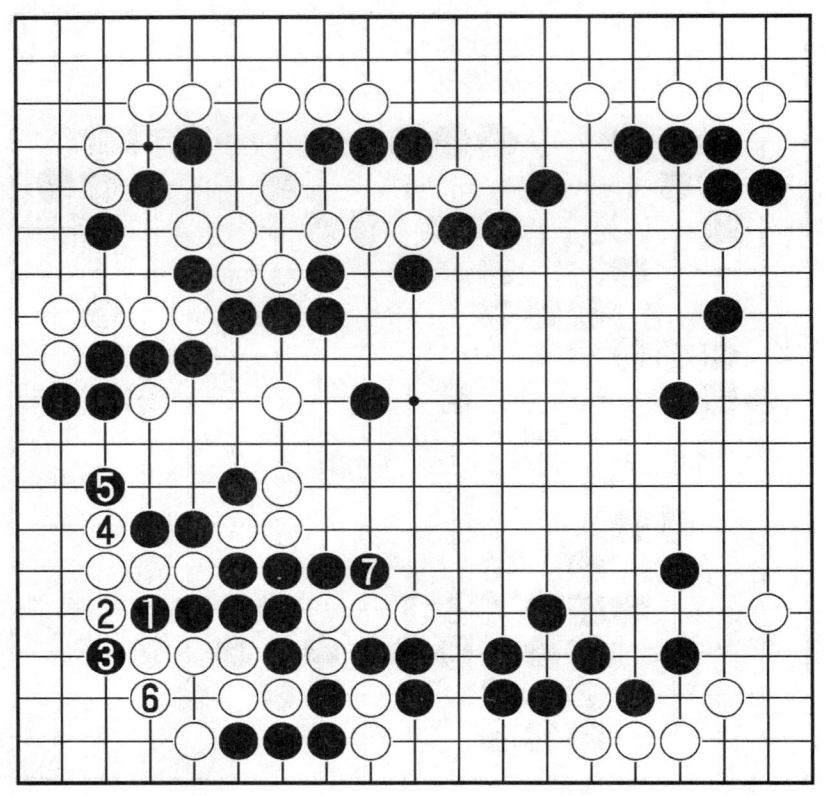

图9

　　大棋士的棋就是如此,他们真正将"质量大于胜负"践行到自己的每一手棋中。如图9,没有见好就收概念的武宫正树算清变化以后毅然1、3冲断,仗着征子有利,强行用自己的大块棋筋与对方搏命,棋局一度险到极处。至黑7,虽然白左下还欠着一手,可黑中央四处棋筋,味恶之极。

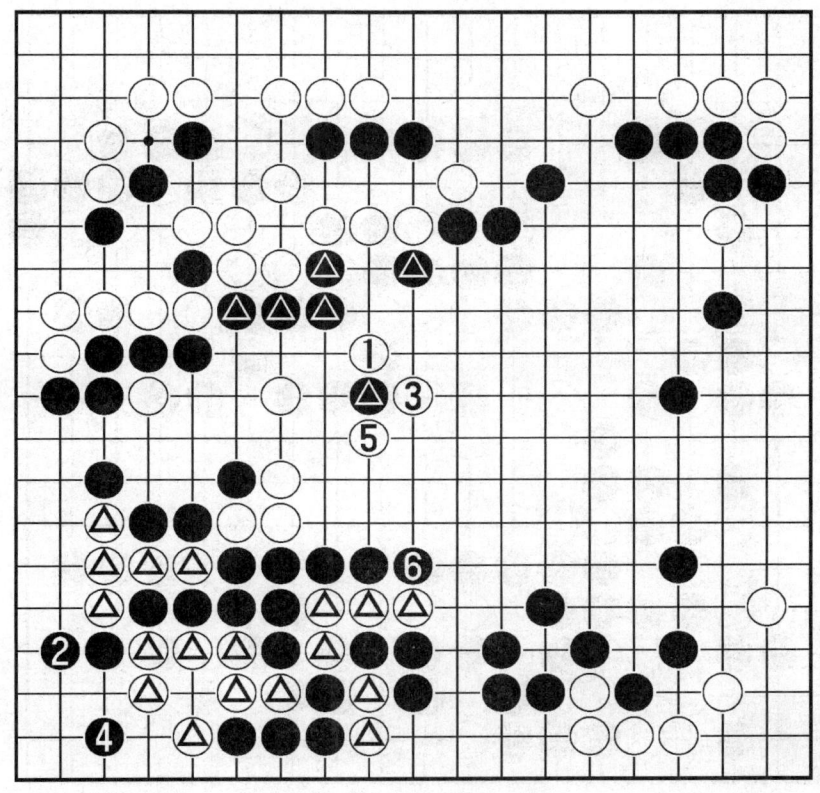

图 10

戏剧性的一幕发生在本谱。如图 10，机关算尽的林海峰在长考后终于发现了白 1 妙手，黑左右两侧的气紧棋筋似乎已经不可两全。可武宫正树忽然脱先，2、4 转身将白左下角尽数歼灭。白在中央连下三手，在茫茫黑阵里中腹开花，所谓的"大模样"瞬间灰飞烟灭；可黑将白整个左下全部鲸吞，收获显然更为可观。沉浸在成功突围喜悦中的林海峰此时才忽然意识到，虽然成功破去黑中腹模样，左下的损失也使自己从此失去了争胜可能，本局至此已有定数。

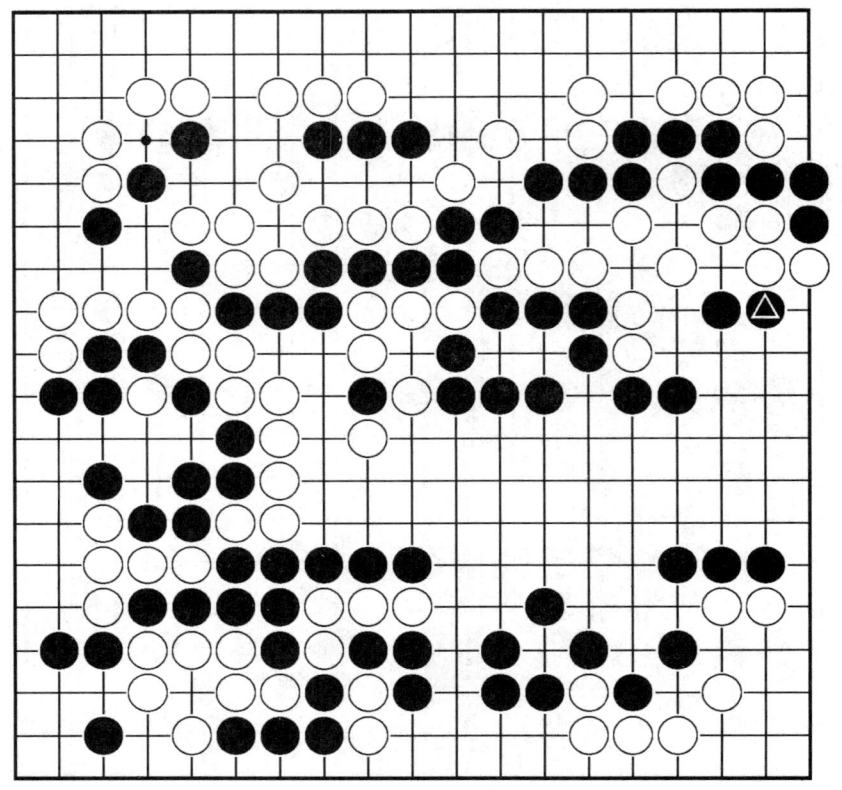

图11

图11是终局图。不堪受辱的林海峰最终选择了玉碎，以悲壮的姿态结束了本局。从左下延绵至右上的数十白子竟然全军覆没，不由令人感叹胜负世界的残酷。

在本局中，武宫正树围绕中央巨空展开的宇宙流战法始终掌握局面主动，几乎在每一处局部纠缠中都选择了最有利己方未来发展的变化，展现了其卓绝的大局观和平衡能力。其中，左下角的五五肩冲极具视觉冲击力，是宇宙流摒弃小利、注重全局的代表性招法。而黑方在不同局面下对中腹模样的时取时予，则体现出宇宙流战法的真正精髓。

"宇宙流"是棋界对武宫正树围棋的尊称，而武宫本人更愿意称其为"自然流"。这种建立在三连星之上的独特布局战法并非单纯地落子于高处，而是更为注重局面的平衡。在宇宙流的逻辑里，没有什么是不可舍弃的，一切局部的取舍都取决于更加宏观的长远利益。在本章的对局中，执黑的武宫正树先是放弃许多边角利益换取中央模样的形成，又在白真王侵入时选择灵活转身，将大空转移至棋盘左下，正是"自然"或"均衡"的最佳注解。

由于其独特的视觉冲击力和天然予人的美好感觉，宇宙流往往深受初学者喜爱，却每每仅得其形，不得其神。造成此现象的主要原因，恐怕是大家都下意识地将"模样"定义为宇宙流的核心。其实，围不围模样完全取决于怎样使己方的利益最大化，"模样"只是己方长远利益的一件华丽外衣罢了。一味追求大模样却忽略了内在利益转换的照本宣科式下法极容易形成围棋中著名的"一方空"局面（全局仅此一块，发展为零），而这必然会导致对局者陷入整个后半盘都疲于四处救火的尴尬处境。**当你将所有的鸡蛋都存放在同一个篮子里，来自敌方的任何风吹草动都可能使你鸡飞蛋打、竹篮打水；可换个角度看，若是敌人以为你将所有的鸡蛋放于一处而对你的篮子屡施计谋，是否就正好可以将篮子作为诱饵设下圈套，令对手自食其果呢？**想明白这个逻辑，棋手离熟练掌握宇宙流战法，就迈出最关键的一步了。

当然，宇宙流中的所谓"自然"，绝离不开棋手精确和深远的计算。全盛时期的武宫正树的棋行云流水、进退自如，其实几乎全部建立在其对各局部不同变化的准确计算和判断之上——所谓"胸有韬略，面如古波"，讲的或许正是这个道理。上世纪90年代以后，随着年龄渐长带来的算路退步，武宫在大赛中能够以宇宙流善始善终的好局越来越少，真是棋界之不幸。不过，基于计算却不拘泥于计算，正是以武宫正树为代表的宇宙流的鹤立鸡群之处，值得每位棋手细细品味。

在笔者心中，宇宙流是棋手最难掌握的布局，因为它的内涵是如此丰富，绝非单单凭几百个具体到每一手的变化就能尽述。可是，**笔者强烈推**

弈道拾遗 YI DAO SHI YI

荐读者们至少要在自己的对局中偶尔浅尝一下宇宙流，因为它真的与其他所有布局完全不同。毕竟，早已习惯了脚踏实地的我们，偶尔能够借围棋体验一番在天空翱翔的自由，总是一种独特的人生体验，不是吗？

　　武宫正树的宇宙流灿烂华丽，可魅力绝不仅限于远观。身临其境地大加"亵玩"，才可能于方寸之间，与武宫先生隔空相望，完成跨越时代和空间的共鸣。

七 鵝皮劫

弈道拾遗 YI DAO SHI YI

天朗气清，惠风和畅，又是一日好风光。将夏未夏时分，最是惬意悠然。

林海峰依旧早早醒来，泡上一壶清茶，开始浏览每日棋闻。

每天早起看棋闻已经成为他雷打不动的必修课程。远离了棋战一线的日子纵使轻松自在，却时有不可名说的空荡和落寞涌上心头。战胜过所有于昔日遥不可及的对手，捧起过所有在高处璀璨发光的奖杯；隐退以后，生活似乎一下子失去了所有念想和盼头。隔着冷冰冰的电脑屏幕，看着后辈棋手们在曾经只属于自己的舞台上走马观花；以前辈和旁观者的视角远望年轻后进在方寸间辗转登场，偶尔回想当年峥嵘，每每只剩下了唏嘘。

随着"六超"一代棋手的集体落幕，日本棋手淡出职业顶尖之争已有年岁，新闻头条上翻来覆去的中韩对决亦已成为常态，林海峰早就见怪不怪。日本围棋的霸主衰退论调愈演愈烈，却鲜有本国年轻后辈挺身而出击溃闲言，这让他感到一阵失落，旋即又有些意兴阑珊。忽然间，今日的头条标题映入眼帘："李世石完成'不可能'逆转！必败之局依靠缓三气劫完成惊天翻盘！"

人机大战以后，李世石已然成为棋坛新贵，棋界内外簇拥愈众。文末的评论区中，李世石的粉丝们面红耳赤，声嘶力竭地高呼："李世石经典'僵尸流'再现，完成史上最不可能的翻盘！""李世石搅局功夫前无古人，后无来者，所向披靡，天下无敌！""赖皮劫也能赢棋，飞禽岛只此一家！"

众星捧月的场面锣鼓喧天，正细品棋谱的林海峰的嘴角，不觉间已然挂上难解的笑容。

李世石是自己最欣赏的现役棋手之一，在他身上看到的永不服输的顽强和坚韧，正如看到了当初年少气盛的自己。可是，区区缓三气劫翻盘便要独领风骚，也未免太目中无人，视棋坛百年积淀于无物。碍于前辈身份，"不过尔尔"四字自然不能脱口而出，这显得自己与棋迷朋友斤斤计较，有失风度；可自己当年的那些壮举，却不论哪点都不输今日的李世石半分。想到这里，林海峰一阵恍惚，当初那盘棋的点点滴滴重又浮现眼前——曾经同样濒临绝境的我，也从未放弃争胜之心！

那也是个初夏的日子，天气温暖舒爽，林海峰的内心世界却一直如坠冰窟——就在那天，林海峰经历了可能是整个职业生涯最艰苦的一局棋。面对执白的徐奉洙九段的处处紧逼，所谓"大度投子，一了百了"的想法始终在林海峰脑海来回飘荡，从未消失。

布局伊始，林海峰的形势还并未那般绝望。

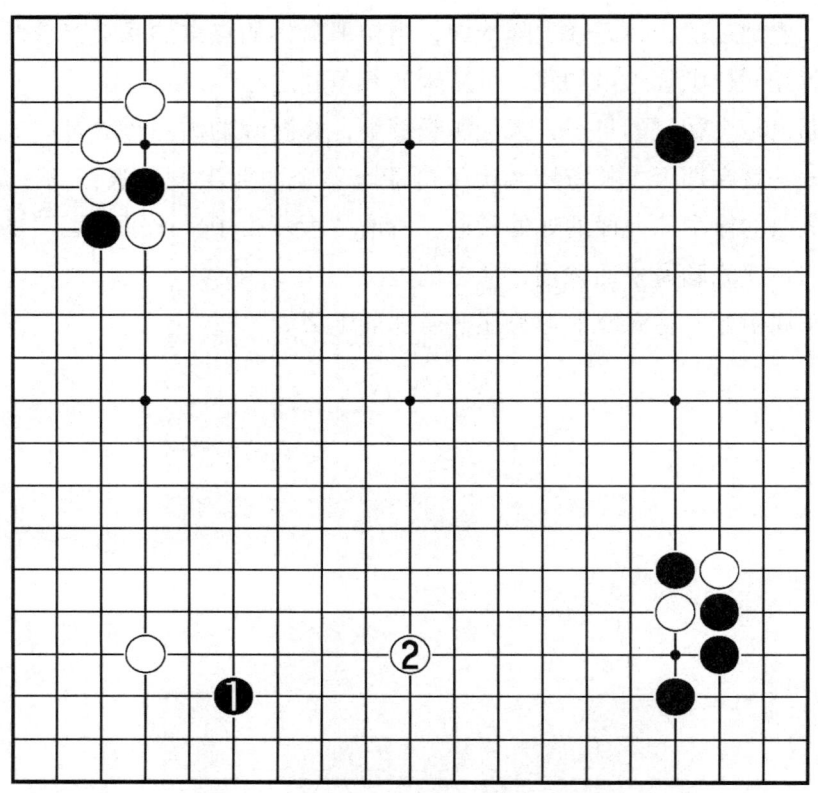

图 1

如图1，白棋显然有备而来的模仿棋开局无功而返。黑1挂角时，白2夹击停止模仿实属无奈，否则双方连片互围巨空，黑抢占天元之利将被无限放大。

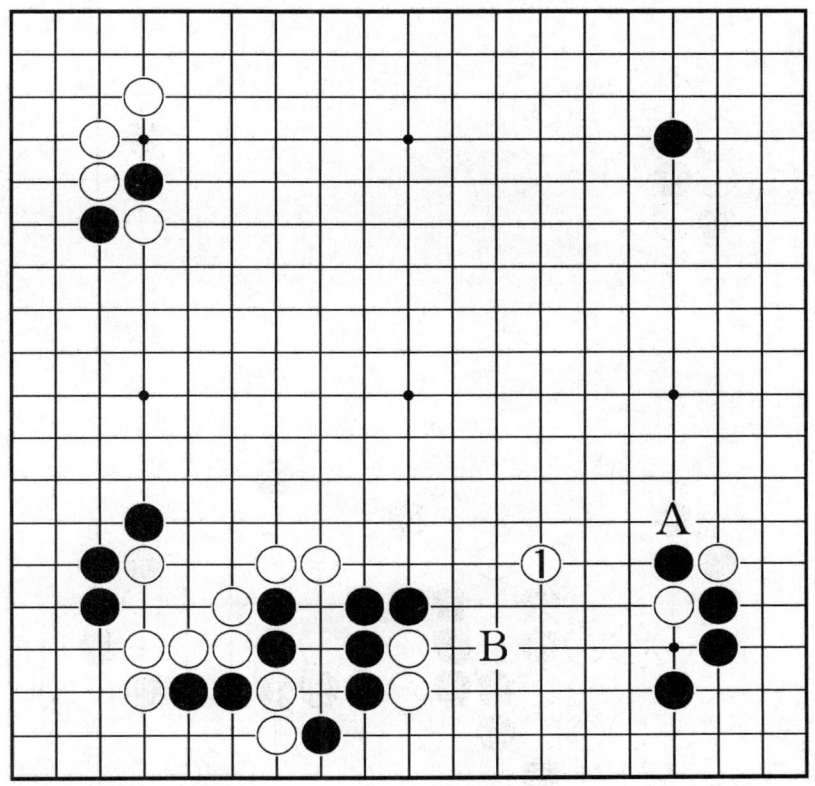

图2

　　林海峰忽又回想起拍下这着棋以后，徐奉洙第一次抬起头望向自己的眼神，那是属于只忠于围棋之神的青年才俊的炽热与疯狂。如图2，白1以后，A、B两点见合，看似被动的局面于瞬间柳暗花明——17岁才半路出家的所谓"野路子棋手"，在这一秒展现出盘上独特的理解和才华。

　　人机大战以后，许多自视甚高的评论家见风使舵，纷纷指责职业棋手"缺乏想象力和创造力，下不出突破边界的围棋"，并跪向AlphaGo一通胡"舔"。"今日顶尖高手的棋或许确有些乏味，可廿载之前绝非如此。那时的我们，下出的不就是充满了想象力的围棋么？"看到白棋天马行空的招法，林海峰忽然生出这样的念头。

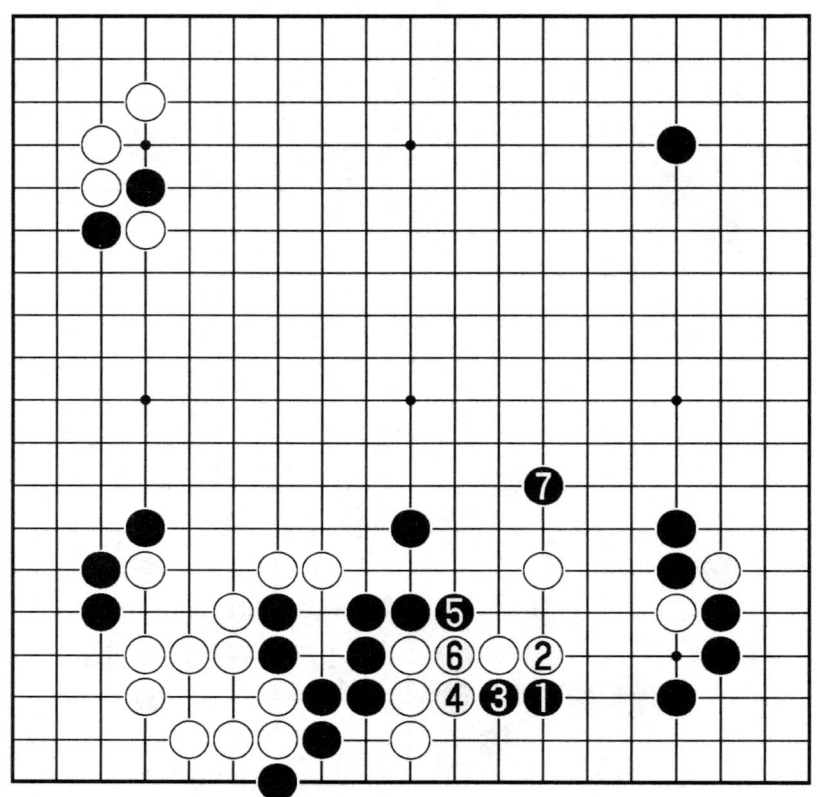

图3

如图3，这是本局林海峰颇为得意的时刻，长考以后的黑1直接击中白形软肋，之后3、5破眼痛快之极，接着黑7凌空飞镇，力有千钧。下到此处，望着对手凝重无比的愚形，林海峰打开置于盘侧的扇子习惯性地扇了扇，心中暗叹：所谓的"韩国四大天王"，竟为苟活走出这般恶劣的形状，真是有些名不副实啊。

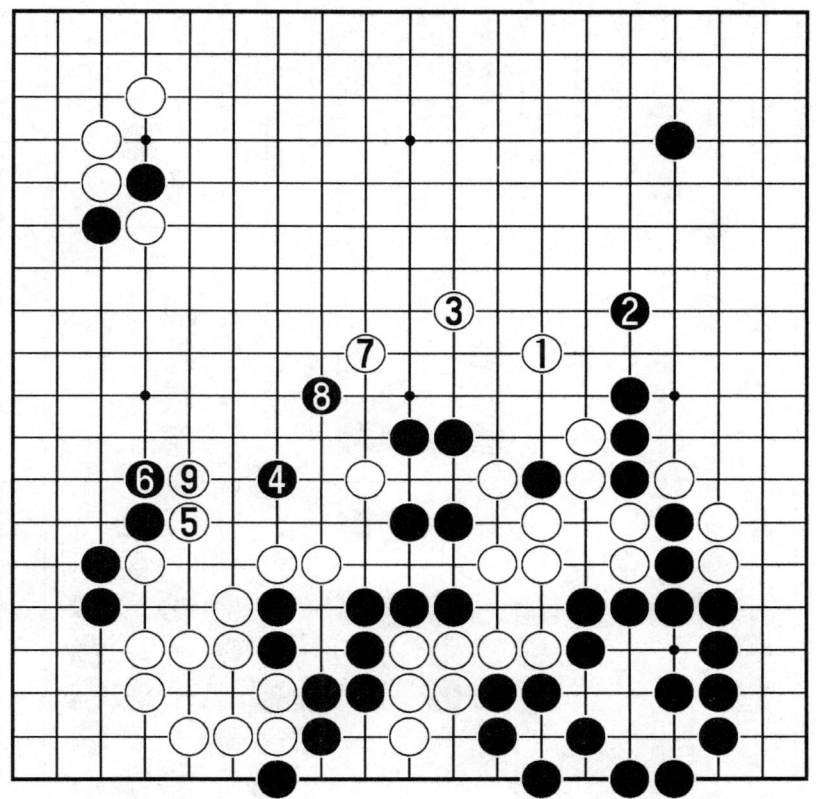

图 4

随着棋局的进行，林海峰心中微存的半分轻视渐敛，形势也开始变得扑朔迷离。如图 4，看似业余的徐奉洙用粗俗却简单实用的手段弃掉右下残子，换得白 1 的逃出生天。随后，白 3、7 两手张牙舞爪地飞了过来，然后用最直接的 5、9 强行撕裂黑防线，黑白攻守自此易位。这一系列大竹英雄先生看到或许要高呼"非礼"的歪歪扭扭的"不正之着"却意外有力，黑大块自此开始漫长艰困的逃孤之旅。

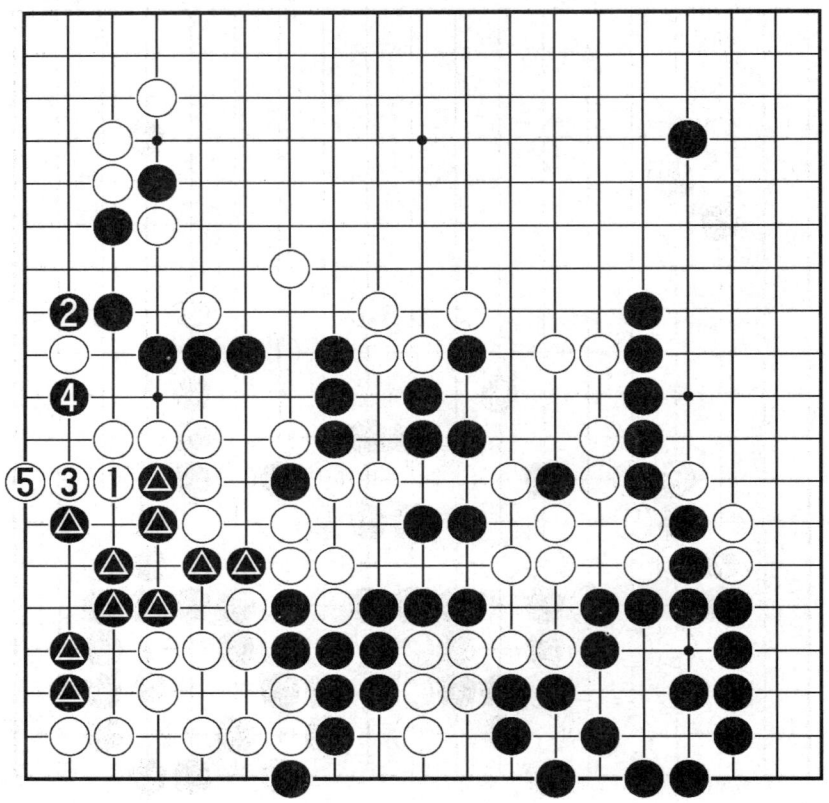

图5

徐奉洙的"实战派"棋风在本局一览无遗。愚形满天飞的白方却始终不露破绽,看似稀稀落落的包围圈步步收缩,黑方中央大块险象环生。至图5,白1问应手时黑已不敢再应,只好2、4安定盘踞整个棋盘的大龙。白3、5简单分断,黑的左侧十数子已经壮烈牺牲。

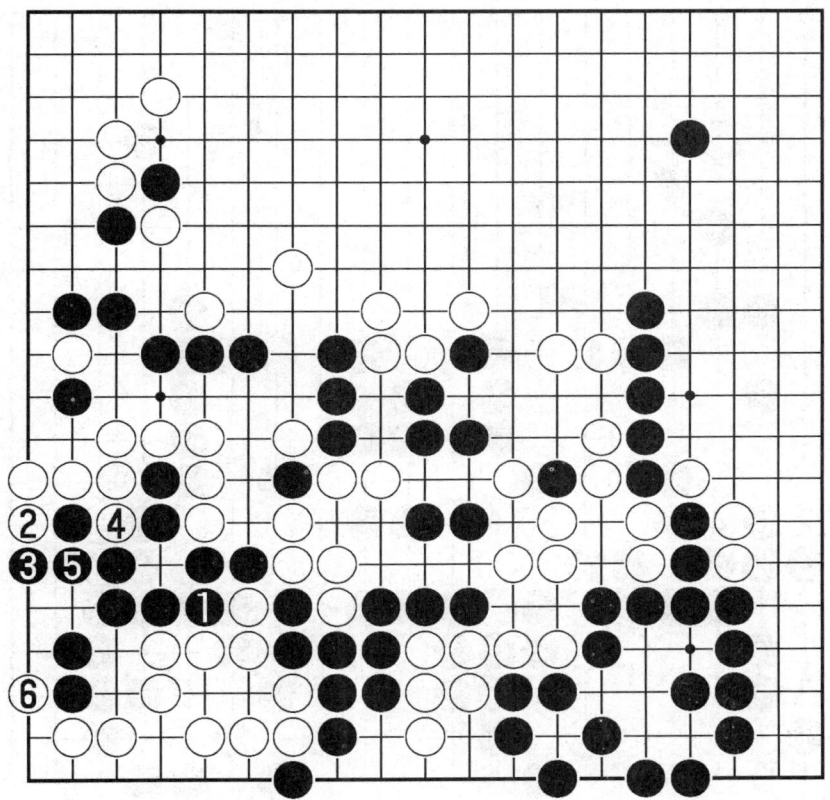

图6

如图6，就局部而言，黑1是负隅顽抗的唯一办法（1位一旦被白占住，则黑整块气紧如窒息）。可白简单收气后，仅有6气的黑棋显然不具备与白对杀的资本。

当然，忽略气的因素，局部黑还有最后一法。

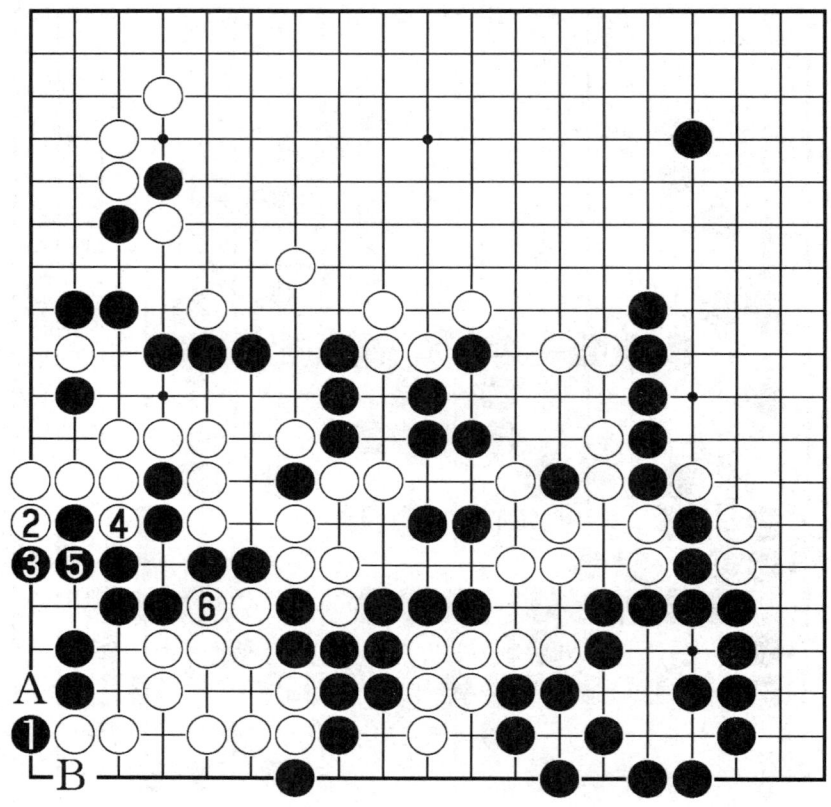

图7

如图7，黑1扳，是利用角部特殊性的最后挣扎。白2、4、6简单收气以后，由于留有A、B等处的打劫余味，局部还存在着一点点的看不清。不过，冷静数气后林海峰失望地发现，由于黑白大块的气差太远，哪怕利用角部劫争进行反抗，局部白缓气数惊人，对杀显然是无稽之谈。

局部基本阵亡，收拾心情的林海峰只好把希望寄托在棋盘其余空荡的地方，做长远打算。然而，正所谓"一朝翻身做主人"——长呼一口闷气，终于扭转局势并取得主动权的徐奉洙在之后的进行中如鱼得水、奇招频发。

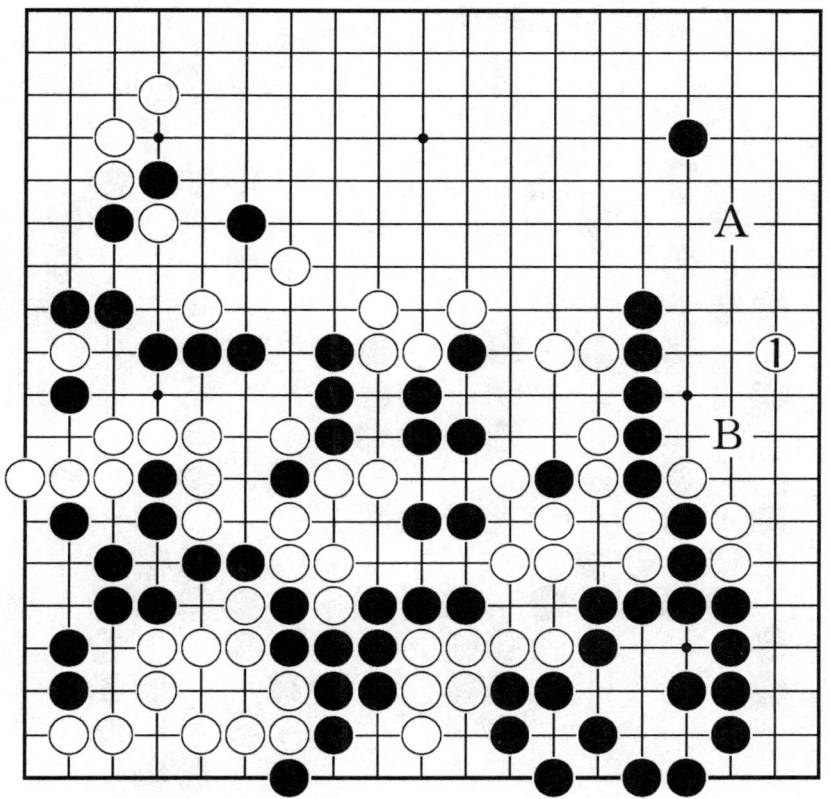

图 8

如图 8，见到白 1，林海峰心中也暗暗赞了一声。在此以后，A、B 的见合使黑厚势无从发挥，右侧看似肥美的模样如镜花水月消失殆尽。本局进程中，徐奉洙对于左右逢源的深刻理解使黑重拳屡屡落空，胜负的天平已不觉间倒向看似处处挨打，却始终能全身而退的白棋。

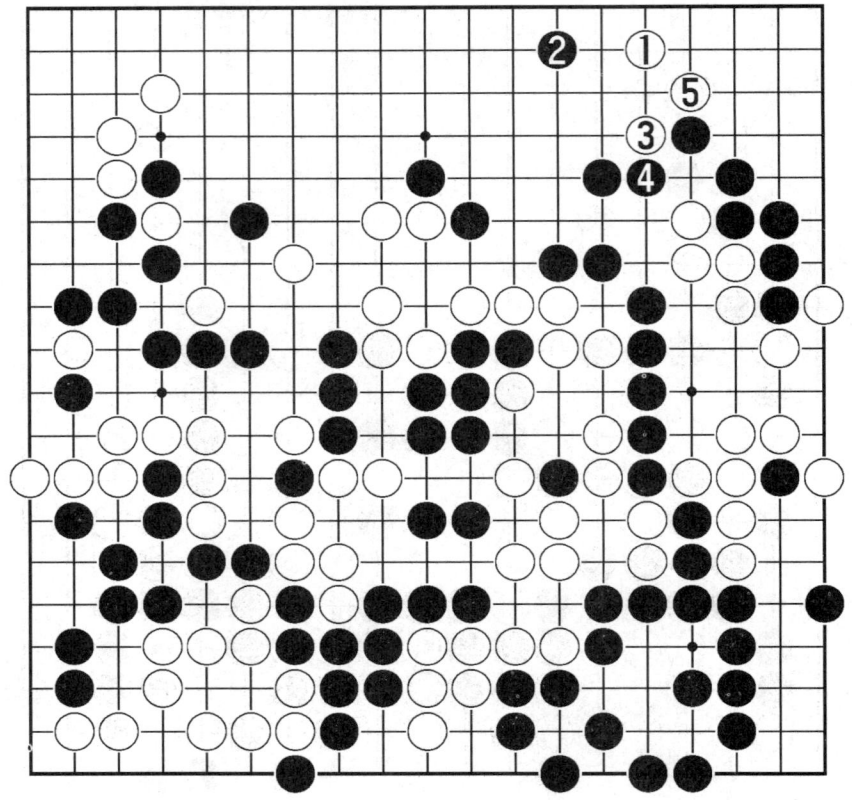

图9

如图9，白1又是侵分好手，之后3、5是连贯的组合拳，寄托了黑全部翻盘希望的上方模样至此宣告破灭。棋盘越来越小，争胜之所也越来越少，随着白各处腾挪和做活，实地明显不足的林海峰似已山穷水尽。无奈擦了擦额头上渗出的细密汗珠，林海峰暗暗叹了口气，却并未放弃争胜的念头——携"二枚腰"美誉行走江湖十数年的"不死鸟"，岂会因一时困境止步不前。面上不露半点声色，林海峰不紧不慢地收着官，静待转机。

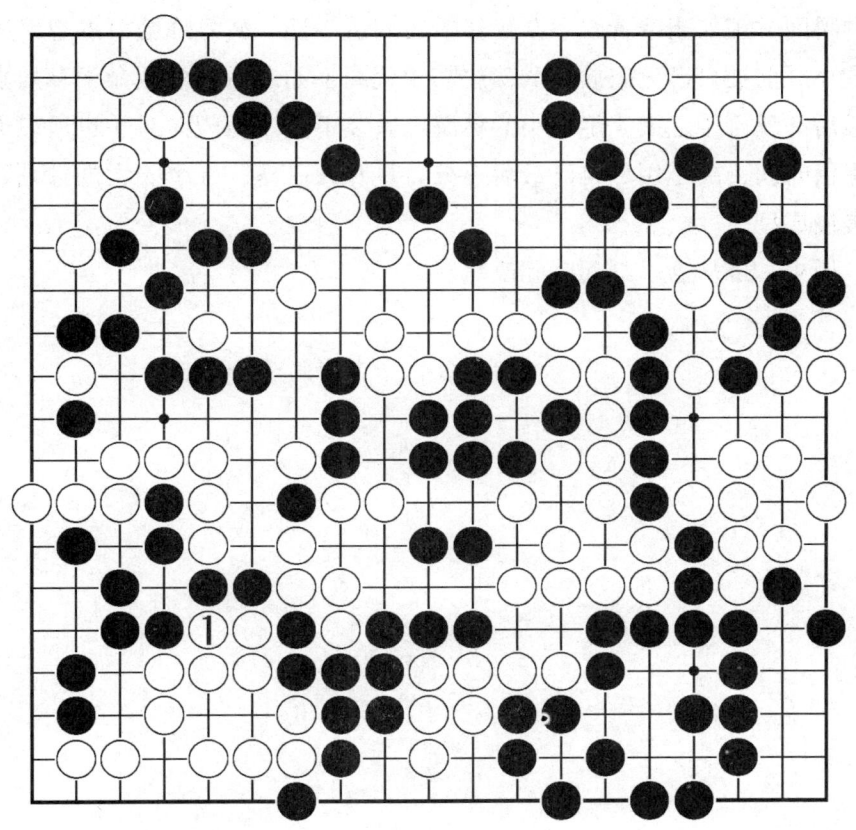

图 10

棋局缓缓走向终盘，形势也逐渐明朗。官子实力更胜一筹的林海峰通过来回收束将双方形势差距越拉越小，可盘上余下的空间也所剩无几。如图 10，点清目数的徐奉洙拍下无棋自补的白 1，有如胜利宣言一般望向对坐依旧看似波澜不惊的林海峰。黑方推枰认输的时刻似乎即将到来——盘面已经不够，又再无任何拼搏场所，这棋再要进行下去，恐怕将有违棋道尊严。

催命般的读秒声在耳畔响起，心神微乱的林海峰最后一次检视全盘，已经调整好心情，做好了投子认负的准备。忽然，他本已黯淡的眼神一亮，将要按向棋钟的手微微一顿，原本优雅连贯的认输姿势定格在这个奇

141

怪的瞬间。正如溺水者双手会死死抓住周遭一切，林海峰脑海里忽又回想起数小时前被自己无奈放弃的赖皮劫变化图，如最后一根救命稻草般点燃了最后一丝希望之火。绝境中的林海峰假装不经意地望向对手也所剩无几的保留时间，决定用尽自己最后一分力量殊死一搏，一个宏大的计划在脑中慢慢成型。

历史，也从这一刻起就此改写。

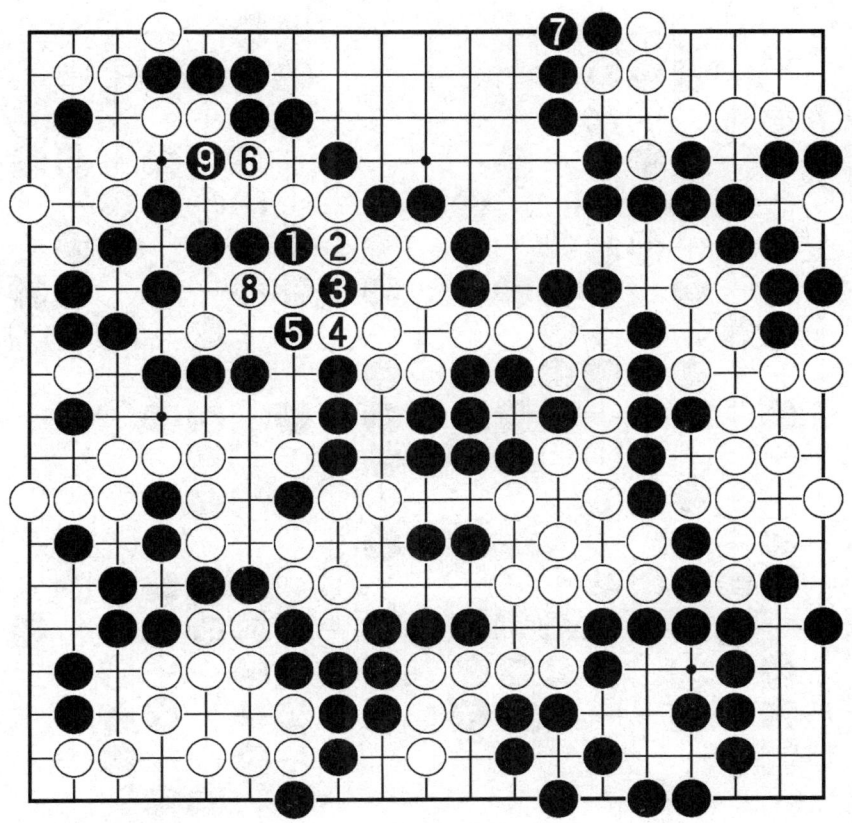

图 11

如图 11，黑 1、3、5 假装威胁白右侧大龙，其实是针对左下赖皮劫余味的整个计划的开始。看似连着单官，黑却于不经意间凶狠地切断了白大龙联络。

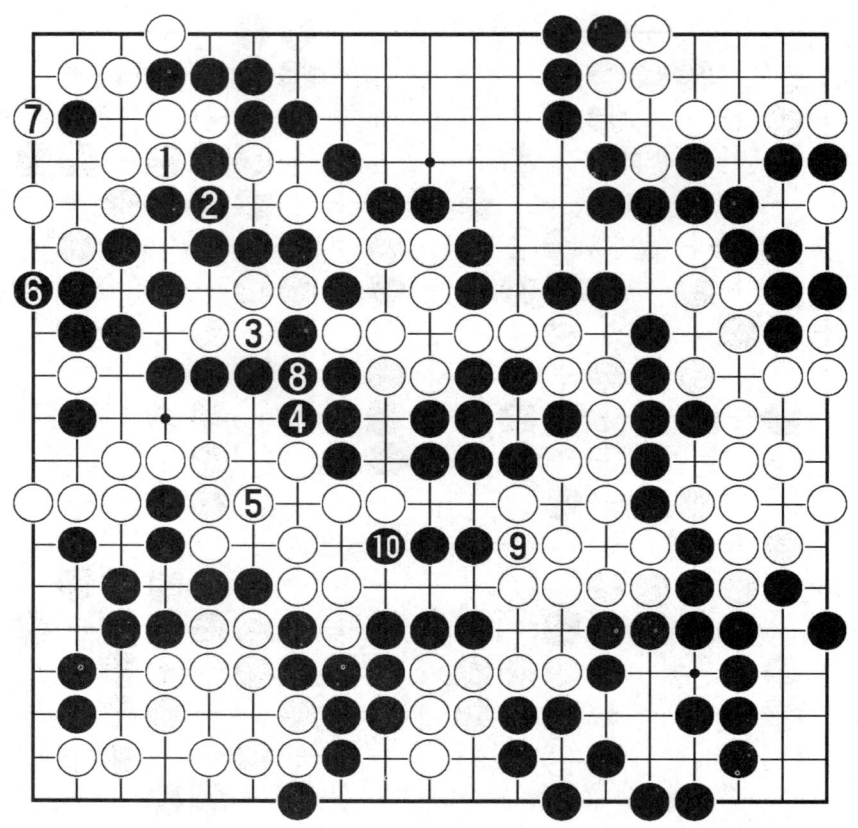

图 12

如图 12，身为职业棋手的徐奉洙，在做活以前自然不会错过 1、3 位的先手之利，可黑也假借威胁右侧大龙之名，装作不经意地在 4 位紧住白大块外气，然后黑 10，收官的同时顺势再紧一气。

此时的徐奉洙亦已进入读秒，沉浸在优势意识中的他正利用每着棋的间隙反复点目、确认形势，浑然不觉黑的行棋有何反常。此时的白棋当然可以继续在左下收气吃净，可如此一来，职业棋手的尊严因屡吃死子丧失殆尽不提，本就领先约一个贴目的形势差距将被抢先收官的黑棋再次缩小（顺便一提，当年的这盘比赛执行的是黑先贴 5.5 目，小贴目的规则使本局黑白目数之差更加有限）。再次确认了左下死活以后——

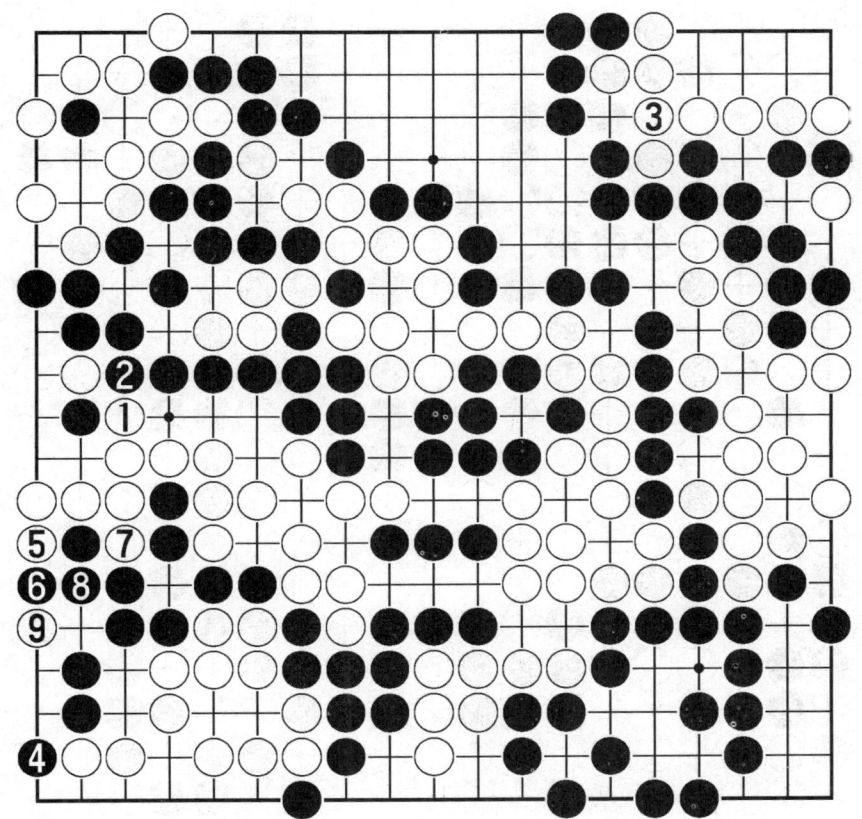

图 13

如图 13，白 1 先手权利，却又自撞一气。不以为意的徐奉洙继续抢占 3 位后手 4 目，价值冠居全盘之首。此时的林海峰却忽然开始走死子，黑 4 扳意图延气，至白 9，黑气更紧一分，但局部出现了一个有趣的现象：经此交换以后，白再想要干净地吃掉黑棋，已经力不从心。

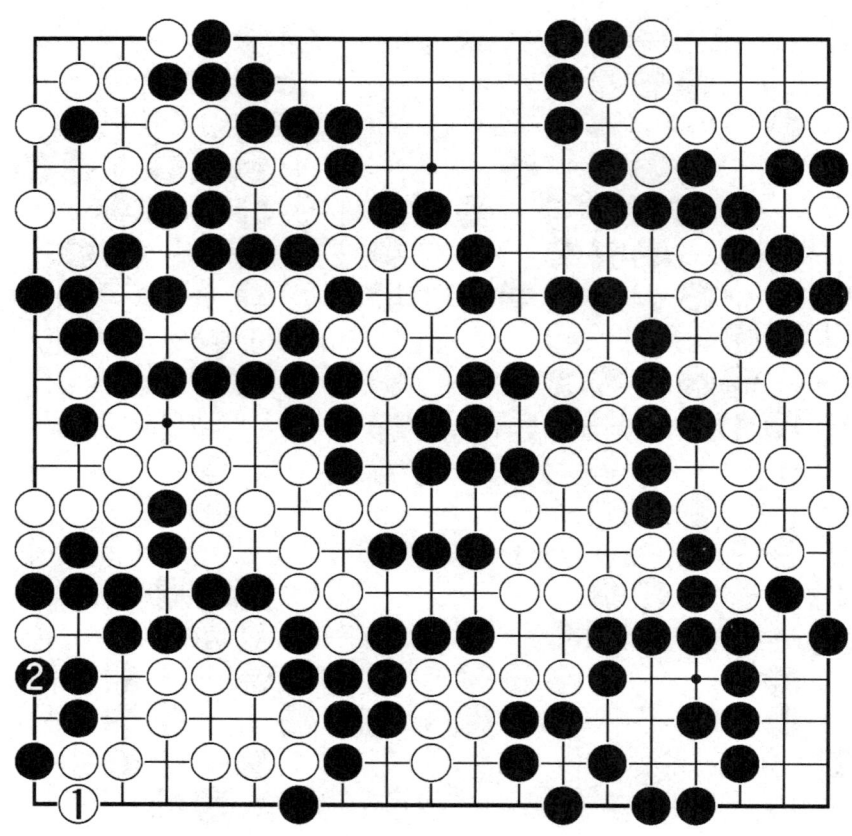

图 14

如图14，如果白从外侧收气，眼见将死的黑可以于2位做眼，强行留下打劫余地。

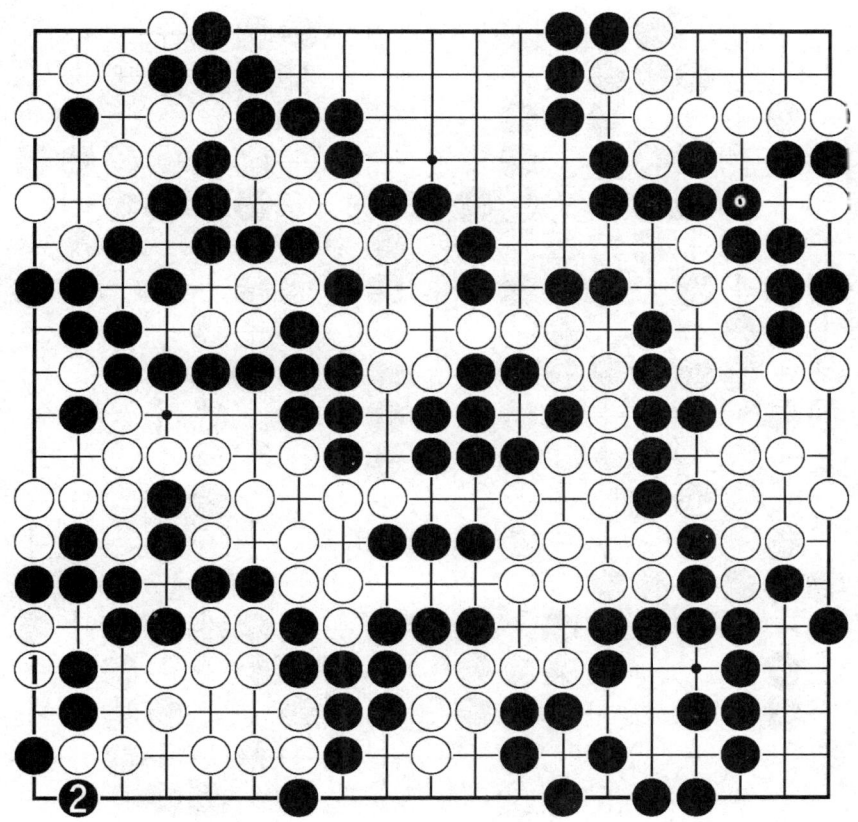

图 15

如图 15，白如这样收气，黑 2 位做赖皮劫的手段真是顽强到可歌可泣。

两个变化图差别甚微。不论怎样进行，粗粗一数，此局部的赖皮劫白方缓气竟长达 6 口，全盘各处又比较厚实，没有给黑留下太多劫材，因而暂时高枕无忧；不过，作为黑棋来讲，能在白再次自补以后仍留有打劫余味，已经达到了行棋目的，为将来的暴动埋下一颗不易察觉的种子。

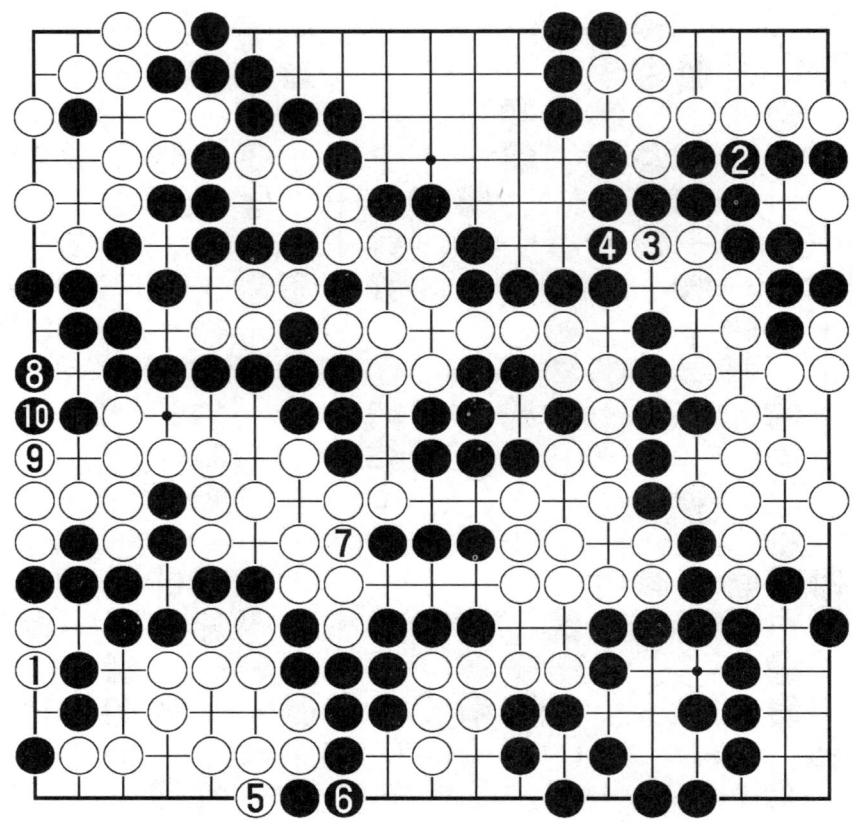

图 16

如图 16，白 1 如约收气，眼见直接开动缓五气劫无力取胜，黑只好转投他处，继续收官。黑 2 是眼见的逆收 1 目，但不经意间紧住白右上角的外气，使黑在角上多出数枚关键劫材，这也在之后的进行中直接影响到最终的结局。林海峰老谋深算，在这些不经意的收官中渐渐露出了獠牙，猎物开始上钩，目标已经锁定。

随着各处定型，棋盘上只剩下左边的官子，白 7 后手 1 目加宽气，黑 8 自提以后，白 9 又是先手便宜。可是，引诱白方收到这两个官子的同时，黑又小心翼翼地暗中紧住白大龙一气。随着官子收束的不断进行，白外侧大龙的气正被一口口收紧，左下的赖皮劫也渐渐成为了真正的可能。

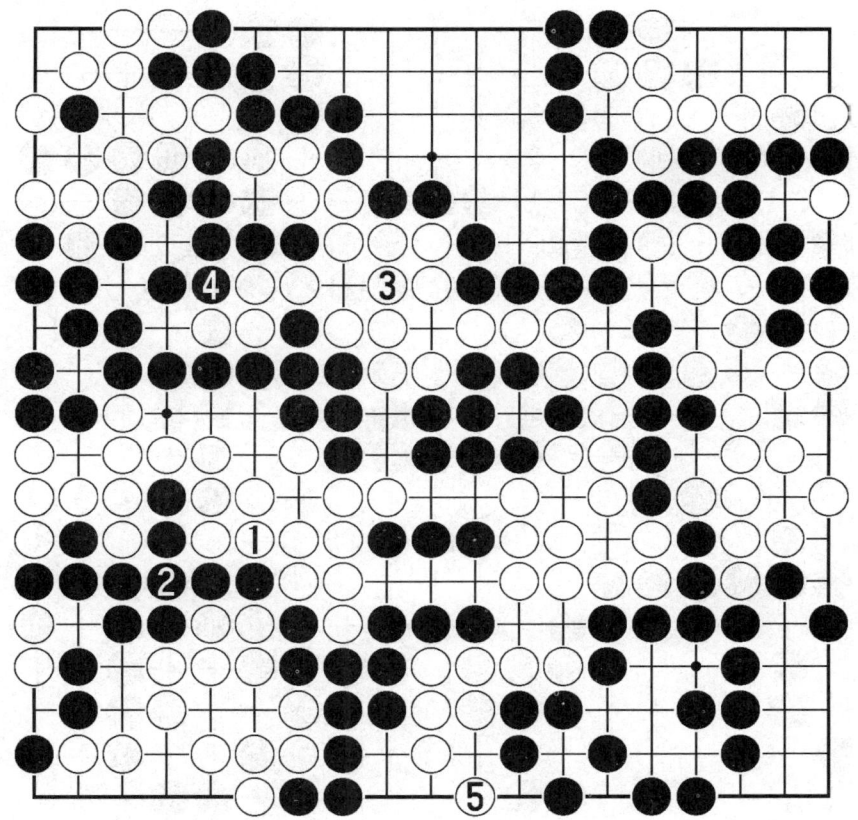

图 17

如图 17，1 至 4 的交换已是单官，徐奉洙终于深呼一口气，惊心动魄的一局棋终于还是成功拿下，看来"六超"棋士也并非全然不可战胜。眼角斜窥之下，半决赛另一边的同袍曹薰铉已经不敌武宫正树败下阵来，看来这一次的富士通杯，就要靠自己一人之力扭转乾坤了。纷乱的思绪被乍起的读秒声打断，徐奉洙揉了揉微微发胀的太阳穴，终于拍下了白 5，拍下了全局最后一个后手 1 目，也终于拍下了或许终其后半生也要痛悔不已的败着——从此刻起，徐奉洙终于丧失了警惕，开始踏入林海峰早就设下的圈套，一步步迈向战败的结局。

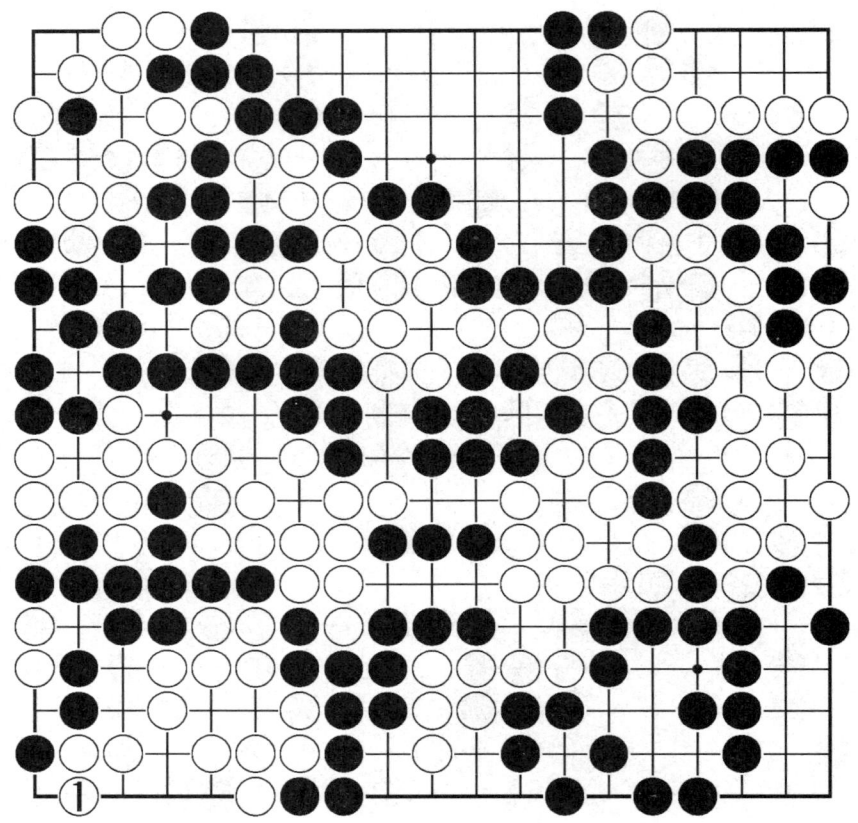

图 18

哪怕放弃盘上全部带目的官子,只要白如图 18 一样简单收气吃净左下角,富士通杯的历史将就此改写。失去赖皮劫机会的黑棋,再也没有任何机会追回目数差距,无力贴目的苦果只能独自吞下,如此黑盘面 2 目,白胜定。

读秒中忙于一遍遍反复点目判断形势的徐奉洙,终于在此刻忘却了左下的赖皮劫。或者说,缓四气劫在徐奉洙的意识中,和"不存在"没有任何区别。在收单官紧气提子以前先收带目官子是职业棋手长期训练下的一种"惯性",而这股惯性也最终将疏于防范的徐奉洙带入万劫不复的深渊。

"缓四气劫几乎等于不存在"这句话固然没错,可与当日黄历格格不入,百年难遇的盘上奇景即将出现。

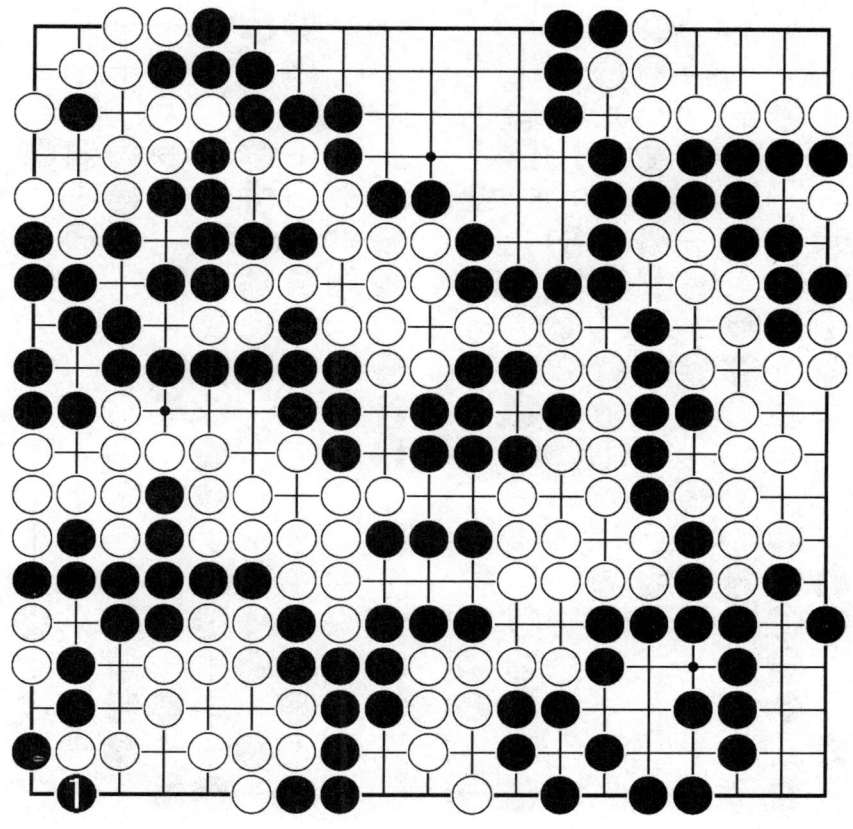

图 19

如图 19，黑 1 扳，百手以前就暗藏于此的手段终于启动，看似不可能的赖皮劫，也终于被彻底引爆。在漫漫长夜中顽强前行的林海峰，终于瞥见一丝黎明的曙光。

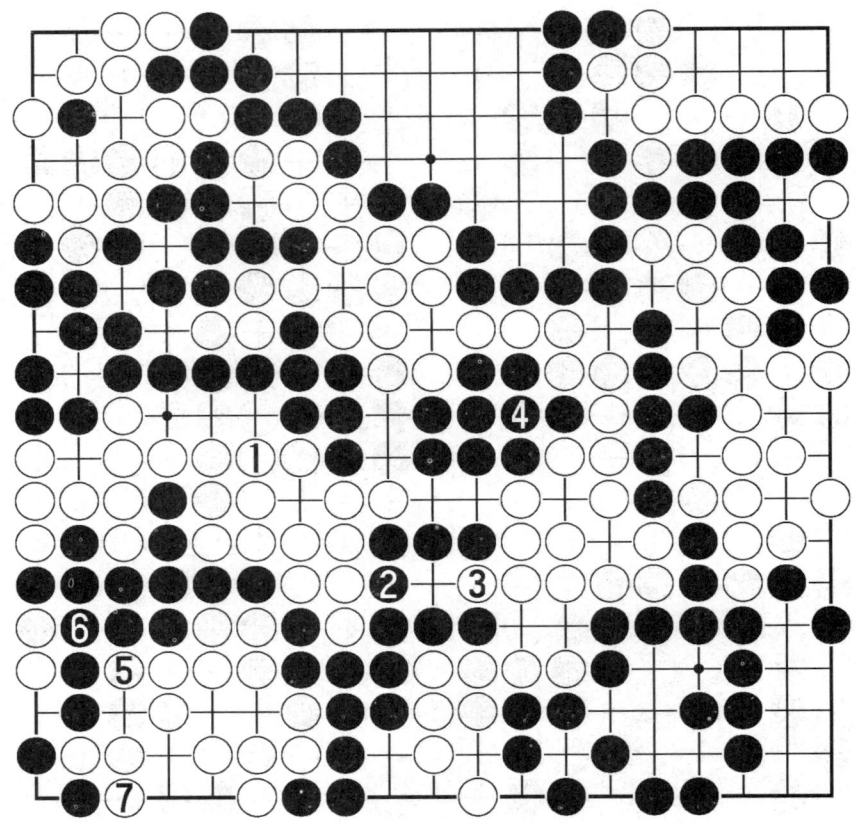

图 20

如图 20，白 1 单团是最佳延气手法，黑 2 收气的同时留下一个后手 1 目的官子。此时的徐奉洙仍有悬崖勒马的机会，可早已习惯了刀口舔血的戎马生涯的他，字典里绝无"苟且"之说。再次确认了左下角对杀为缓四气劫的结果以后，白 3 毅然继续抢占后手 1 目官子，徐奉洙此时仍认为黑没有任何可能打赢这个赖皮劫。之后，双方各自紧气找劫。

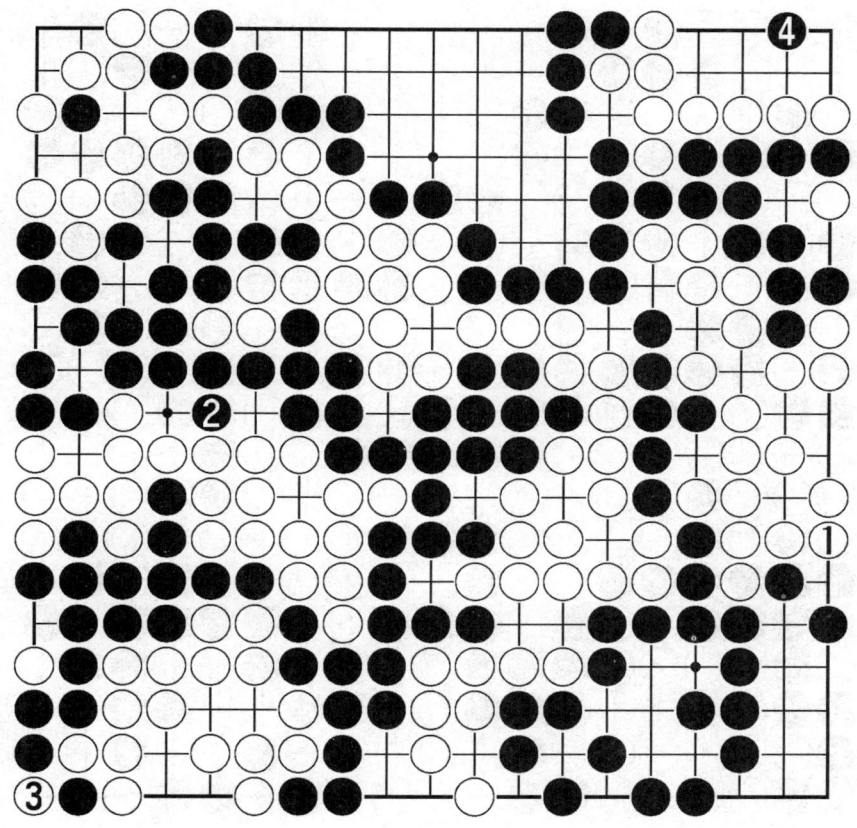

图21

至图21，白全盘已经没有劫材可用。依旧抱着"缓四气劫根本不可能打赢"念想的徐奉洙转而1位收单官，黑2迈着沉重步伐，再紧一气。

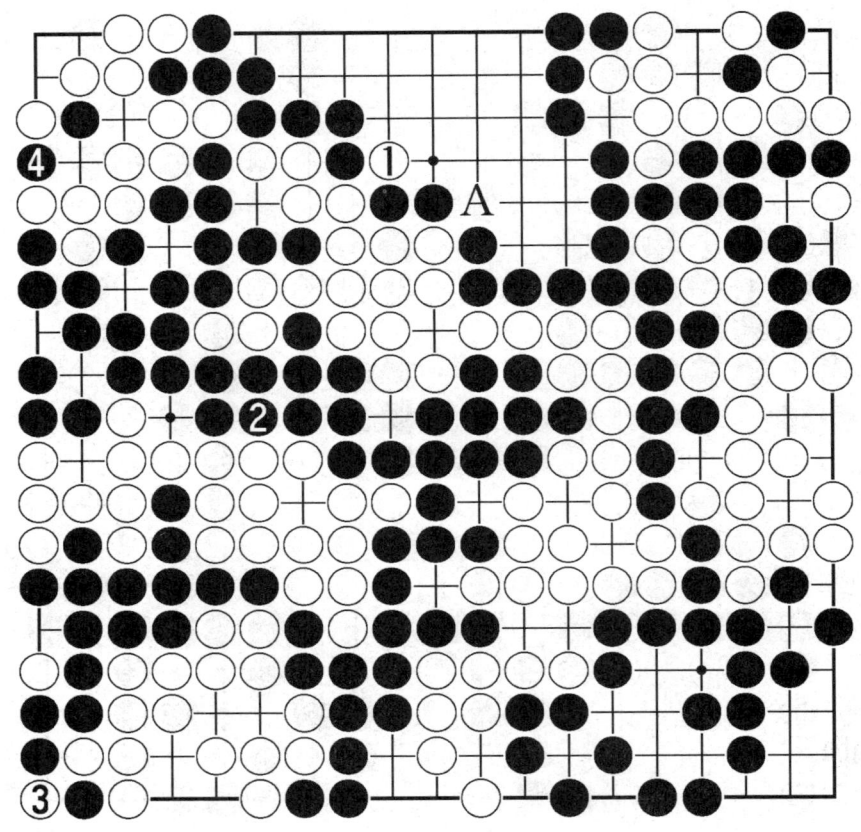

图 22

黑此前埋伏在上方白两角部的劫材此时终于派上了用场，白缓气虽多，可通算全盘，却再也找不到任何一枚劫材。此时的徐奉洙忽地一激灵，他终于意识到：看似不露声色的黑棋，竟真的想打赢这个缓四气劫！

读秒中的徐奉洙终于展现出职业棋手卓越的胜负感，如图22，白1自送1目，是此局面下白棋的唯一机会。

白1是后手，局部黑棋可以脱先，白也无法在空中出棋。可是，多了此子，白在 A 处将滋生出一系列的额外劫材，黑应无可应。可是，执黑的林海峰不为所动，冷冷地于2位再紧一气；待白3提劫时，黑4继续找劫，不死不休的决绝早已跃然纸上。在黑方坦克般执着的推进下，白方先前对于缓气劫的轻松写意荡然无存，纯黑的窒息感笼罩徐奉洙全身。

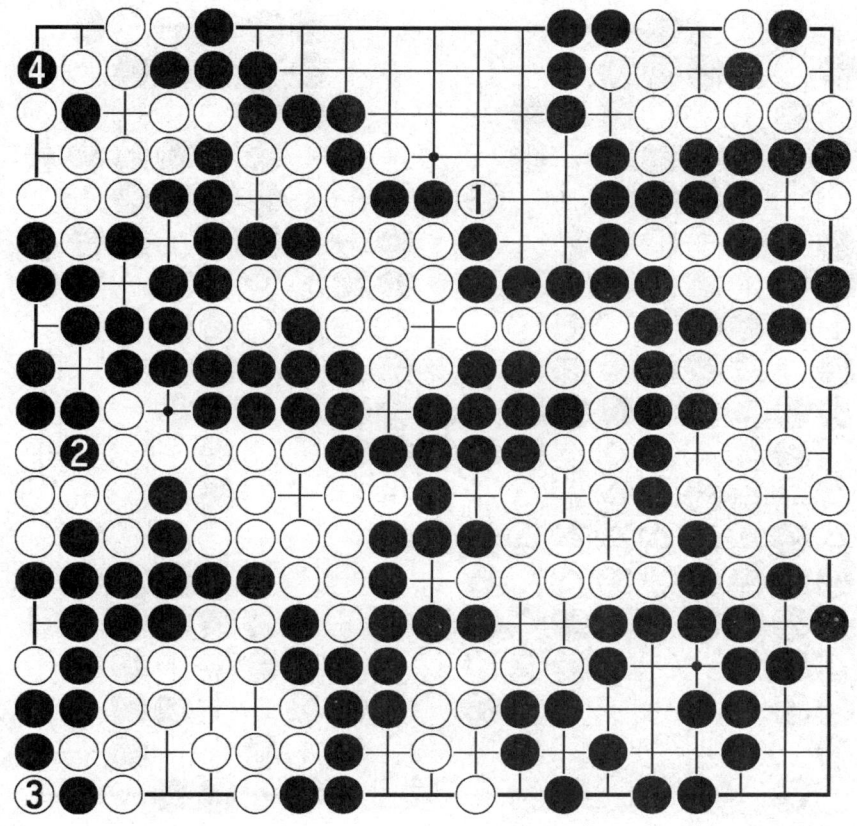

图23

如图23，白1使用新鲜出炉的劫材，但林海峰视若无睹，黑2继续紧气。至此，局部已经从缓四气劫变成紧气劫。之后黑4继续在左上角找劫时，白已不敢再应。

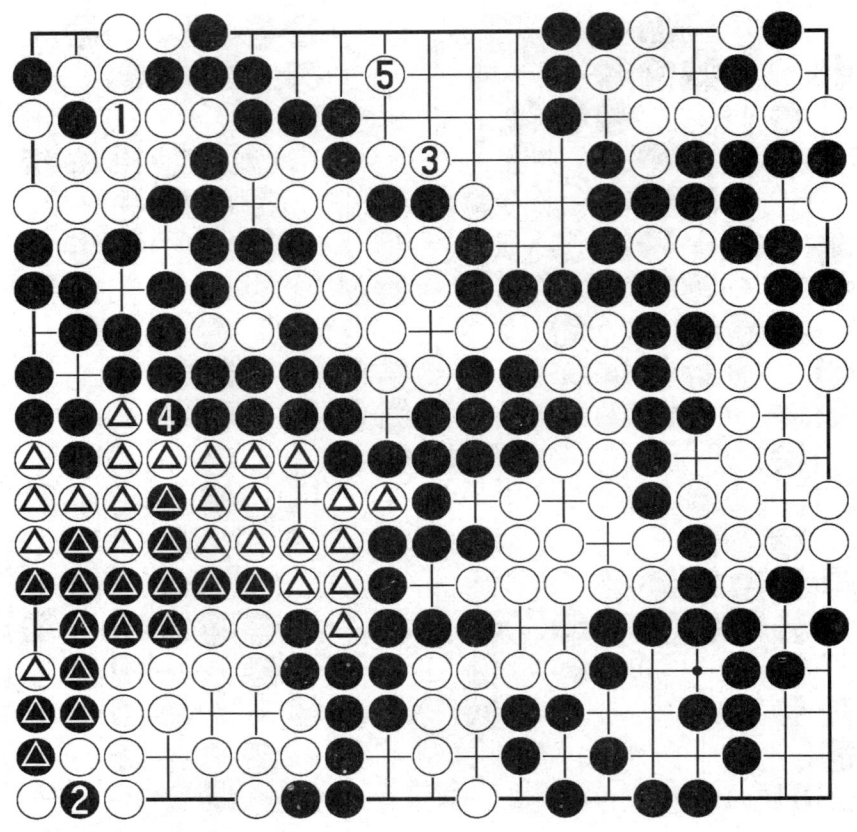

图 24

如图 24，白若还不肯放弃左上劫材，则黑 2 回提时，不论白走在何处，黑 4 一定秒拍在棋盘上。不论白在其他地方取得多少战果，相较于棋盘左下△与▲处近百目的损失，都无异于杯水车薪。

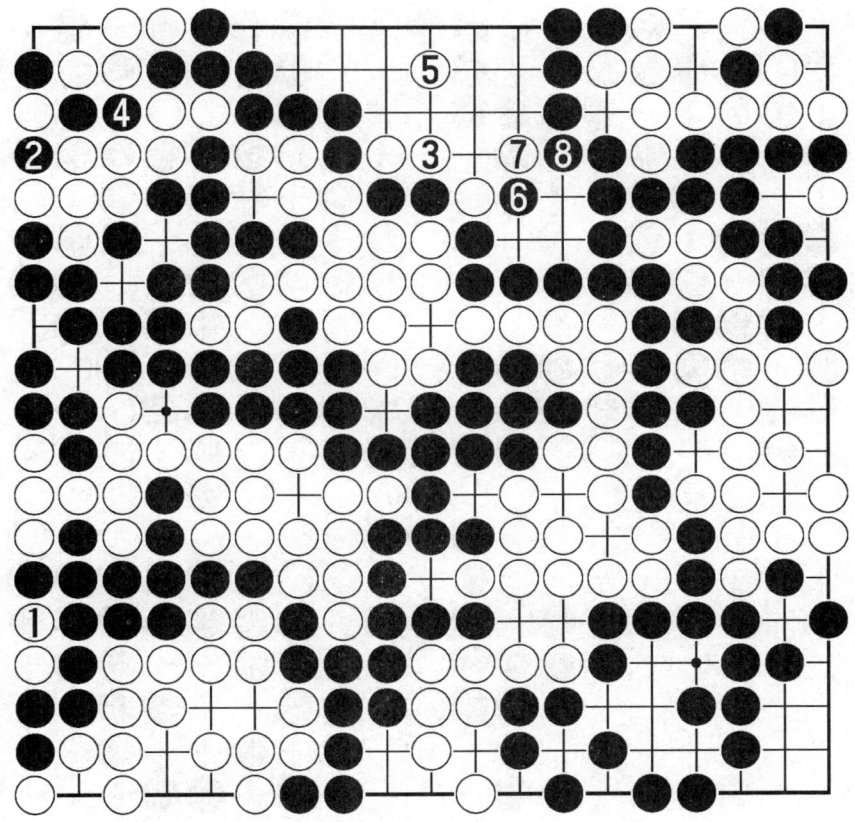

图 25

如图 25，无奈之下，白 1 只好消劫；黑 2 提，将劫争转移至左上角。劫材同样山穷水尽的白只好 3 位提子，黑 4 毫不犹豫，呼啦一声将白左上角全部提起。至此，百手铺垫的林海峰终于利用最后一枚劫材，成功起死回生，完成了几乎不可能完成的翻盘任务。

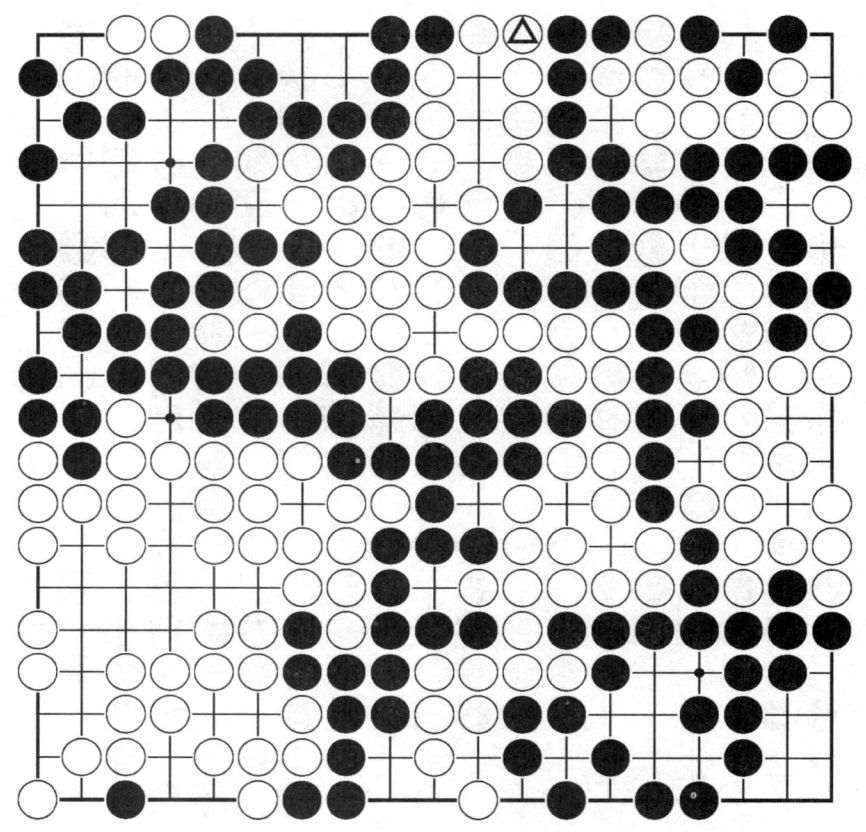

图26

图26是本局的终局图，望着满目疮痍的棋盘，林海峰和徐奉洙心中都不由浮现出"沧海桑田"的感觉。本局中，林海峰在完全无力贴目，也几无任何拼搏余地的绝境下，把握住对手的一丝疏忽，利用一个缓四气劫成功驱虎吞狼并缴获白左上角，成功实现翻盘。虽然白也打穿黑上方实空，可二者得失一目了然。

本局最终黑胜2目半。棋界所谓的"大杀小输赢"，正是如此。

劫争是包括职业棋手在内也头痛不已的复杂棋形，而赖皮劫则是劫争中双方差距最为悬殊的情形。如果一处劫争对一方是松若干口气的缓气劫，而对另一方是紧气劫，我们就称此处劫争为"赖皮劫"。一般来讲，后者很难在此处劫争中取得较大的利益。棋界之所以将此类劫争冠以"赖皮"之名，一方面是因为被动方能打赢赖皮劫的希望实在太过渺茫，另一方面是因为主动方往往不能将赖皮劫一招补净，有劫争如定时炸弹"黏"在其身上之意。

"赖皮"和"赖皮劫"一字之差，含义却截然不同——前者是对棋手棋品的毁灭性定格，而后者是盘上独有的有趣棋型。由于劫争的特殊性，气紧一方想要打赢一个赖皮劫本就殊为不易；而考虑到打劫过程中对方因宽气而四处脱先的边际损失，想利用赖皮劫实现翻盘则更是难如登天。有史可考的现代职业棋战中，除去2016年中国围乙联赛中李世石缓三气劫翻盘安成浚外，还有2010年张栩在日本棋圣战七番棋第三局中依靠缓三气劫翻盘大胜山下敬吾，被视为张栩对恩师的最好致敬。不过，由于缓四气劫实在太过前无古人，且棋局发生在创办最早的世界棋战富士通杯的半决赛中，故本局中黑方神鬼莫测般的表演显然更胜一筹，林海峰也因此千古留名。

从未有任何人敢说林海峰搅局——因为事后看来，黑棋看似闲庭信步的每一步闲招都自有含义。在漫长的官子收束中，林海峰既要考虑到目数追赶，又要时刻计算缓气程度和各处劫材的数量和大小，浩如烟海的计算要在读秒声中有序无误地准确完成，这实在有些骇人听闻，也展现出其恐怖的后半盘功力。赖皮劫不是搅局，反而是对棋手后半盘掌控能力的最佳考验，这已经成为当代棋手的共识。

与平铺直叙的轻松取胜不同，棋手若能亲自在比赛中依靠赖皮劫成功翻盘，体会到的快乐和成就感绝非言语能够形容。本科时期的某次比赛中，笔者在同样的绝境中长考半小时后各处铺垫，并最终以一枚劫材的优势翻盘某知名业6棋手，至今难以忘怀。正所谓"百二秦关终属楚，三千越甲可吞吴"，蛰伏许久的一击制敌，是实战派棋手最引以为傲的杀手锏，也是棋如人生的最好写照——不至终局，谁可判吾死刑？棋手的字典里，从来就没有"服输"二字；所谓"放弃"，更是无稽之谈。

不要放弃一丝一毫的希望——围棋如此，人生同样如此。连一个赖皮劫都能翻盘世界冠军，还有什么不值得我们再咬紧牙关，坚持到下一秒呢？

下一秒的事情，谁又说得好呢？

八平常心

权威崇拜和图腾效应是东亚文化的根本共性，棋界自也不能免俗。从"坊门三杰"到"昭和棋圣"，从"不败石佛"到"柯洁大帝"，棋迷对走在时代最前沿的棋士从来不吝溢美之词，正可谓"百年良才道寻常，神圣之谓若等闲"。

在这场声势浩大的造神运动中，吴清源先生自然技压同侪，立于象牙塔的最顶端。当几代以后的顶尖职业棋手对其提出的自然流围棋的态度仍模棱两可，人们只好将满腔景仰寄托于流散江湖的只言片语，并口口相传诵唱至今。"搏二兔，不得一兔"已是津津乐道、朗朗上口，"平常心"三字更加爱不释手如获至宝，成为许多棋迷和伪棋迷时刻挂于唇边的无上法门。

那么，早已被圈内人聊到烂大街的"平常心"，究竟指的是什么？

人们当然还记得青葱稚嫩的林海峰脸上遮掩不住的焦急和忐忑，也自然不会忘却吴清源先生宠辱不惊的从容背后的深不可测。在决战中先失一局的少年求得三字真经后立时拨云见雾，一举将如日中天的坂田荣男拉下名人宝座，这自然举世皆惊，也为这个故事添上浓烈而神秘的点睛之笔。自此以后，棋界遂将"平常心"作为棋手的一种高深莫测的出世境界——平常心一出，所有的焦虑、浮躁和患得患失立时烟消云散，真可谓药到病除，屡试不爽。

可是，这本出自马祖道一的佛家谶语，真有这般神奇吗？

纵观棋界百年，被公认衬得上"平常心"之谓的，不外乎吴清源和李昌镐两人。此二君各自称霸棋坛不知几载，倚仗的除去天授之才外，便要数宠辱不惊的大心脏了。在最高棋战的巅峰对决中，真正影响胜负天平的或许并非相差无几的棋力高低；谁能耐心等到对方犯下最后一个错误，或许更为立竿见影。虽不知二位先生对局时的真实想法为何，但从古井不波的表情和稳若泰山的落子上，也许可以稍微瞥见他们能够始终取胜的力量之源。**控制自己内心的情绪，确为下好一盘棋最关键的要素之一。**

本章中，笔者想在平常心的英雄榜上，加上另一位棋手的名字。说来有趣，他恰好又是有关吴清源先生另外一句"不搏二兔"名言的主角之一，看来此君与吴师的盘外尘缘果真匪浅。同样拥有胜负师必备的大心脏，他几乎以一己之力将待字闺中的中国围棋推向世界棋坛的第一线，并用行云流水的华丽棋着为自己在围棋史上留下流星般的印记。

在大众的认知中，所谓的才华横溢往往与平常心南辕北辙——就像广大棋迷又爱又恨的罗洗河九段，脑袋里应该永远充满着奇思妙想吧？可是，在这位棋手身上，如山岳的才华和似磐石的平常心似乎达成了最和谐的平衡；此间美好，绝非盘外言语可以尽述。本章中，笔者将以一盘具有历史意义的对局为引，与诸君一道欣赏，朴素外衣下的平常心，所绽放出的智慧光芒。

弈道拾遗 YI DAO SHI YI

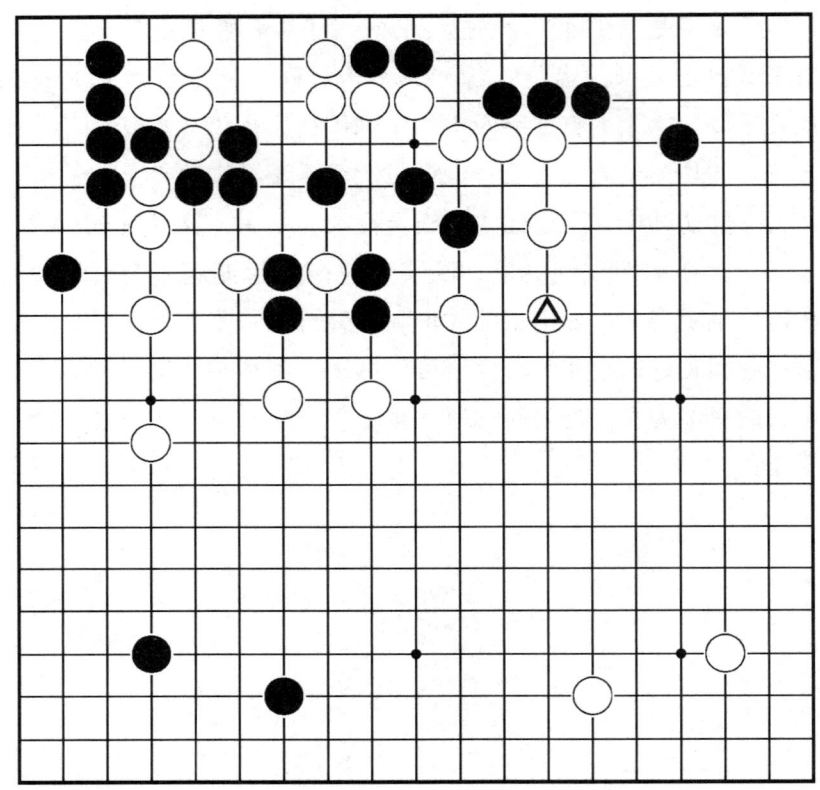

图1 基本图

如图1，本局弈于1974年12月9日，执白的宫本直毅恰好在这天迎来自己40岁的生日。迈步不惑的同时，宫本先生晋升职业九段将满五年，棋力和竞技状态正值巅峰。盘边的横幅高挂"中日围棋友谊赛"几个红底黑字，赛场内的气氛沉闷而肃杀。

老一辈的棋迷，或许对这项比赛似曾相识。作为中日围棋擂台赛的前身，"日本高手访华指导棋大会"这样粗俗而露骨的称谓或许更加贴切。饱受战乱摧残的华夏大地刚刚方兴未艾，又接连遭受自然灾害的突然袭击；国运曲折，棋运自然更加坎坷。彼时的中国棋坛尚属蛮荒，理论和技术都大大落后于蓬勃发展的日本围棋；胸怀天下的一代代日本棋手组团来华访问，便成了国内青年后辈最佳的学艺之机。

笔者相信，那时的所有棋手都绝不会忘记这些日本前辈对中国围棋的雪中送炭和提携之恩，可指导棋的台面终究不甚光彩；年少气盛的他们除去向前辈大能虚心求教外，名为"友谊"实为"指导"的赛果栏内的串串"鸭蛋"，一定令其面上无光。"日本六旬老太八连胜横扫国内俊秀"在今天看来或为茶余饭后的谈资，在当时却定使多少国家栋梁彻夜无眠。

在本局之前，宫本直毅已经六战全胜，赛场内势头一时无两。由于还未获得重要头衔，宫本先生的名字对国内众将或许陌生，但"九段"二字足令几乎所有人闻风色变。

谁能战胜高不可攀的日本职业九段？当打众将纷纷折戟，中国代表团的教练对最后一轮的排兵布阵心焦如焚。这时，一个几位教练都有些面生的年轻人主动请缨，站了出来。"便是死马当作活马医，兵来将挡水来土掩了吧！"这样想着的教练们，发觉面前年轻人眼中的灼灼之意，竟忽然有了些莫名其妙的信心。"便是他了！"对阵就这样确定下来。

真到了沙场对垒之日，大家的心情却又开始忐忑起来。这位青年后辈倒不惧生怯场，直接走到棋墩前正正坐定，可刚被破格选入国家队的弱冠小生，真能撼动日本职业九段的根基吗？

围观众将正自思索，战斗已然打响。

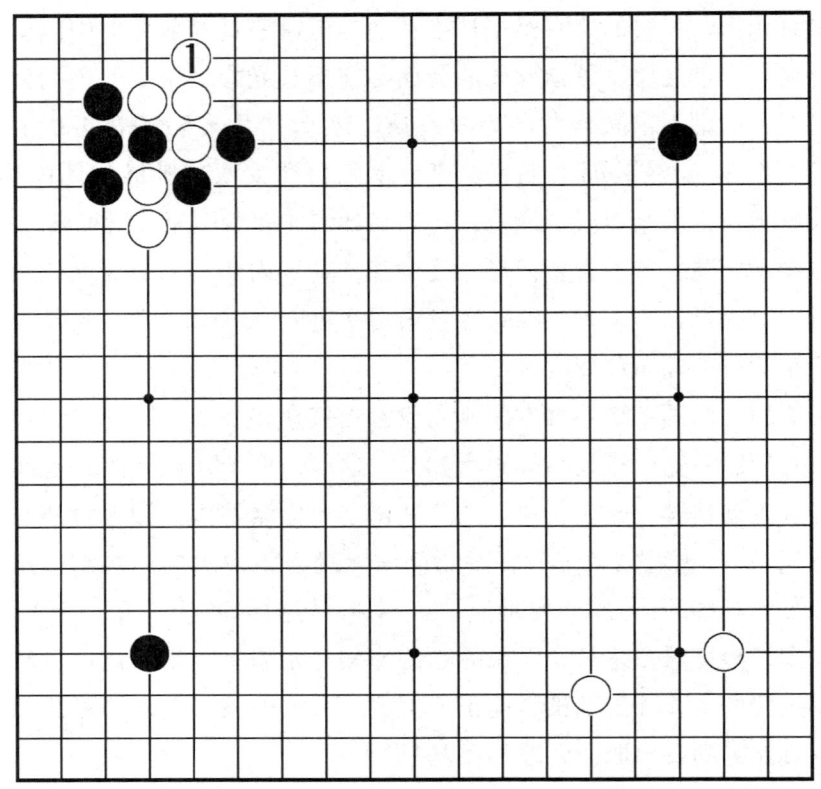

图 2

如图 2，宫本九段布局伊始便祭出了大斜千变中最复杂变化之一的下侵，盘上萦绕着若有若无的轻敌态度。不光是职业对战，业余棋界同样如此——在对战双方实力存在明显差距时，常有上手一方开局便摆出一个罕见而复杂的定式，而下手一方抱着头苦思冥想良久最终却依然一脚踏入陷阱之情况。宫本先生意欲早些拿下本局收工回家的轻浮心情，也自然一览无遗。

值得一提的是，随着职业高手对局部研究的不断深入，此招在数十年过去的今日依旧拥有居高不下的人气和旺盛的生命力——在高手云集的弈城和野狐等在线对弈平台上，依靠这一"骗着"吃遍天的业余棋手仍大有人在。前文屡次提及的围棋界技术革新的螺旋式上升，或许正似如此。

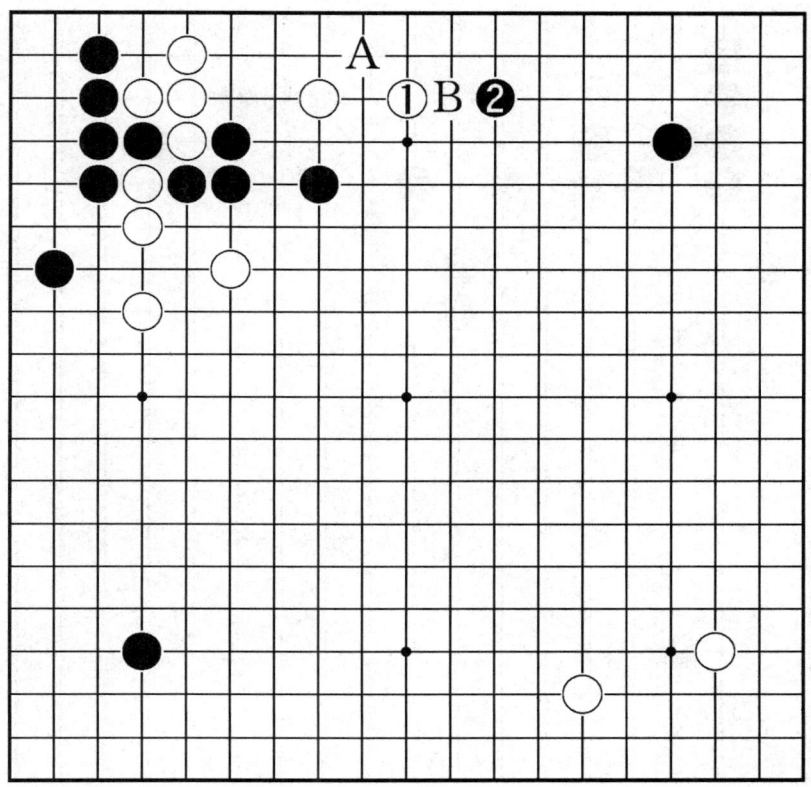

图3

如图3，本可于B位宽一路开拆的宫本九段跬步前行——白1一间拆，"小心谨慎"四字高悬心中，意欲"不战而屈人之兵"的上手心态跃然纸上。孰料对手"敌退我进"，黑2继续紧逼；中腹四子尚未安定，却死死咬住白上方A处的弱点，誓要将求战方针贯彻到底。

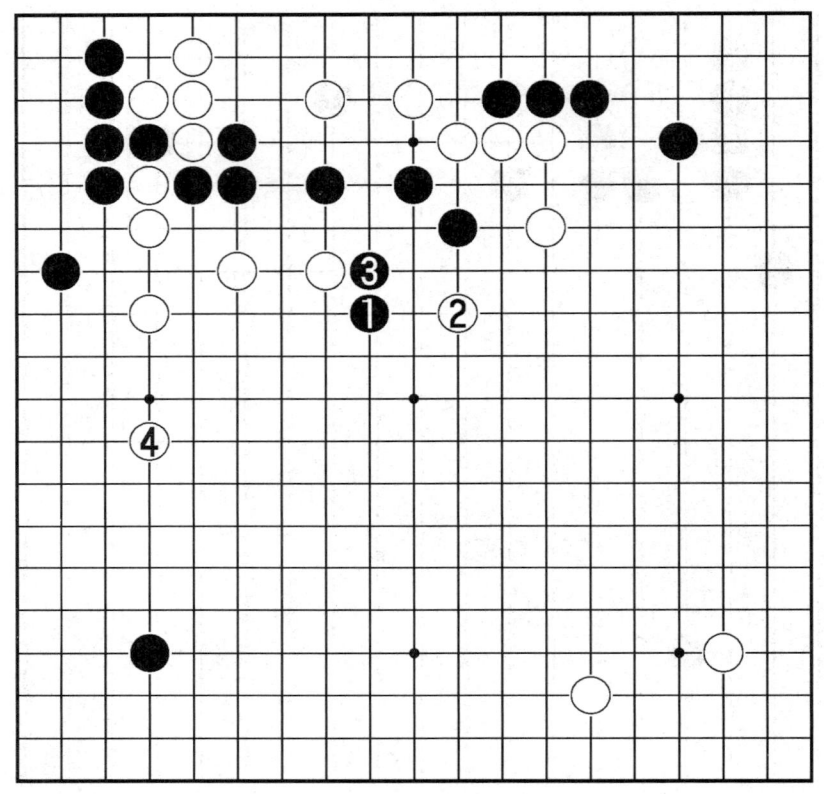

图4

如图4，白棋继续步步为营，在上方付出少量实地代价后缓慢而坚实地成功出头，并开始反攻黑中央数子。此时黑1象步展现出小将卓越的棋感，此手若于2位单关出头则不仅单调乏味，被白点刺以后还要顾及自身的联络问题。宫本先生见到此手微微一愣，又偷偷瞄了一眼对面正襟危坐的年轻人，竟无端生出些爱才之意，却也自本局第一次燃起争斗之心。白2不甘遂人调子愤而反击，之后白4位大步迈出，再不愿碎步前行。

几个回合以后，棋局便进行至前文出现过的基本图。

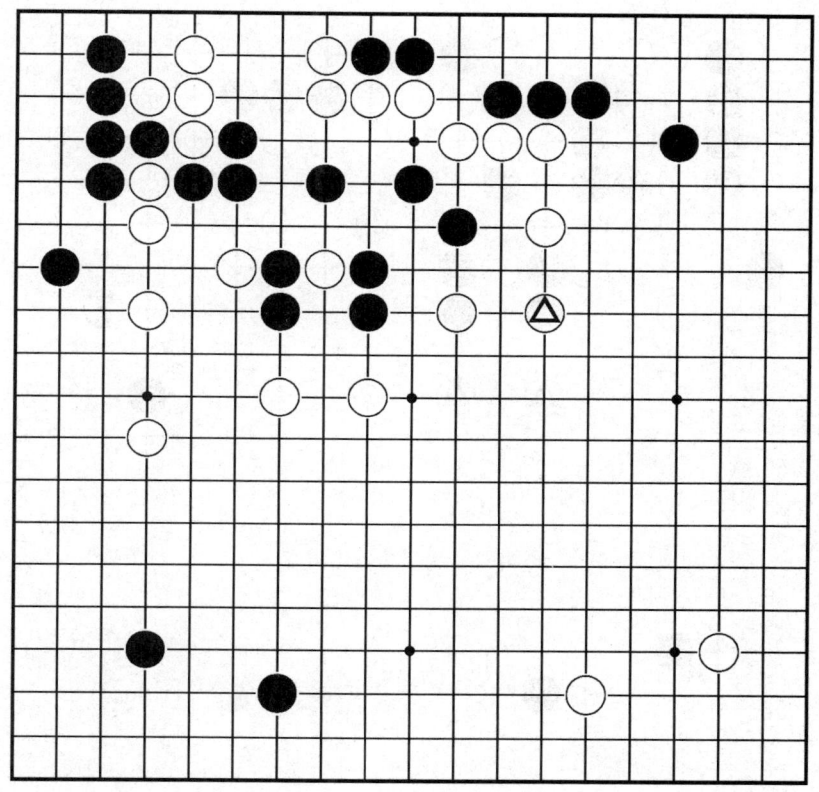

图5

如图5，黑坚实地吃住一子，中央孤棋彻底安定。可随着白△单关跳以后，白外侧隐隐约约地出现了一些潜力和厚味。当前局面下，黑实地多而白潜力大，右边空旷的棋盘，将成为决定胜负的终极战场。

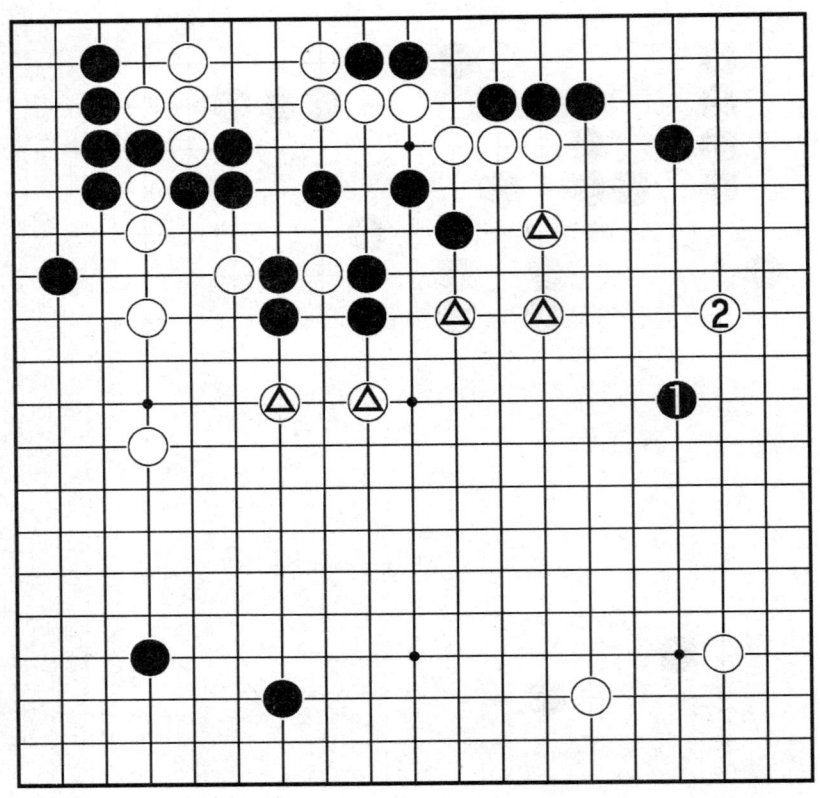

图6

如图6，实战黑1飞快地占据边星，执黑的年轻小将显然对局势的判断比较乐观，观战众人亦觉得黑棋的局面相对主动。然而，宫本九段稍加思索后便于2位打入，围观人群的面色立时凝重了起来。因为大家定睛一看，黑贸然突进之子，不觉间已进入白△处茫茫多棋子的眈视之下。黑棋的局势霎时变得严峻。

黑1当然是毫无疑问的轻率之着。本局黑若最终告负，则此手毋庸置疑将要成为唯一的败着。

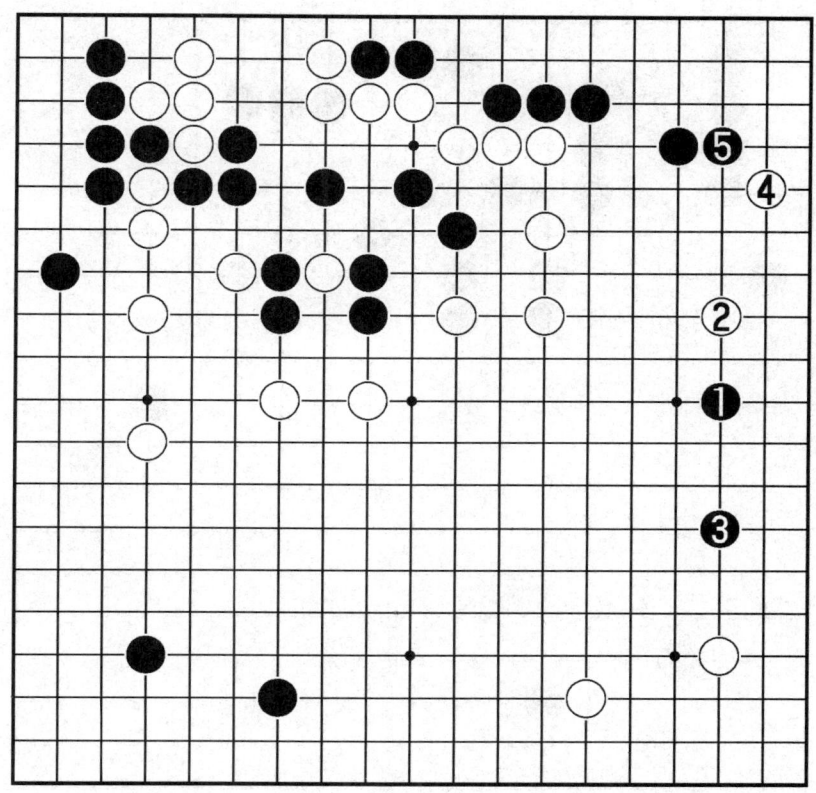

图 7

如图 7，黑在三线开拆显然才是此际的恰当之举，这也更符合围棋十诀中"入界宜缓"的行棋导向。如此一来，哪怕白方依旧于 2 位打入，则黑 3 顺势拆二，惬意从容，保证自身根据地的同时，自然地进入白右方势力领域，这样黑实地优势依旧明显，而白外侧数子无从发力，如此黑局面乐观。

可是，既已落子，万般后悔亦是无用。年轻人显然也意识到了自己的失着，半个身体已经倾在棋盘上，十指不经意地来回摩挲，苦苦思考着对策。围观众人也急在心上，在脑海里不断为黑棋找寻破局之策。

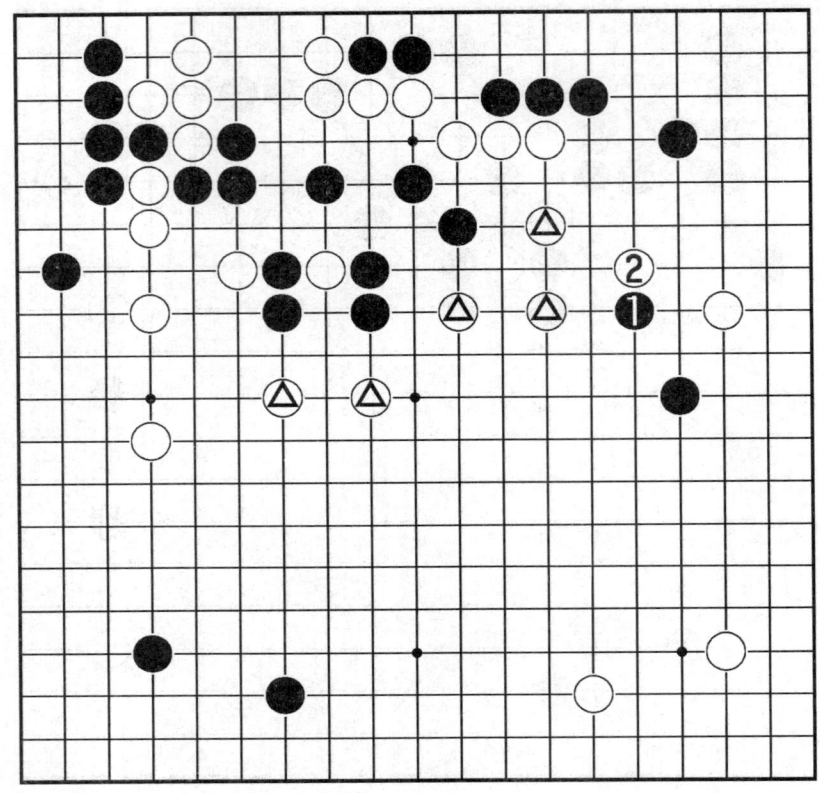

图 8

如图 8，若黑 1 这样强行联络，则白 2 理直气壮地靠断，局部势必要形成一场激战。然而，在外围许多白子或直接或间接的声援下，黑想在这样狭小且孤立无援的地方贴身肉搏并占得上风，无异于痴人说梦。如此，黑明显苦战。

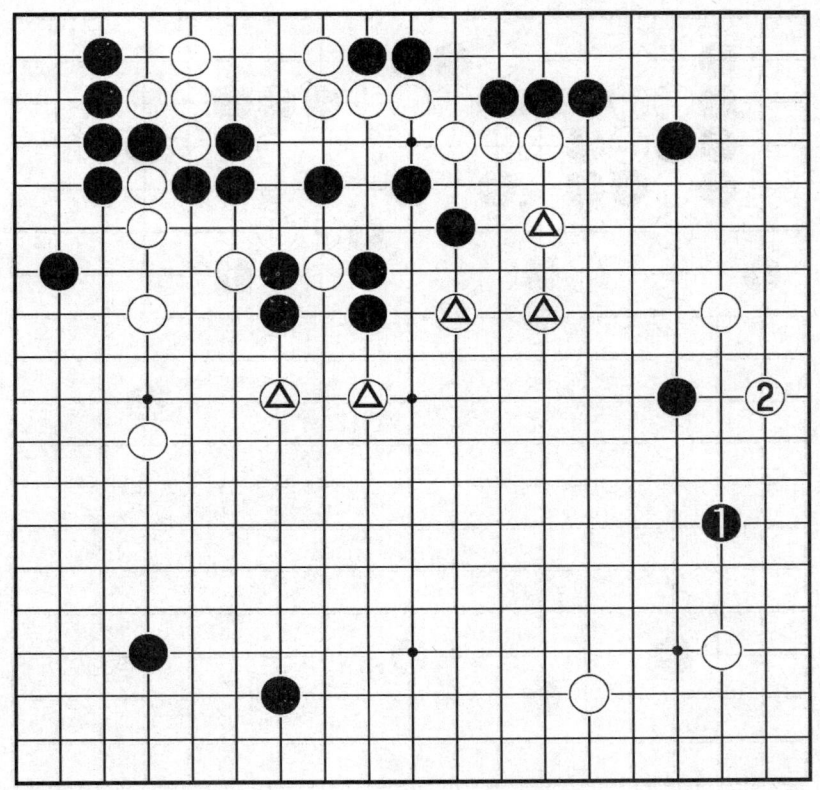

图9

如图9，黑若假装一切皆未发生过，依旧向右侧开拆，则情况与先前大不相同。白2小飞以后，黑根据地严重受损，无奈只能往中央窜逃。不幸的是，白△处的大量棋子早已枕戈待旦，黑在未来战斗中的被动之境，可想而知。黑在不断单关逃逸的同时，白顺势四处获利，黑早先的实地之优，也将岌岌可危。当初黑边星一子与三路开拆差之毫厘，竟谬以千里，一眼可知。

联络不得，做活亦不得，黑似已进退维谷，处境颇难。究竟是强行以少打多一决胜负，还是往中央被动奔逃伺机而动，围观众人心中各自打着算盘；坐在九段高手对面岿然不动的年轻人脸上始终看不到特别的表情，大家忽然又生出些别的念头：难不成这刚刚进入国家队的毛头小子，还另有妙计脱困吗？

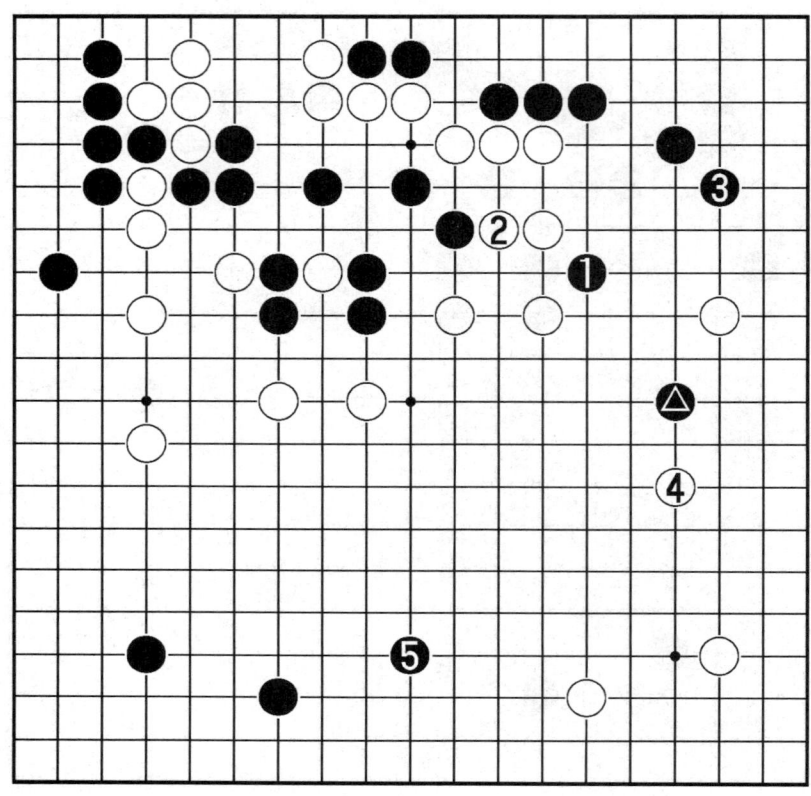

图10

如图10，经过本局最漫长的长考以后，黑1点刺终于出手。围观群众愈来愈多，刚刚缓和下来的局面，眼见又要激烈起来。既然先手寻求借用，局部的决战，想必是不可避免了吧？

然而棋局的进程，出乎现场几乎所有人的预料。白2坚实自补以后，黑3竟然脱先补角。围观群众一愣，宫本九段更是一愣：对手自己刚刚落下的❷一子，竟瞬间置之不理了吗？

莫不是后发制人、谋定后动之策？怀揣太多疑虑的宫本九段也顾不得许多，白4一间高夹重重拍下，准备一鼓作气，收获更多战果。黑多出角部一子，局部仍看不到明显的联络之法；如向中央逃窜，则势必吉少凶多。此时的宫本先生内心不禁也多出些许期待：面对如此困局，眼前的这位少年天才，将交出怎样的答卷？

　　执黑的年轻人不假思索地落下了黑5，仿佛做了件稀松平常的事情。黑棋飞快而淡定地四处抢占着大场，几手前亲自落下的▲一子似乎从盘上消失，从此视而不见。在本局最重要的分水岭上，黑方选择战略性放弃先前的失招，转而从全局出发，将失招的损失降低至最大限度，用一流的大局观将几乎失控的被动局面重新掌握在自己手中，这几乎成为本局黑方的致胜之处。自此以后，凭借先前积攒的实地优势，黑对白外势的侵分愈发收放自如，局势重回黑方好调。

　　平心而论，黑3和黑5虽属意料之外，也算情理之中。可在如此重要的对局中如此迅速地坦诚己失，并以机器般冰冷的大局观用几步看似平淡无奇的着法将局面悄然反转，这样卓越而老练的手法，竟然出自这个看上去少不经事的年轻人手中。宫本先生微微抬起头，又悄悄瞥了一眼对阵台签。"聂卫平，这注定是一个不会平凡的名字啊！"宫本先生在内心由衷地赞叹道。

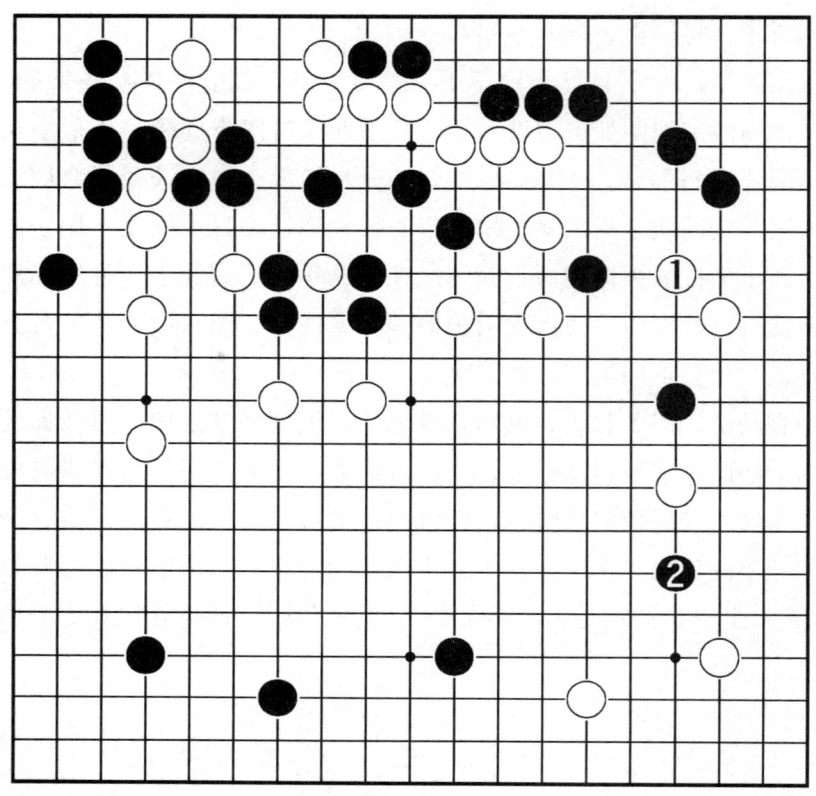

图 11

棋手间的关系总是单纯而复杂。见猎心喜的宫本九段虽对面前的青年才俊赞叹有加，却也更加激起了争胜之心。如图 11，白 1 小尖稳如磐石，彻底断绝了黑棋上侧的活动意图，右下大模样已初露峥嵘。

黑 2 又是出乎所有人预料的一着，因为大家很难定义它的功能。若即若离的黑 2 既不像是打入又不算是侵消，却使白上下两处都平添顾虑。前几手弃如敝履的边星一子又与其产生似有似无的呼应之意，使白如鲠在喉、左右为难。

"真是个难对付的对手啊，看来须用强手破局，方可争胜。"宫本先生这样想道。

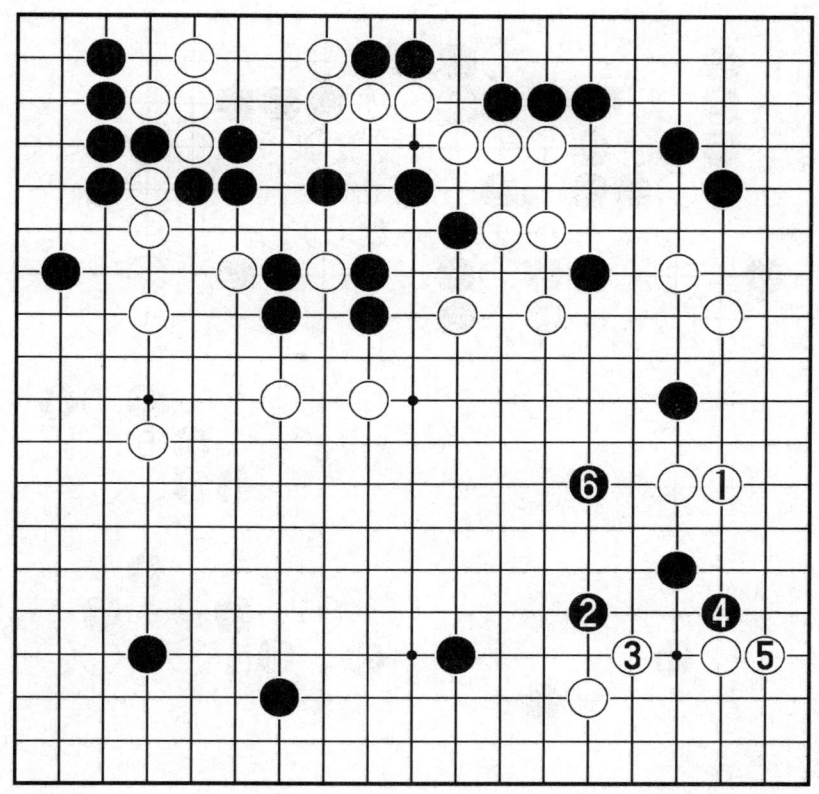

图 12

如图 12，白 1 玉柱，这是不给黑任何借用的最强硬的应对。而黑 2、4、6 轻盈转身，后来名满天下的聂氏围棋开始崭露头角。黑局部的每一颗棋子都可舍弃，但白想生吞任何一子，都必须要付出比想象中大得多的代价。执黑的聂卫平丝毫没有受到之前随手的影响，长袖善舞的侵分和腾挪优雅自如、赏心悦目，棋盘在不经意间慢慢变小了。

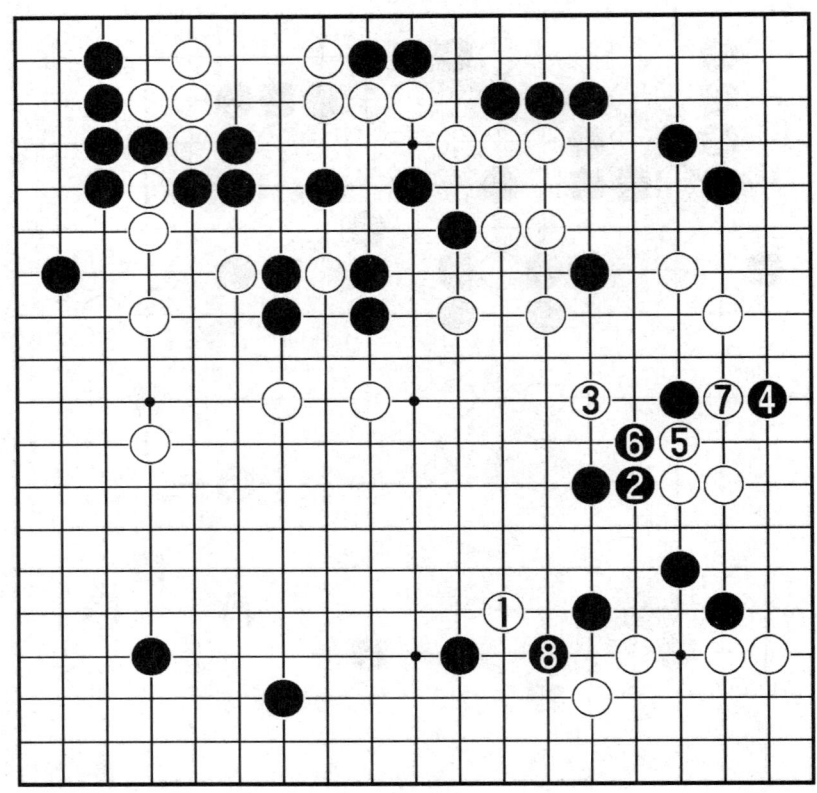

图 13

如图 13，白 1 是局部的最强手段。在这样勉强的地方强行分断，足以证明宫本九段亦开始感到局势不乐观。可白的这记重拳再次落空，因为——

黑 2、4、6 假意攻杀玉柱二子，待白用超级愚形勉强逃生后，又虚晃一枪走到 8 位尖断。此时，由于白右侧"刀五"气紧如窒，黑外侧先手利用实在太多，白的攻势无以为继。

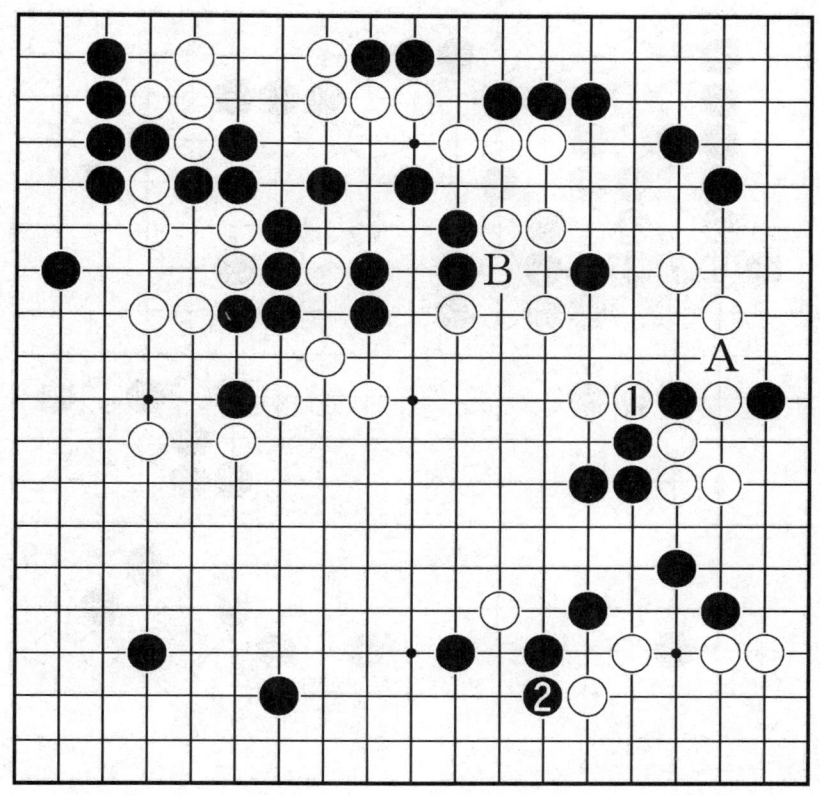

图 14

如图 14，实战白 1 只好自补，否则 A、B 等处的隐患将成为现实。而黑 2 也顺势挡下，侵消数子逃出生天的同时，在下方隐隐形成新的阵势，作战大获成功。

从四路侵入开始，黑棋对自身残子时取时予，左右闪躲却始终掌握开战权，一连串漂亮之极的腾挪手法将宫本九段的数记重拳一一化解，将局面的主动始终牢牢握在自己手中。有兴趣的读者，不妨退回到基本图，以更加连贯的思路欣赏这一连串载入史册的精彩治孤，或许会有更加深刻明了的感悟。

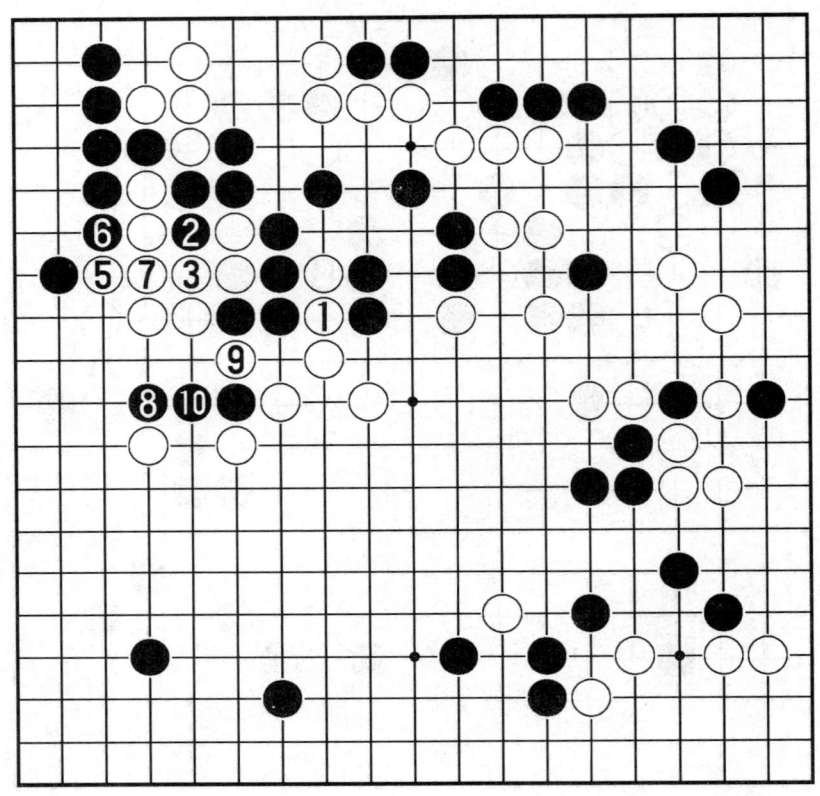

图 15　❹=⑦

如图 15，数波猛烈进攻都被无形化解，宫本九段已经逐渐失去了耐心。棋至中盘，白 1 露骨破眼看似凶狠，但双方落子如飞至黑 10，宫本先生才忽然惊觉自己出现了重大误算。

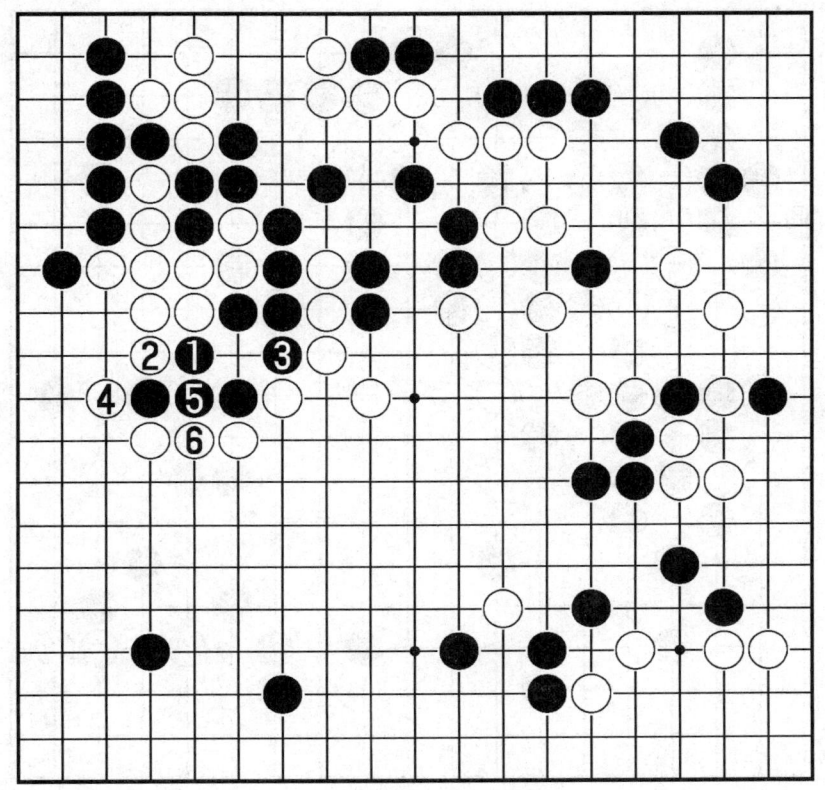

图 16

职业高手的计算当然深远——在当初破眼之前,宫本九段早已算到后续的许多变化。可正所谓"智者千虑,必有一失",宫本先生在这个变化上出现了致命的幻觉:如图 16,他以为黑此时只能于 1 位打吃,这样白 2、4、6 开心地滚打包收,随着巨大愚形的产生,黑整条大龙亦无疾而终。然而实战黑 10 冷冷一粘,白才后知后觉地发现,自己的包围圈已被撕开致命缺口,局势的天平再一次倒向了对方。

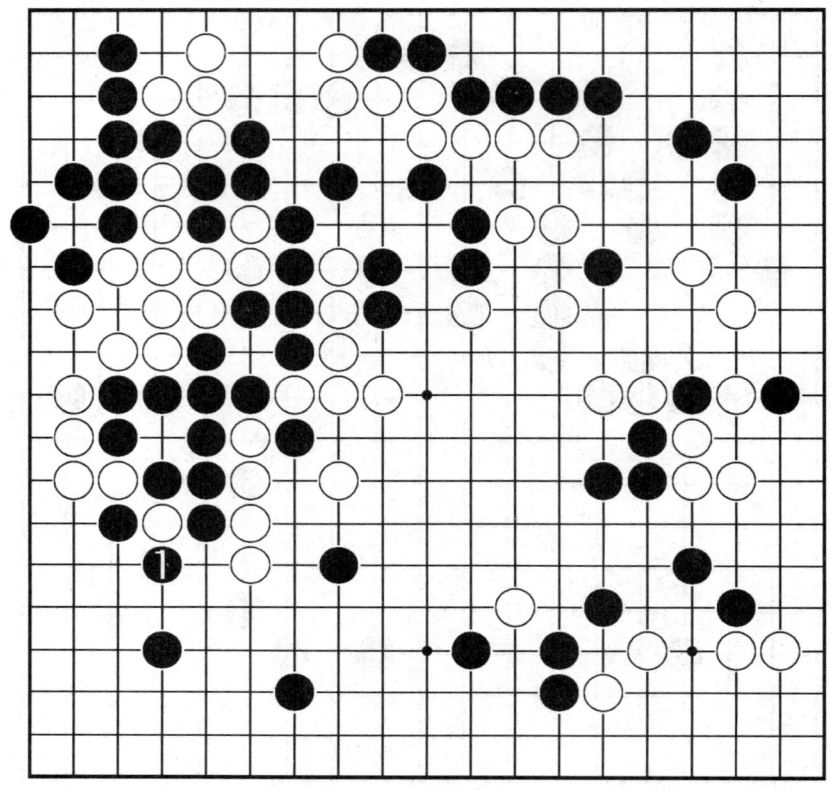

图17

图17是局部的最终定型。滚包不成的白方自然漏洞百出，黑1提以后，自身大龙安然无恙的同时，白中央的大片反而变薄，自此黑胜定。之后双方又进行了百余手的争夺，但都与胜负无关，故从略。

本局最终黑胜1子。初出茅庐的聂卫平孤身击退了连战连捷的宫本直毅九段，继陈祖德先生以后再次战胜了宛如神衹的日本职业九段，成为当代中国围棋崛起的重要里程碑。随着这盘影响深远的胜局，聂卫平也逐渐成为当时中国围棋国家队的顶梁柱，掀起至今余音未绝的"聂旋风"狂潮，是为后话，在此略去不表。

本局的后半盘中，黑一连串行云流水的辗转腾挪固然精彩纷呈，可更令笔者震撼的，是匆匆落下边星一子后瞬间的冷静转身。在事关民族荣誉的大胜负中，聂卫平能事不关己般准确认识到自身失招，并在进退维谷之际果断选择冷静且正确的取舍，并通过一系列连贯的手段将先前失招变废为宝并加以最大化利用，充分展现了其胜负师的卓越才能。"任他风雨飘摇，我自平常如渊"，平常心的精髓在本局一览无遗。

平常心最早起源自佛教谶语，意指眼前之境就是真心的显现，当下即是真理，无需到远方追寻。**吴清源先生最早提起并在围棋界广为流传的平常心，大抵是指为了追寻围棋之道，棋士需要摒弃一切世俗的影响——去除了胜负、名誉和尊严，克服了患得患失以后，才可能在围棋之道上迈步前行。**棋手群体素以"理性"著称，但在大胜负面前，人性脆弱的冰山难免也要浮出水面；能将最重要的比赛当作最普通的训练棋一以贯之，才能在巅峰对决中占得先机，也方能展现胜负师风采。"**战胜自己情绪和欲望的棋手，才有资格立于华山之巅**"——某棋界不知名写手公孙青阳，如是说道。

平常心的核心价值，在于"客观"——这又是人类千百年历史中最知易行难的东西。想在一盘棋中始终保持客观心态，绝非字面看上去那样简单。**不说业余爱好者们的喜形于色，哪怕在职业高手的巅峰对决中，亦常有一方因一时冒进长吁短叹悔之不及——勺子过后啧啧嗟叹喃喃自语喋喋不休者绝非寥寥**，悔到深处于大庭广众自赏耳光者也并不少见。站在第三方的角度坦承自身错误并不容易，而要在对局中时刻保持此般自律则更是难如登天。对局中的"平常心"常是自我否定，随之带来的痛苦自不必说；可一旦跨越此关，收益自也水涨船高——围棋本就是斗智斗勇的游戏，**若一方在犯错以后古井不波泰然处之，那么开始产生自我怀疑并最终心态失衡的，或许就变成了对方**。许多棋界的前辈泰斗将"平常心"作为选拔和衡量棋手潜能极限的重要指标，或许正因如此。

围棋是人类最玄奥的游戏之一，哪怕集当今世界最优秀科学家之力于一身的 AlphaGo，也只能知其然不知其所以然。**实地与外势之争，究竟划于几分？宇宙流和地沟流之别，究竟孰优孰劣？**上至顶尖高手，下至初学幼童，每位棋手都有各自偏爱的棋路和风格，能否意识到自身喜好的棋路未必是棋道真理,并在日复一日的训练和大小不一的比赛中勇于打破自身舒适圈并去挑战自己以前并不熟悉或喜欢的领域,更是艰困之举。**颇为有趣的是,围棋中的"平常心"是否确为棋理正道尚存疑虑**——与之截然对立的"气合"(源自日本武士道的概念,意即以自身棋道尊严为最高准则,坚定不移地贯彻己方的作战思路),也是许多棋道志士的行棋之铭。**笔者不知道或许永远不可调和的"平常心"和"气合"究竟孰优孰劣,但笔者觉得:相较于"气合"的快马江湖和肆意恩仇,坚持追寻真理而不惜一次次剖开血淋淋内心的"平常心",或许更加值得我们尊敬。**

　　在笔者眼中,聂卫平名满天下的"前五十手天下无敌"的"大局观",其实和"平常心"讲的是同样的东西。别人从聂氏围棋中看到的是挥洒自如,笔者从中看到的,却是冷冰冰的就事论事。君只见聂君长袖善舞左右逢源,却不见每粒棋子的物尽其用。**在笔者的世界观里,平常心从未带有半分檀香味道——真正的平常心是冷浸到骨髓里的铁面无私和不讲人情。**平常心不是佛家的慈悲为怀普度众生,而是不去患得患失,只为有朝一日到达真理彼岸。颇为巧合的是,现实生活中的聂老恰好也以不通人情著称——屡次不分场合、不忌关系地口吐真言,数场自觉不太如意便转身离开的失败婚姻。这些看似随性所致、随意而为的天真烂漫之举,会不会才是平常心最朴素而本质的面容呢?

　　从这个意义讲,平常心也并非仙丹妙药,能包治棋手百病千疾;但纵观历史,平常心几乎是每一代顶尖棋士站上世界之巅的傍身之法。作为最普通的围棋爱好者,能不体味平常心之苦,而先品赏平常心之美,这真是一桩幸事——若能因此偶与吴师天人沟通、遥相神交,更是一段棋坛佳话。

　　无论如何,尝试用旁观者的眼光看看自己下过的围棋,是一个独特且新鲜的角度——试一试平常心,或也无妨。

九、翻盘

弈道拾遗 YI DAO SHI YI

外行人眼中的围棋，大约是承载了历代文人雅士阳春白雪之念想的指尖玩物——如当年淝水河畔的安石先生，单凭一手临阵对弈和一句看似不经意的"孩儿们大破贼兵"，便留下胜券在握却又不显山露水的青史美名。

可若人当真怀着这般烂漫的念头步入真正的围棋世界，定会被残酷的现实怼到脸肿鼻青。作为传统国粹中唯一拥有客观评价标准的特立独行者，现代棋界苦心孤诣的"半目贴目制"又将对阵双方握手言和的唯一可能扼杀于襁褓之中——胜负，自然成为围棋无法避开的永恒话题。没有几个业余爱好者能经年累月地一边美其名曰"享受快乐"一边屡败屡战且甘之如饴，也未曾听说哪位职业棋手能单凭几行高屋建瓴的棋谚道理便登堂入室，并最终成为一代大家。掩藏在近现代围棋界苦心经营的艺术包装和求道外衣之下的，是赤裸裸的白刃相搏，是血淋淋的成王败寇——所谓"谈笑"，所谓"挥袖"，绝非说书人口中那般写意和轻松。

对于一位棋手来说，没有比输掉一盘棋更痛苦的事情了；如果有，那一定是输掉一盘被翻盘的棋。**所谓"一着不慎，满盘皆输"——外行读来，如清风拂面不痛不痒；同行乍闻，似切肤之痛字字诛心。**业余棋手不以胜负谋生，偶有痛失好局已是捶胸顿足悔之不迭；若职业高手在殚精竭虑和呕心沥血后仍无缘胜场，必更加痛彻心扉彻夜无眠。围棋大师们有着惊人神似的扑克面容，可隐藏在木讷表情下的汹涌波涛几人可知；看似荣辱不惊的每一位大棋士身后，都早已写满一整部翻盘与被翻盘的血泪史。诸葛孔明所言"得而复失，与不得同"在方寸之间并不属实——**盘上"得而复失"被翻盘负，远比一盘完败更刻骨铭心。**

或许是因为给对手留下的伤痕太过深刻，擅长翻盘的职业棋手的圈内名声都难说上佳：被冠以"顽强""斗志"头衔的已算走运，若是被安上"搅屎"这类不雅名号，似也无处说理。然而，有一位棋坛前辈不光凭借屡试不爽的翻盘之术屡夺世界比赛的冠军桂冠，甚至还因此创出全新流派，这只能说明其翻盘功夫的确有独到之处。"僵尸流"——这个听上去奇奇怪怪的称谓让人一时难分褒贬，熟知此道的棋界大众多也认为其毁誉

八 翻盘

参半，但李世石九段和他的"僵尸流"，终究已经在世界围棋史上写下了抹之不去的一笔。随着年龄的增长和后辈棋手的崛起，今天的李世石在世界棋战中的统治力已经不复当年，偶有施展的"僵尸流"也大多被更能搅的弱冠一代还治彼身；而那些散落江湖的传奇往事，却从不因时间流逝褪色半分。况且，所谓"棋风之别"或"致胜之所"，在笔者心目中从无高下之分——如果因为李世石常以翻盘取胜便认为其在盘上的造诣不及其他围棋大师，显然仅是无稽之谈和酸葡妄语。任何一位为取胜果拼尽最后一丝力气的棋手，无疑都值得每位同行尊敬。

在本章将要接受僵尸流考验的是时越，今日的他早已成为中国围棋的中流砥柱——前些日子，也正是时越力挽狂澜，终止了自人机大战后似乎凌驾于整个职业棋坛之上的柯洁九段的疯狂连胜。在柯洁上位以前，人送雅号"场均一条龙"的时越凭借精确到恐怖的计算和果断到无情的出手，独自领跑国内等级分长达十五个月之久，成为后豹一代国手中最值得信赖的棋手之一。

当然，成长为这种级别的大棋士，绝非旦夕之功；一路走来经历的风雨，恐怕也不足为外人知道。2012 年，时为职业五段的时越已经开始在国内棋战中斩获冠军，在国际赛场上却依然乏善可陈，其内心的焦急和隐忧不言自明；在年初的第 4 届 BC 信用卡杯世界围棋公开赛中，时越一路连胜进入本赛，却在本赛第一轮迎面碰上赛事连续两年的卫冕冠军李世石九段。一位猛虎心性，一位正值巅峰——一场腥风血雨的斗争，在开赛前就已注定。

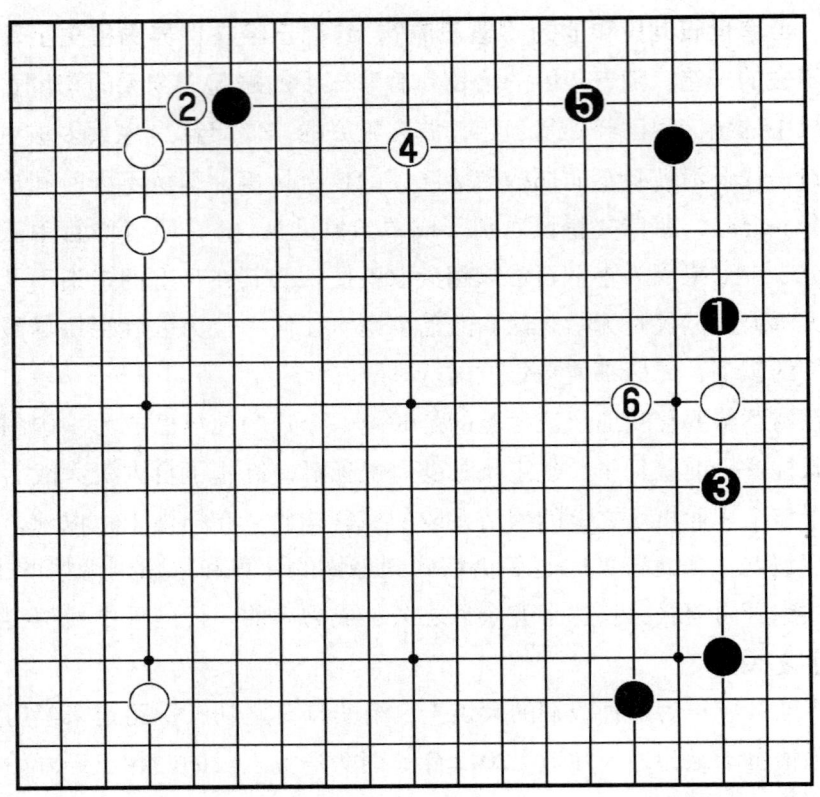

图1

皆有心气的两位棋士的正面对垒，互不服气的火花在寥寥数手间已经一览无遗。如图1，执黑的时越于1位紧逼，却不料李世石孩子气般任性脱先。接下来，两位棋手在棋盘两边各行其是、自成方圆，都不想在气势争斗中落了下风。看似大开大合的黑白双方，马上就要进入真刀真枪的以命相搏。

果然，自觉时机已到的李世石白6直接跳出，正面战斗终于打响。

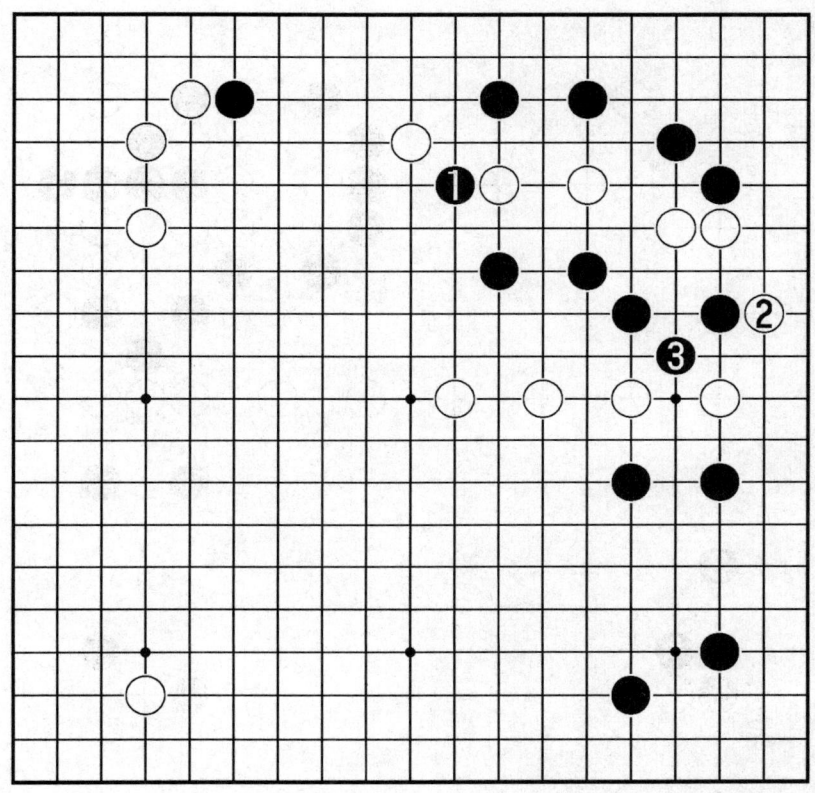

图2

"场均一条龙"听上去颇有浮夸之意,却是棋界少有的"写实派"头衔,因为时越就是靠过硬的局部作战能力在棋坛扬名立万(据传闻,曾有好事者仔细收集时越某个时间段的比赛棋谱,发现其场均屠龙数并不止一条,一时众人惊呆,彼此相望竟无语凝噎)。如图2,黑1位强行靠断,并在白2试图暗渡陈仓时采用最粗俗却意外有力的黑3分断,已在局部的肉搏中占得上风。

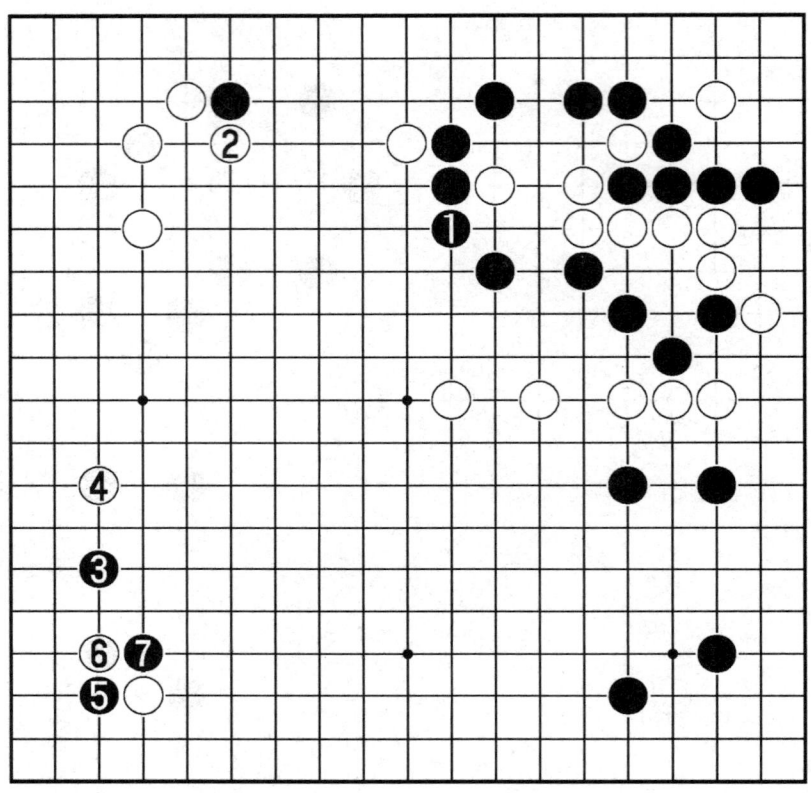

图3

　　由于局部子力差距实在悬殊，白无奈下只好妥协。如图3，经过一连串不得已的苦肉计，白上下两处孤棋终于连接，可黑顺势将右上大角收入囊中后于1位退，自身铁板一块的同时还坐拥大量实地；反观白棋，不光实空不容乐观，还要时时担心右侧大龙的安危，局面优劣自明。接下来白2虎必然，而黑3、5、7采取最简明的局部定形手法，年轻的时越将局面牢牢控制在自己手中，展现出老辣的技术和成熟的心态。

　　执黑的时越顺风满帆春风得意，对坐的李世石只好先默默隐忍，徐图后效。许多媒体记者将李世石的围棋比喻为"猎豹"，就是因其从不贸然出招——对于不致命的伤口和破绽，他常常引而不发；当敌人终于有所察觉，却往往悔之晚矣。托腮沉吟的李世石一边见招拆招，一边暗自盘算起吞吴大计：这样一盘难局，想要翻盘，究竟应从何处着手呢？

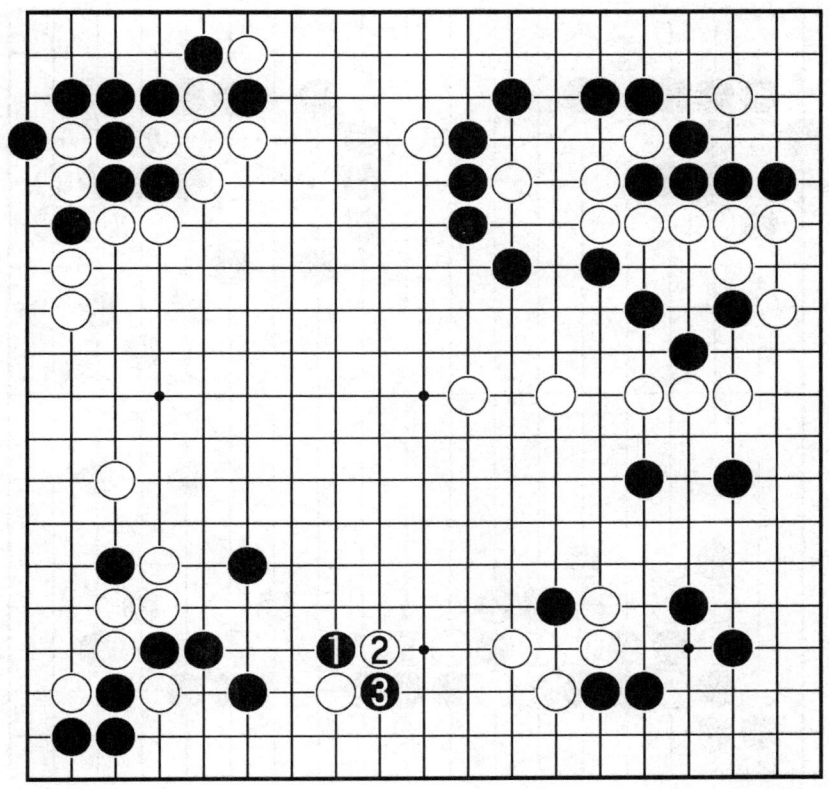

图4

局面四处定形，留给李世石折腾的空间也渐渐缩小。如图4，先手掏去白左上大角的时越转而1、3靠断，想利用局部子力优势进一步扩大战果，这彰显出后豹一代棋手独特和锐利的棋风。相较于前几代先辈棋手在优势局面下频频退让并最终惨遭翻盘的血泪往事，道场出身的年轻一代国手更习惯在优势局面下步步进击，"宜将剩勇追穷寇，不可沽名学霸王"的求胜欲望和战斗本性入骨三分。

客观来讲，时越对局面的判断和对自身计算的自信均无不妥，却唯独低估了李世石的顽强，白方并未在局部被一举击溃，反而愈战愈勇。

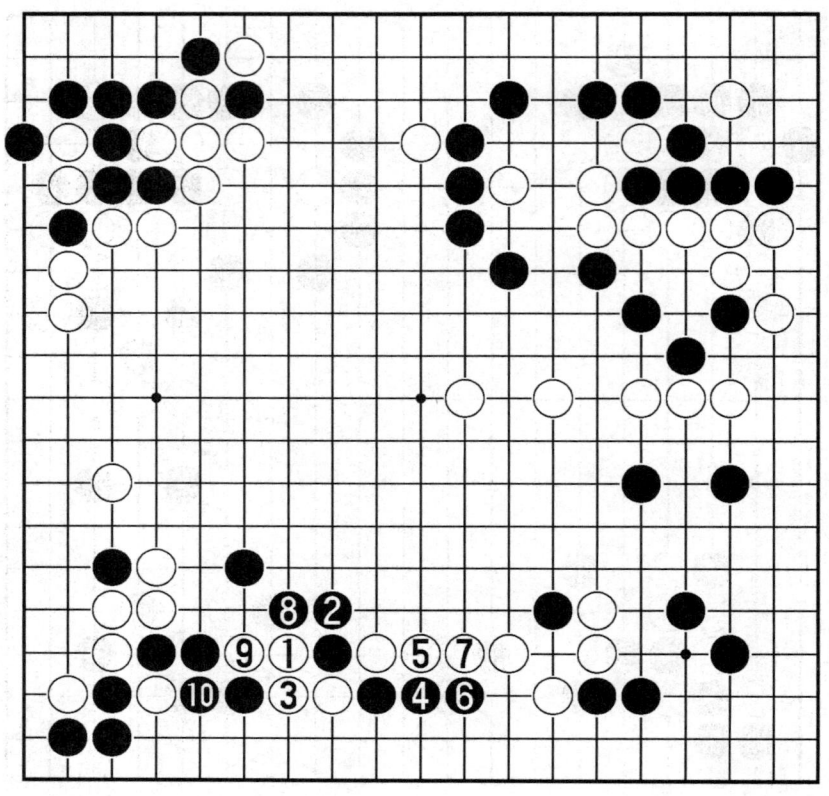

图 5

如图 5，白 1、3 从夹缝中打出，已经超越了棋手最普通的思考范畴。接下来，白不顾自身被断的危险，反而 5、7 从上方将黑分断，更是出乎时越预料。黑 8 不甘示弱，补牢自身弱点的同时收紧白气，却不料——

八、翻盘

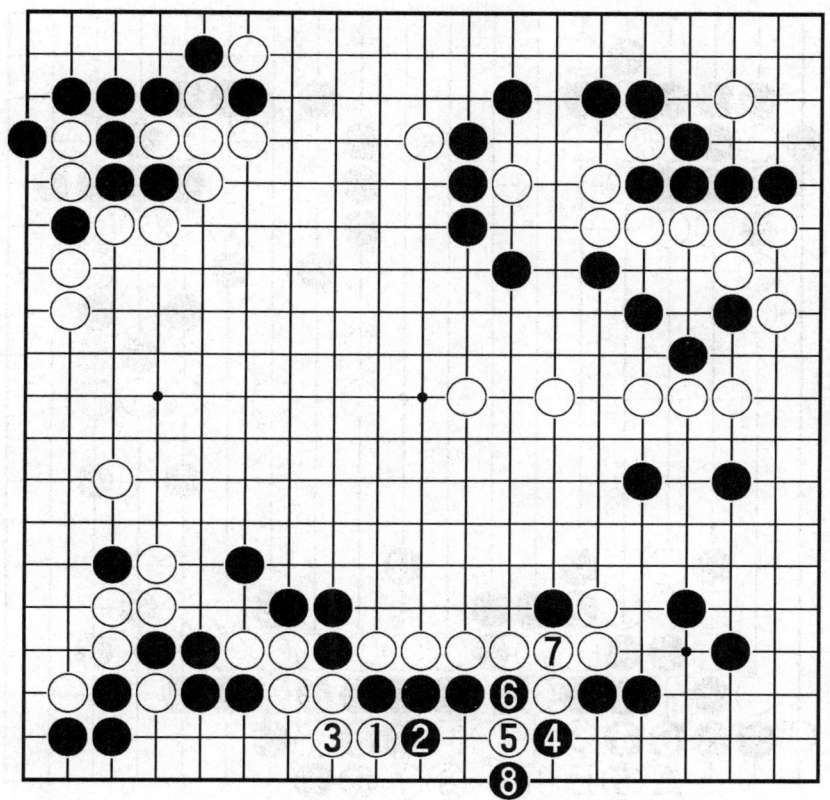

图6

　　这般狭窄的空间，竟被李世石左右逢源地摆出两个完整眼位，这真是令人目瞪口呆。如图6，白1、3先从右边扩大眼形，黑顾及自身联络缺陷只好自补。

193

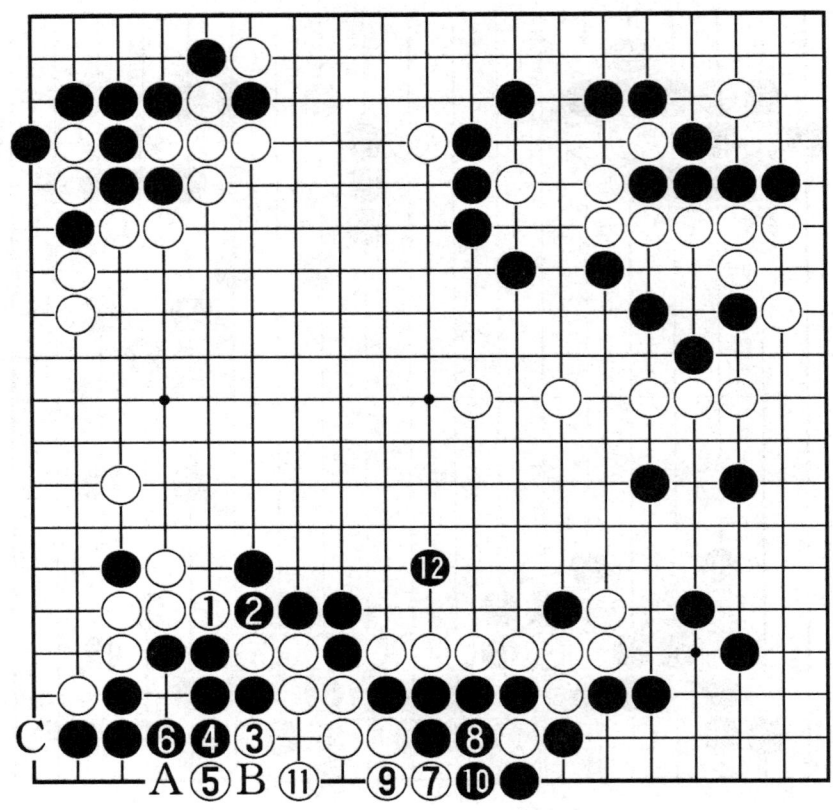

图7

如图7，然后白1先手冲断对方后，利用黑左右两边的气紧缺陷，刚好做出两眼，就地成活。一记重拳意外落空的时越并未气馁，稍加思索后便于12位小飞，处理己方中腹数子的同时，继续向右侧白棋施压，最强攻击手的下一波攻势又已袭来。不过，由于自身亦处分断状态，当前局面黑虽依旧主动，却开始混沌不清起来。李世石的翻盘大计，就从这一刻悄然铺开。

局部值得一提的是，黑A与白B的交换几乎是命令着，如此交换，黑左下眼位变得充分，白之后于C位连扳的常用劫争手段将消弭无形。但或许是出于职业棋手"节约一个劫材"的习惯和考虑，时越始终没有将这个

八、翻盘

先手交换付诸现实，这也成为了本局压垮黑棋的最后一根稻草。李世石锋利的"前爪"从此刻起悄然搭上了时越的"肩头"，可惜当年的时越仍然稚嫩和年轻，对此始终一无所察。棋局依旧漫长，形势依旧黑优，可李世石的处处伏笔，开始粉墨登场。

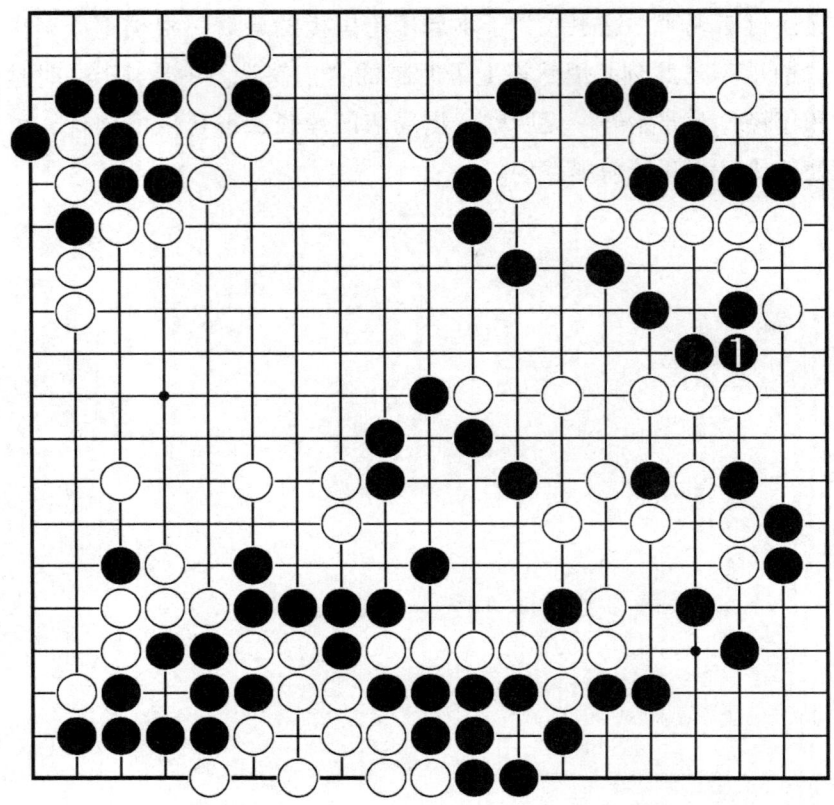

图 8

经过中腹一串你来我往的攻防,黑白双方都伤不得彼此性命,只好悻悻收兵,各自摆眼。如图 8,此时黑 1 团几乎是绝对先手,混战中始终保持清醒头脑的时越已经看到了胜利的曙光,他的脑海中已经勾勒出最为简明的取胜之道。

九、翻盘

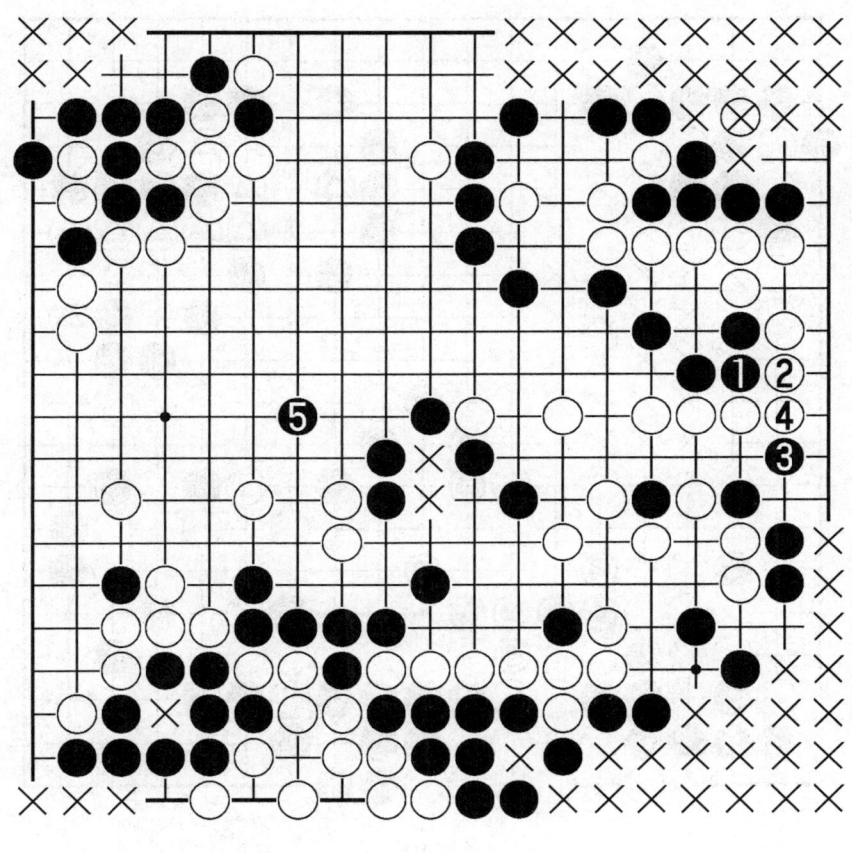

图9

如图9，正常情况下白2必应，黑3顺势先手补掉右下断点，愉快之极。接下来黑5坚实地小飞，存有白唯一翻盘希望的左侧大模样也以眼见速度大幅缩水。简单判断形势，黑全盘确定的实地已有60目，而白确定的地盘不过20出头；想在黑全盘铁厚的情况下在左侧空旷处围出30目以上的大空，这对白棋来说是一个不可能完成的任务。如此，黑简明优势。

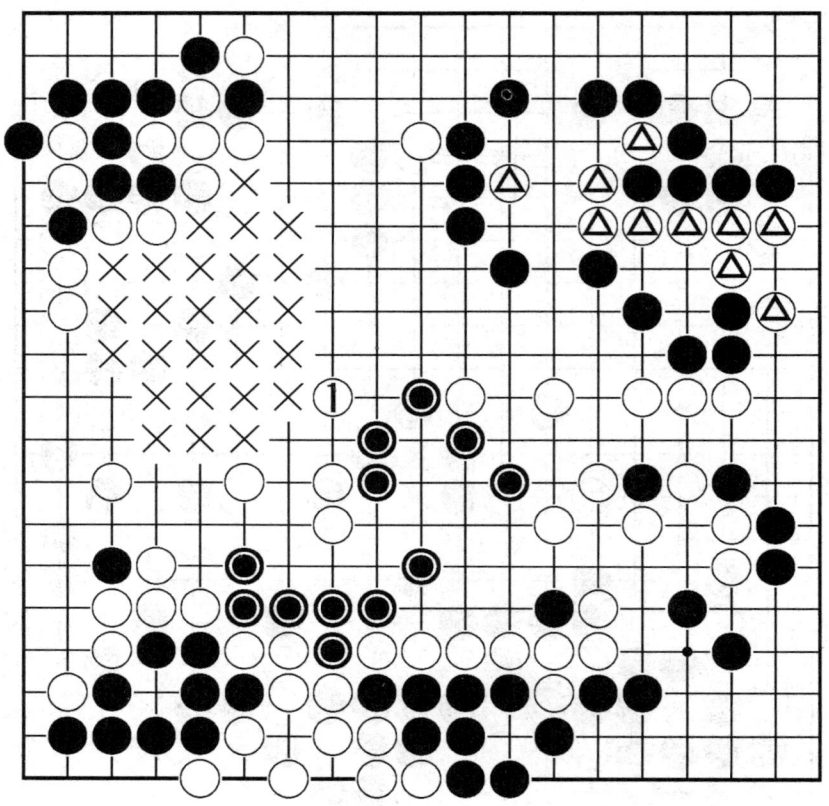

图 10

如图 10，实战白 1 脱先，围观众人只觉得世界观都碎了一地：命令式的先手，也能这样置之不理吗？执黑的时越见到此手，亦不由瞠目结舌，感到难以置信。

这是李世石"僵尸流"独有的着法，也是本局为历史铭记的最佳片段。纵观李世石的翻盘名局，无不以这样看似无厘头的离奇手段为始，以暗藏的妙手逆转乾坤为终。在李世石的围棋观中，"打破常规思路"永远是翻盘的第一要务——僵尸流的世界里，按部就班地落子仅是遂敌所愿，只能加速失败；出其不意地行棋，才可能将不利局面导向混沌，并诱使对手露出破绽。在重要的大赛对局中，棋手往往也会因这样看似无理的胡搅蛮缠而自乱阵脚，为敌所趁并最终吞下失败苦果。在李世石已经逐渐淡出职业顶尖一线的今天，棋界对其巅峰期的评价亦往往侧重"诡诈"而非"力量"和"算路"，恐怕正是因其总有出人意料之着，总能想敌之不能想。总之，白1是集李世石"僵尸流"大成的闪光之着，棋局自此脱离了时越的掌握，开始缓缓走向未知，走向执白的李世石最想看到的"乱战难局"。

　　逐渐冷静下来的时越已经洞察到白1的意图：由于形势不利，白只能抢先进攻黑中央◉数子，并希冀通过攻击将左侧大空具体化；而若能利用黑棋的优势心理先手得逞，再回到右侧救回△数子，则白方计划大获成功。"岂能如此软弱，任君欺凌？"抱头苦思的时越的脑海中，逐渐勾勒出一个宏大的作战计划。本局的好戏，才正要开始上演。

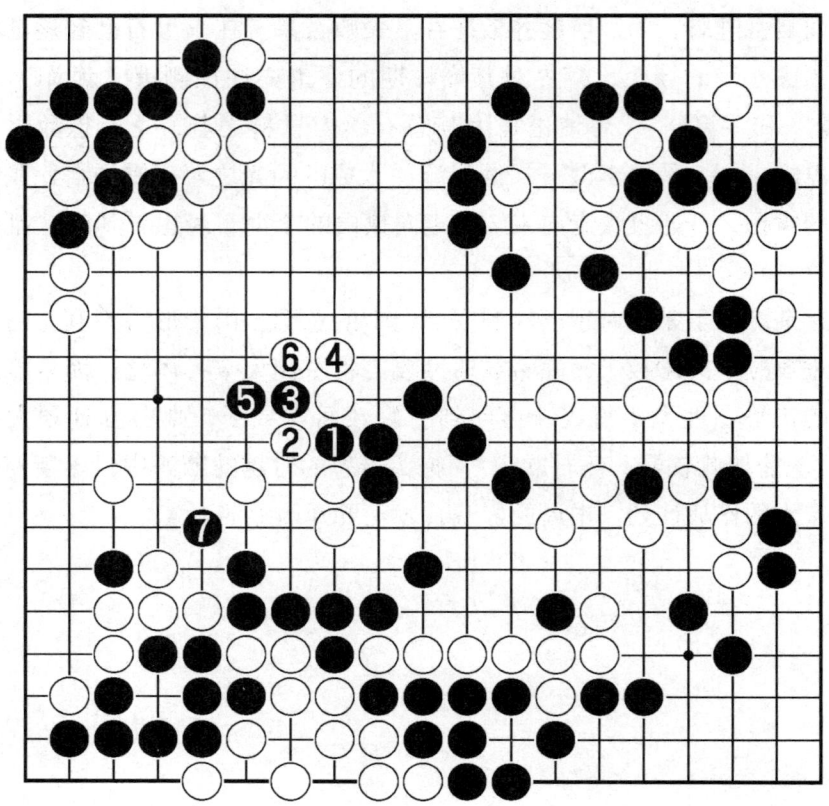

图11

如图11，黑1、3、5悍然冲断，不顾局部势力孤寡，便要贴身肉搏！长考后的时越看似鲁莽出拳，却早已全盘谋定。正所谓"泰山崩于前而色不曾改"，大心脏的时越并非意气用事，而是要在此上演一出"驱虎吞狼"的戏码；醉翁之意，已路人皆知。

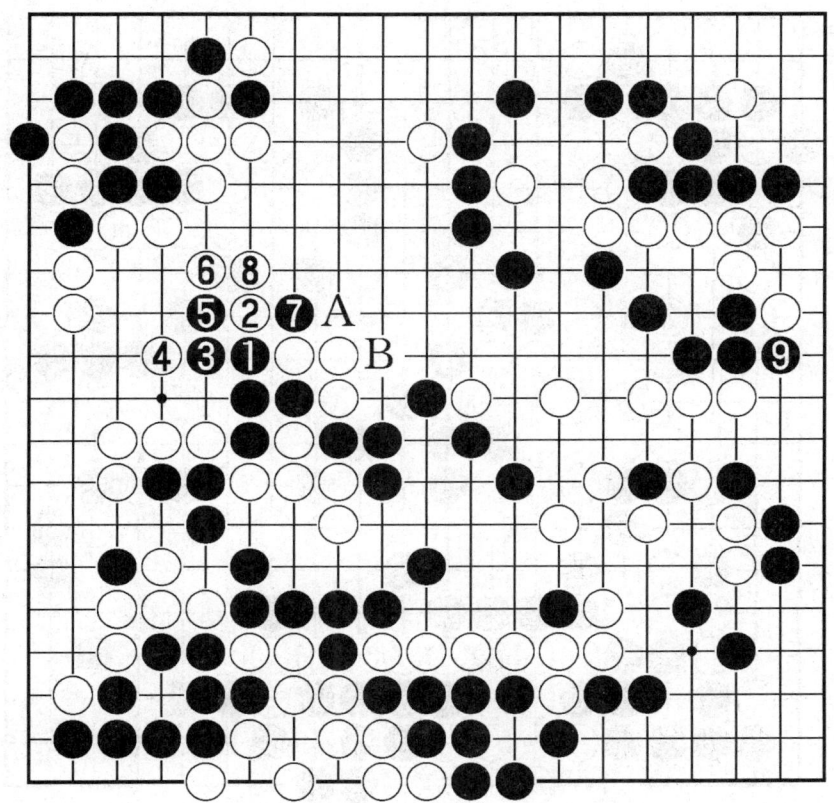

图12

如图12，黑1以下继续送死，围观众人却逐渐明白了时越的狠辣用心，悬在空中的一颗心也慢慢有了着落。至白8，黑棋的先行部队全部阵亡，但A、B处多出的种种先手足以保中腹大块联络无虞；然后黑9转而在右边拦下，将白落单十子全部鲸吞，下手狠辣至极。若是在左右两侧都交不出解围答卷，白单凭左侧十数目的收获，显然不能弥补右边大龙阵亡的损失。面对李世石的诡异招数，时越用以暴制暴的自杀式攻击还以颜色，"一力降十会"的棋路风格在此展现得淋漓尽致。

此时的棋局对白而言，依旧艰难。想要翻盘，李世石必须要亮出更多底牌。

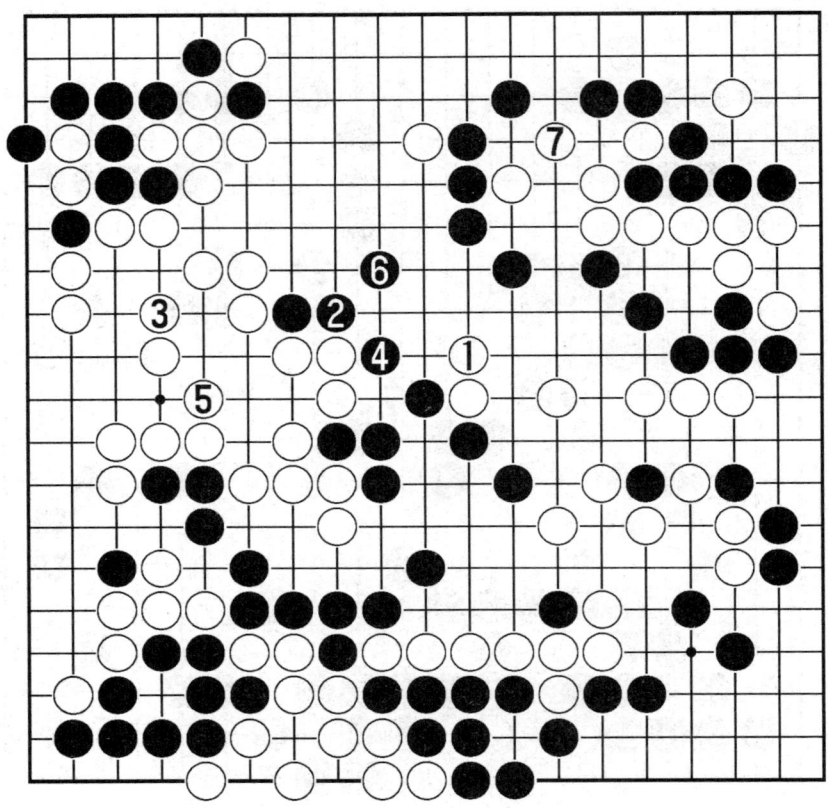

图 13

如图 13，白 1 威胁黑大龙联络，效果却不甚明显。2、4 先手便宜以后，黑 6 姿态优雅地空中一虎，白在局部已经无从下手。简单点了点目，时越紧绷的神经终于一松，人也往椅背一靠：经此一役，盘上再无争胜之处；盘面 20 目以上的优势，当再无波折。可李世石白 7 轻轻落子以后，时越才惊愕地发现：看似走投无路的右上白龙，竟似百足之虫，仍有回转余地！

经许多高手局后长时间的研究，白 7 以后，黑已无法将局部白子全部净吃，黑方局面彻底失控。**可是，这似悬崖峭壁上凭空凿出洞天的一手，究竟是李世石早在三十手以前的脱先时就已算到的破局之着，还是李世石**

八、翻盘

时来运转，在之后的对局进行中才偶然得之的意外手段，大家都不得而知。若是前者，则李世石在本局中展现的算路已近鬼神；若是后者，则李世石对于缺陷和生机的独特嗅觉，的确高人一筹。李世石本人在局后并未对这个问题进行任何表态，这使此着成为本局永远的悬念。可无论如何，李世石凭借前谱的脱先和本谱的白7，将几乎不可逆转的劣势局面彻底搅乱，胜负自此再难预料。

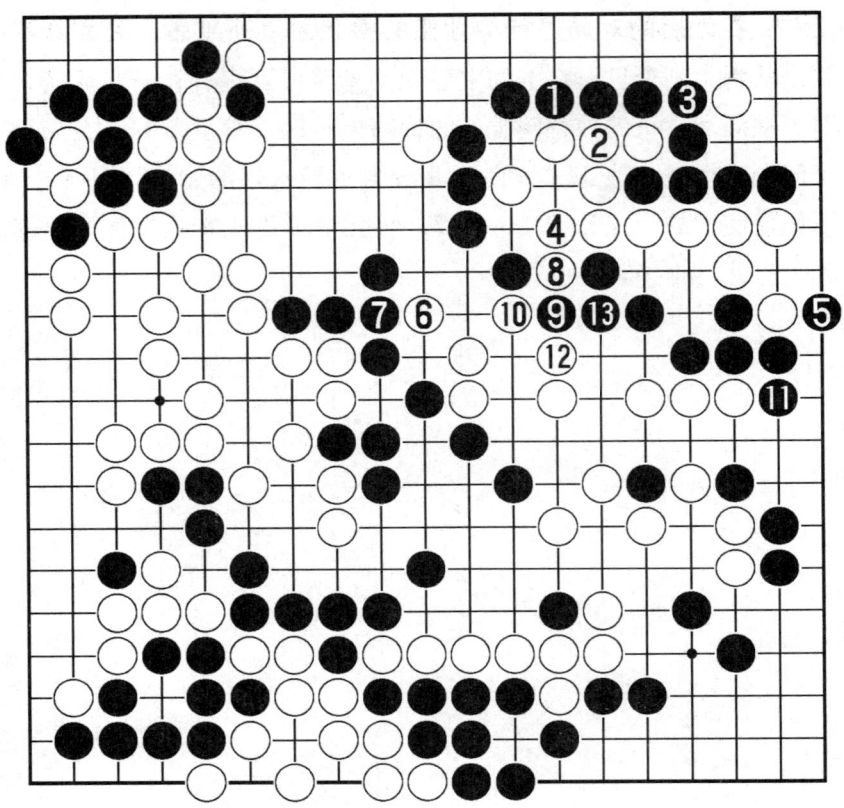

图 14

如图 14，黑 1 简单接上显然不行。白 2 先手交换以后于 4 位做眼，黑已无法继续破眼。若黑 5 执迷不悟，则白先手冲断黑棋。

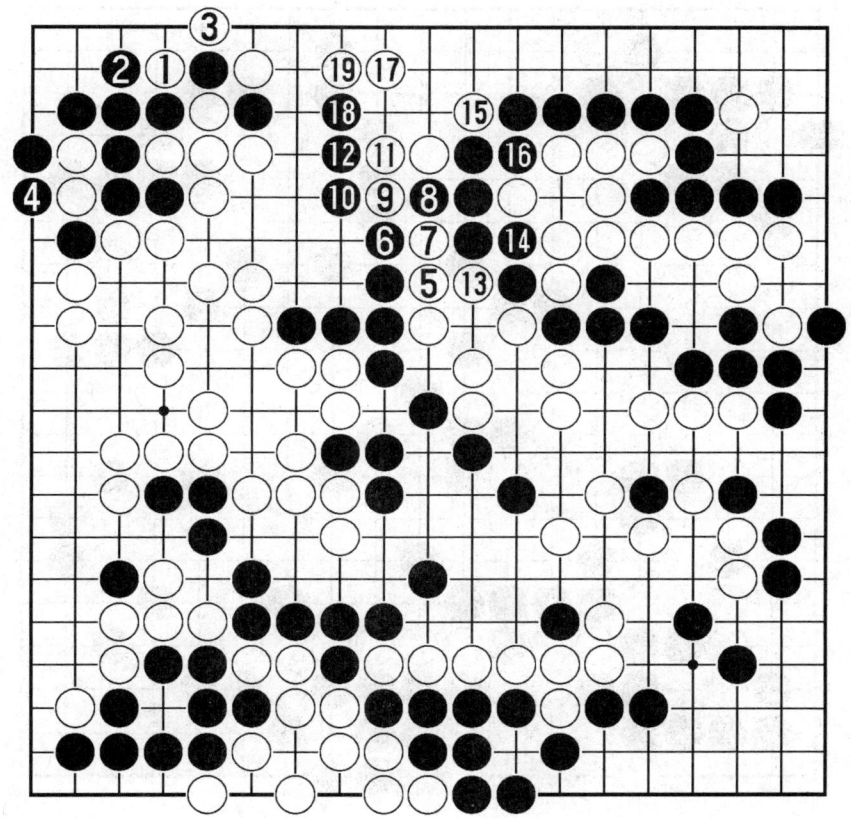

图 15

如图 15，白 1、3 又是先手，黑无奈只好做活左上。之后白 5、7、9 冲断，图穷匕见，黑大龙已经岌岌可危。接下来双方一本道，白利用 15 位的先手，刚好可以顺利连回；而白三子棋筋的连回，意味着黑中央数十子大龙全部阵亡。如此，黑贪小利而失大局，棋局戛然而止。

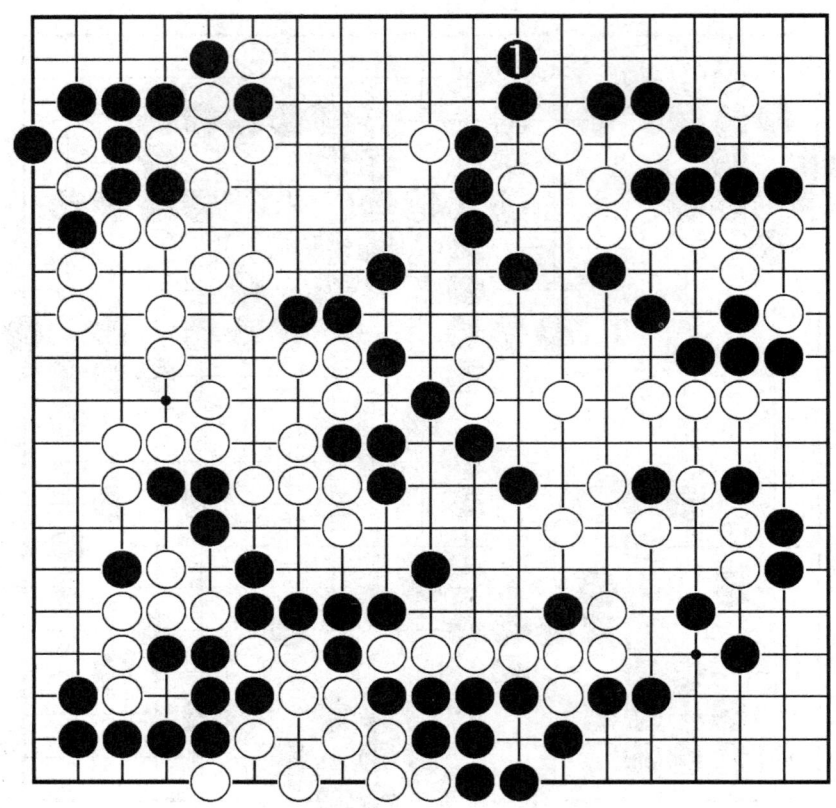

图 16

据时越本人的局后反思，如图 16，黑 1 玉柱或是此际的最佳应手。这从骨子里透出强硬和决绝的下法可勉强暂时护住黑左右两边的缺陷，如此白想借尸还魂，仍需经过漫长斗争。不过，在令人窒息的对局时限里，时越最终遗憾地错失了或许是本局最佳的制胜点，棋局继续朝着李世石最想看到的乱战局面步步前行。

八、翻盘

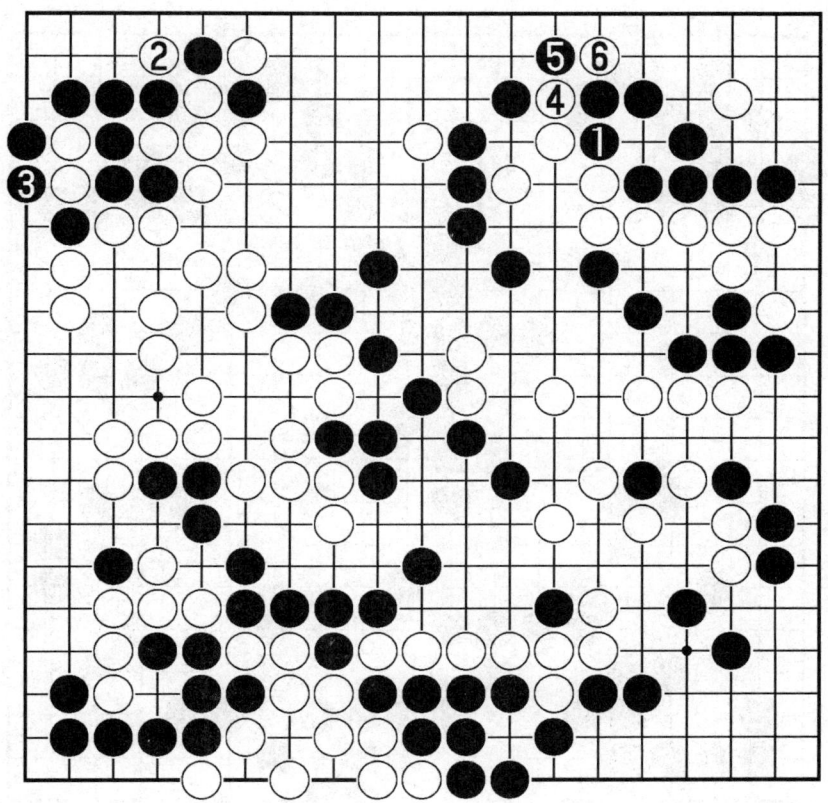

图 17

如图 17，实战中时越黑 1 提也是一种应对之法，在破坏白棋眼位的同时，最大限度补强角部。不过，白 4、6 冲断以后，黑依然左右为难。

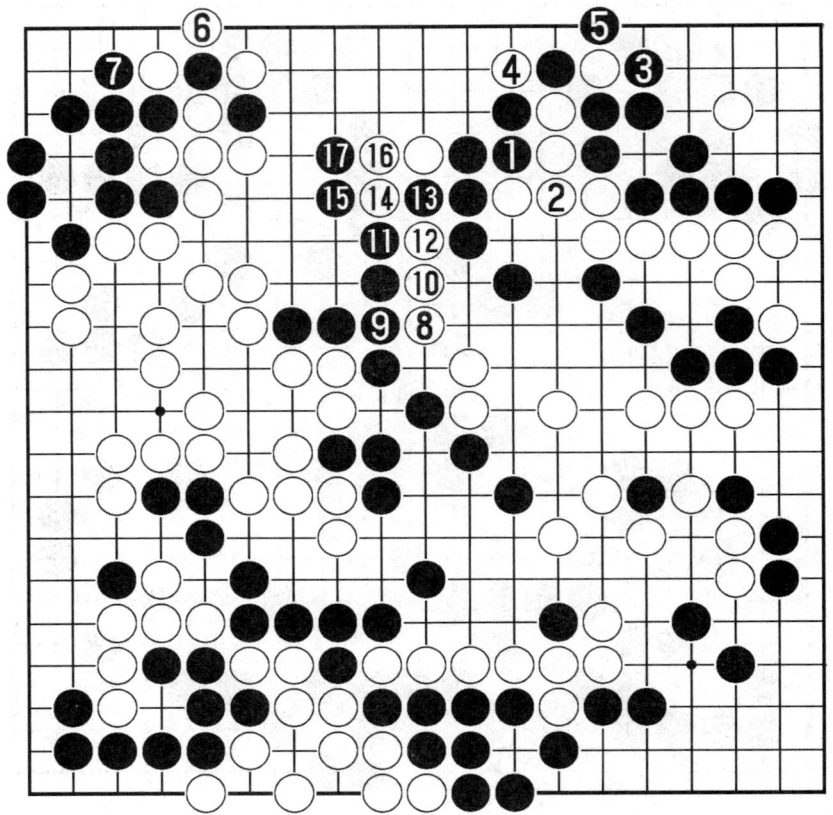

图 18

如图 18，黑 1 打吃以后再于 3 位吃是最强抵抗，但这早已落入白棋的算计之中。白 6 提有先手意味（黑若脱先，白有打劫吃黑角的后续手段）。黑若补净角部味道，则白 8、10 冲断，黑左右同样难以两全。接下来——

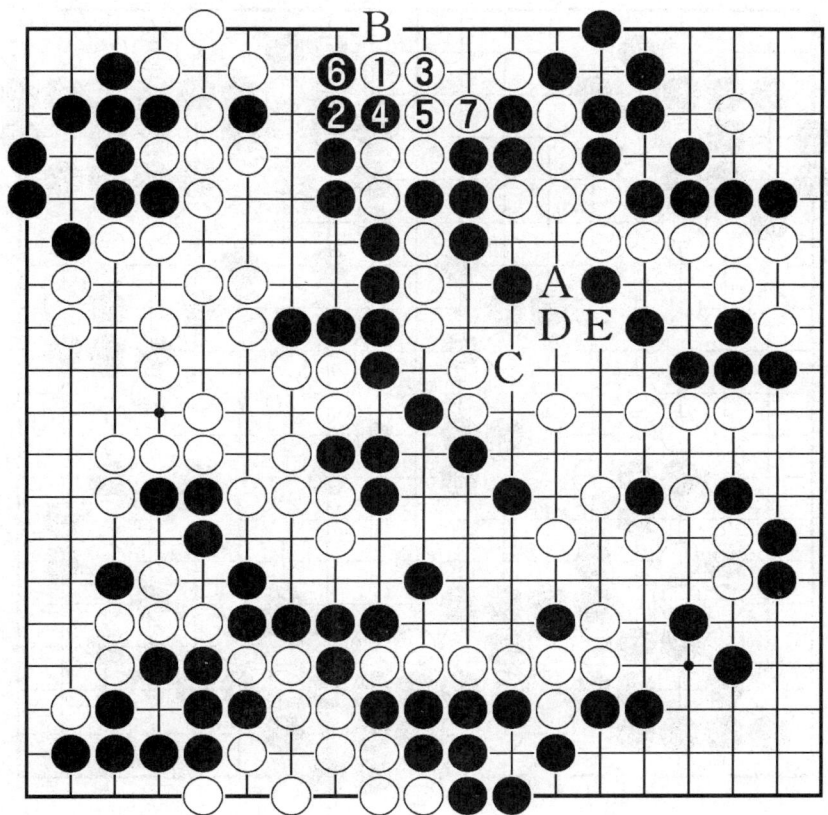

图 19

如图 19，白 1 跳时，黑亦已无力阻渡。若是不撞南墙不回头，至白 7，白 A 位挖断和 B 位做眼已经见合，黑大龙又已全军覆没。当然，此处的局部变化非常复杂，并非笔者列出的寥寥数图便可穷尽（例如，黑若想先利用 C 位的先手靠连环劫解围，则会遭到白 D、黑 A、白 E 的反制，黑最终无功而返）。对此有兴趣的读者，大可将本局摆在棋盘上耐心拆解，定有会心收获。

以上变化手数虽长，黑白双方的变化空间却并不宽裕；一言蔽之，黑已无法全身而退。

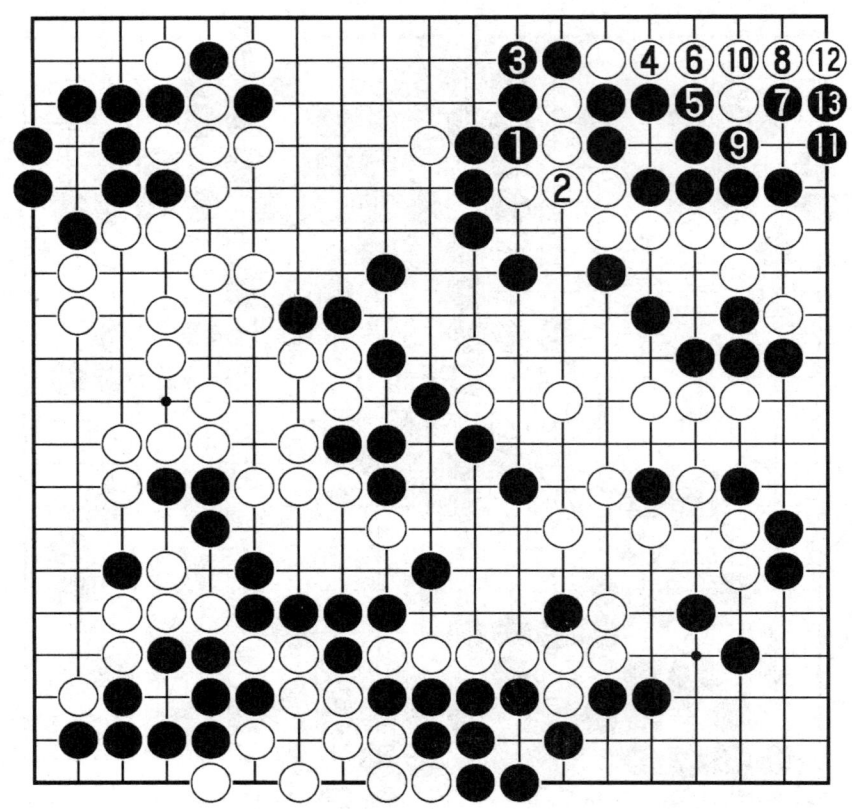

图 20

如图 20，实战时越无奈妥协，黑 3 粘在外面实属痛心之举。白顺势爬进右上，黑只能万般无奈地委屈摆眼。至黑 13，白先手在黑角活出一块，双方实地差距大幅缩小，时越的心态也开始出现波动。客观来讲，由于先前优势过大，此时的黑棋依旧保有微弱领先，可因一时不察被对手先手将自己的大角掏空，浓浓的悔意和焦躁反复折磨时越的内心，前半盘波澜不惊的心境，已经露出破绽。始终困于先前失误的时越，在之后的对局中已是凭着职业棋手的本能麻木收官，先前因疏忽埋下的隐患，正被李世石一步步诱导着，逐渐暴露出来。

八、翻盘

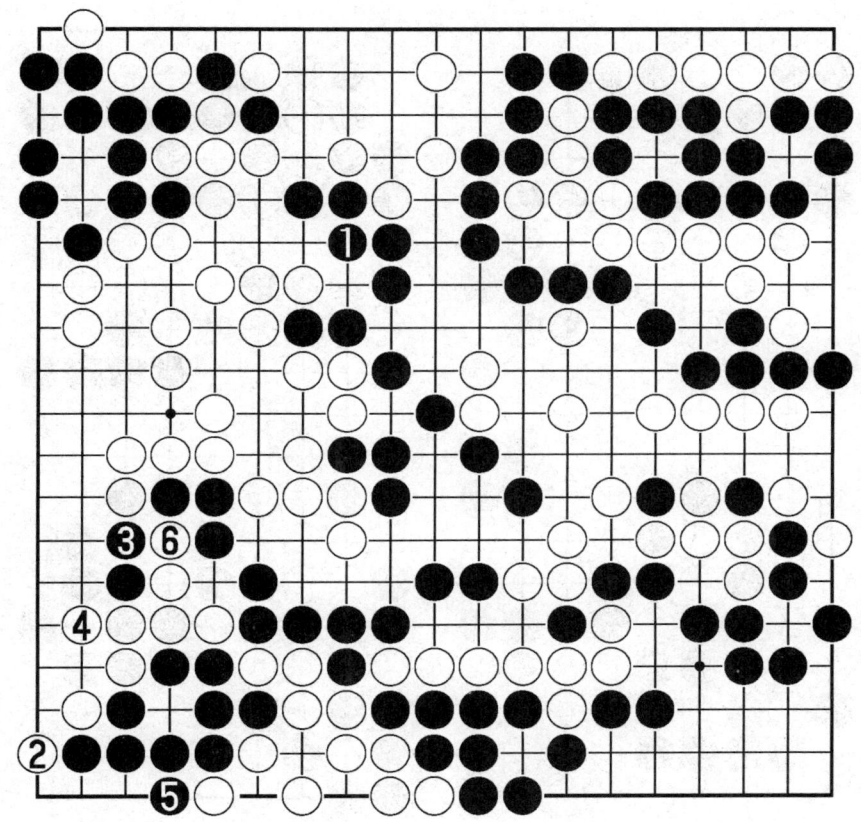

图 21

艰难而漫长的官子收束后,棋局各处已基本定形。如图 21,此时黑 1 接价值 10 余目,却是黑方本局最后的败着:李世石潜伏在左下的做劫手段,终于派上用场。白 2 扳,依仗劫材优势强行搜目,见到此着的时越额头见汗,却再无力回天。李世石的翻盘大计,至此终于彻底得手。

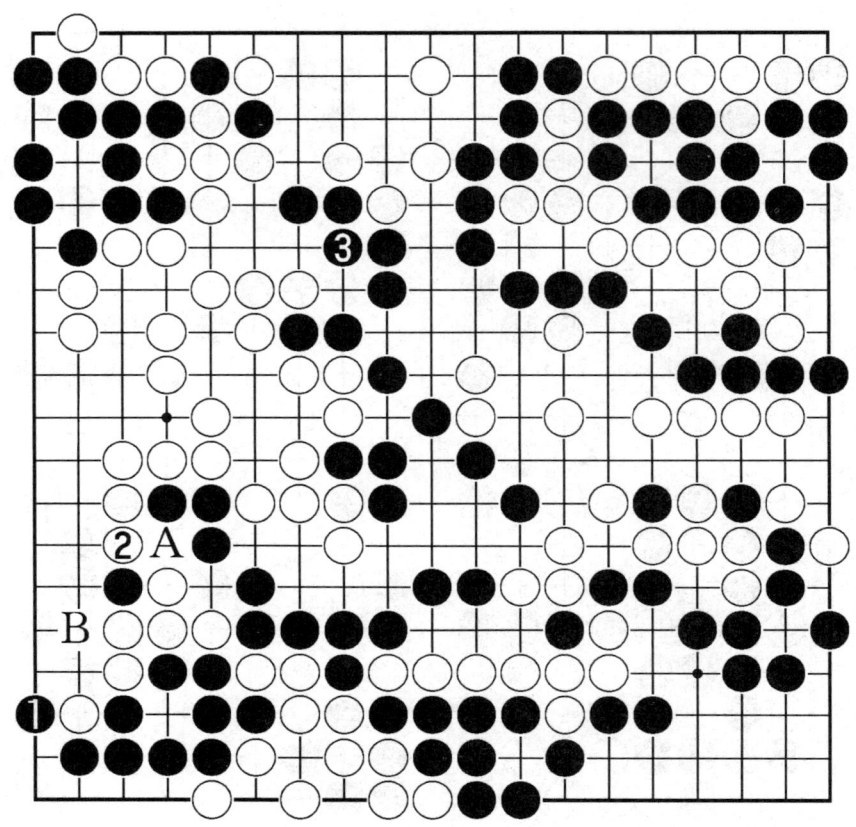

图 22

如图 22，若黑 1 先打在这里，本局的胜负将最终改写。由于自身联络存在缺陷，白 2 自补无可奈何（如果脱先，则黑 2、白 A、黑 B，白数子全部阵亡）。黑 3 再转于上方收官，这样黑棋盘面 10 目左右的优势将保持到终局。然而实战遭到李世石的顽强反击，形势已悄然改变。

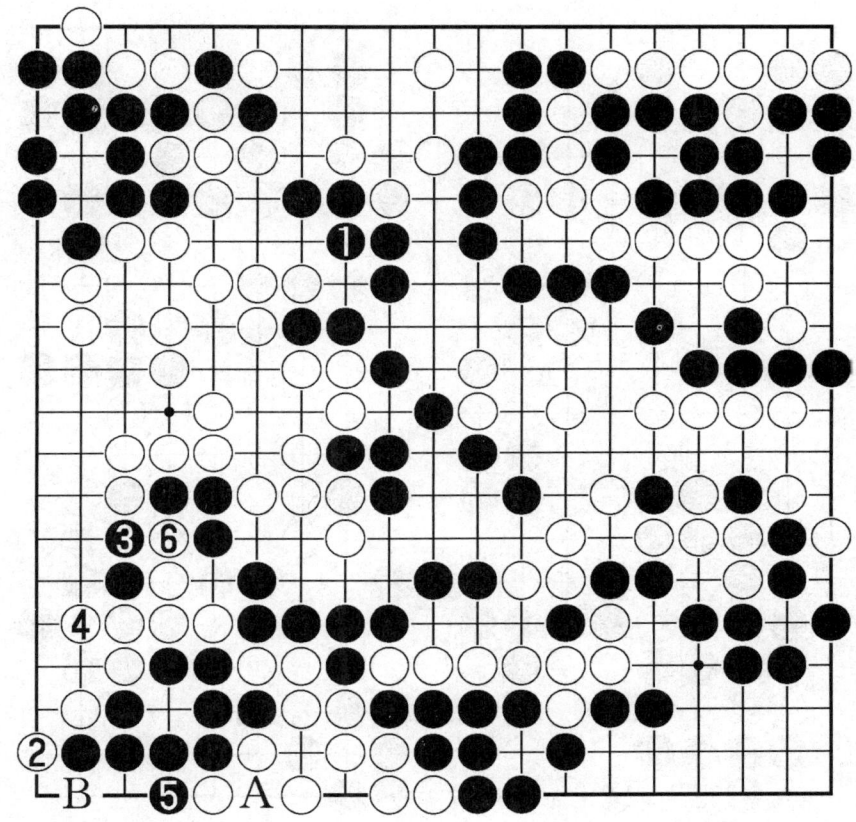

图 23

面对李世石频频的冷剑突袭，时越已经进退失据。如图 23，黑 3 顶又是失招，时越万万没有想到白还有 4 位的顽强抵抗；待黑 5 无奈转回做活下边时，白 6 切断两子，黑又凭空损失两目。A 位的劫争虽然沉重，但由于白任何时候于 A 位消劫黑都需要 B 位补活左下，因而此劫争对黑来说同样不容有失。遗憾的是，"死龙劫材多"的白棋在棋盘右侧早已埋伏好太多劫材，黑难以劫胜；若是最终黑于 B 位苟活，则局部近乎 10 目的目数出入，足以扭转胜负。

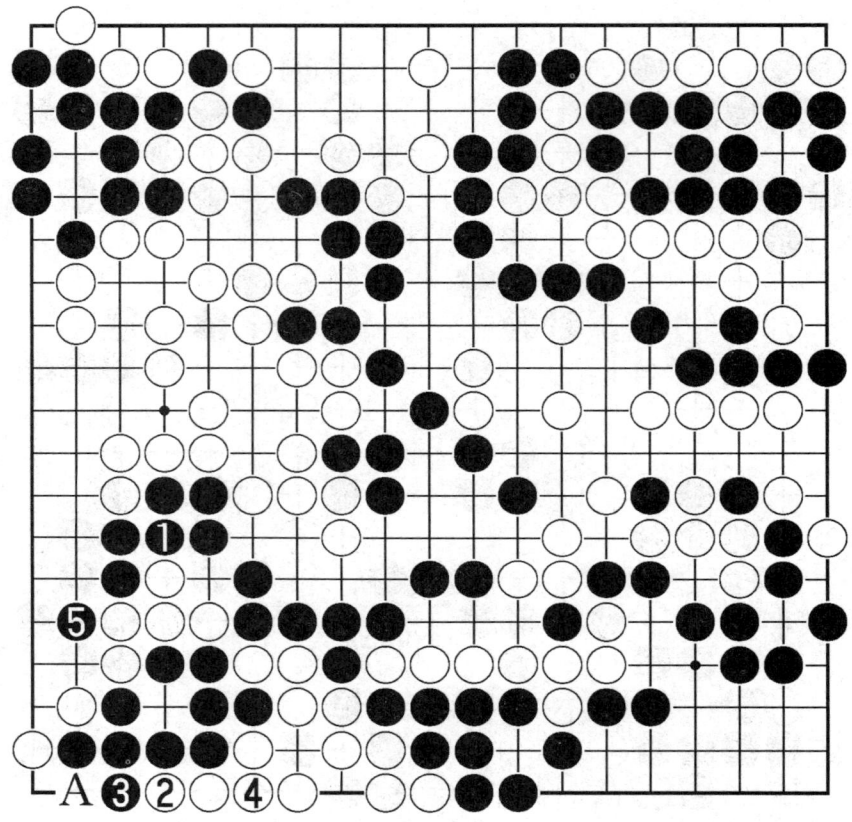

图 24

上谱黑棋的失误或许是因为时越在内忧外患中终于出现了致命的计算错觉。见图 24，若黑 1 救回两子，白并不会从 A 位入手，而是从右侧 2 位爬紧气，这样局部同样出现重大劫争。局部骤然出现的生死劫对于劫材困乏的黑方来说同样是灭顶之灾，如此黑难以为继。

八、翻盘

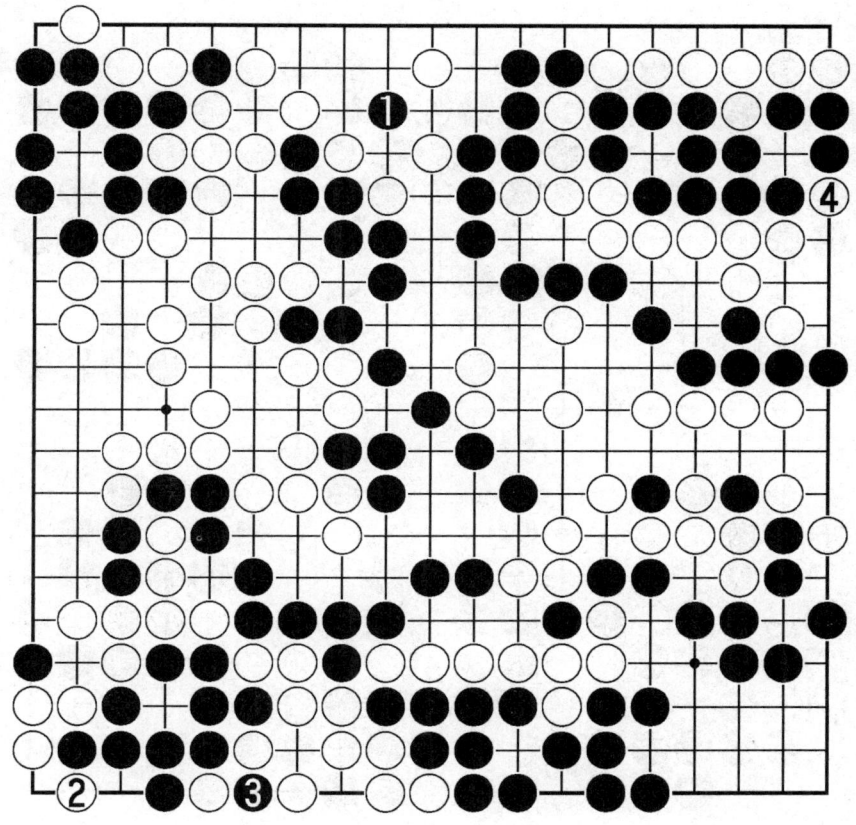

图 25

如图25，同样意识到目数不容乐观的时越终究不愿选择安乐死，黑1在并不大的上面找劫已是最后的挣扎。岂料一朝翻身的李世石得理不饶人，白2直接追杀左下大块，并用白4这枚谋划已定的最后劫材一锤定音，终止了这场冗长的劫争。

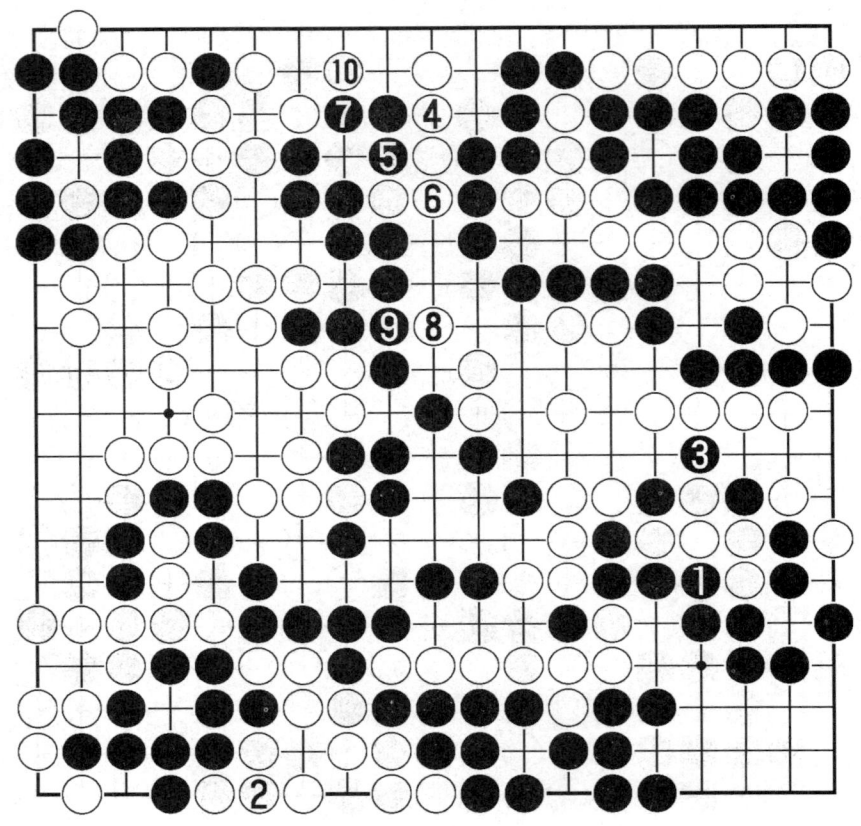

图 26

如图 26，劫材无以为继的黑棋只好 1 位打吃，白 2 消劫锁定胜局。虽在上下皆有收获，可相较于整个左下的全军覆没，黑方的损失无从找补。最终本局白棋中盘获胜，李世石神乎其技般的翻盘术再次得以施展。

本局几经反复的对战中，执白的李世石在长期被动的不利情境下始终不曾慌乱，看似荒诞不羁的离奇着法却埋藏着深远图谋。利用自己独特的视角和算路，李世石在几处错综复杂的战斗中频频转身，为对手留下致命缺陷的同时却又引而不发，最终一举引爆并完成了空少棋薄绝境下的惊天翻盘，令人赞叹不已。**这是围棋史上的翻盘名局，笔者也不由得发自内心地感叹道：赢职业高手一局棋，竟艰难如斯**——职业棋士间的斗争，"惨烈"二字绝非空谈。

　　翻盘是每位棋手的必经之路，也是检验其真正成色的最佳试金石。经历本局惨烈教训的时越并未自此一蹶不振，反而如佛家一夜顿悟——加持了更小心谨慎的对局态度和更精准的计算后，在接下来的两个多月中，时越掀起一波无人可挡的疯狂连胜，其间对手包括黎婷、朴承华、朴永训、崔哲瀚、朴廷桓、常昊、王檄、柁嘉熹、柯洁、邱峻、孔杰和古力，熟知棋界深浅的读者定可从这一长串豪华名单中略微瞥见这波连胜的足金成色。3个月以后的LG杯世界围棋公开赛中，时越成功复仇李世石九段闯入8强，并最终捧起赛事桂冠，一举破茧成蝶，掀开了自己棋坛霸业的序章。经历了翻盘洗礼的时越九段用事实证明自己经受住了胜负世界最残酷的考验，终于成长为一位成熟而强大的棋士。这或许是大棋士用自己的传奇往事，为翻盘和被翻盘谱下的最好注解罢。

　　今天的棋界笃信"成王败寇"，可胜利不是口舌之辩，也从不会信手拈来——想要自我成长并赢下未来棋局，就必须直面被翻盘的痛苦和煎熬。笔者不知道有多少业余或职业棋手为了一次好局痛失而心生去意，但笔者清楚地知道：棋手每一次的痛哭流涕和彻夜难眠，都成为了今后支撑其走向胜利彼岸的最坚强依仗。围棋教育从业者们始终挂于唇侧的所谓"挫折教育"，或许恰恰落在此处——承认自我的不完美，接受自身犯错误的可能性，接纳或许早已遍体鳞伤和处处残缺的自己，或许是人们开始迈向成熟的第一步。围棋本身，不也正是一个不断找寻和突破自我的游戏吗？

　　"不以物喜，不以己悲"或许虚无缥缈不可捉摸，"胜固欣然，败亦可喜"却是围棋带给人类最触手可及的盘内外感悟——尝试接纳自己那些被翻盘的经历，你一定可以在这千变万化的宇宙方寸中，走得更远。

十弃子

从未捧起任何一座世界冠军的奖杯，恐怕是棋圣聂卫平为数不多的终身遗憾了。自被曹薰铉在首届应氏杯决赛中顽强逆转以后，聂卫平在中国乃至世界棋坛的统治力迅速下滑，中日擂台赛上刚刚闯出的聂氏江山如昙花一现般迅速凋零。随后崛起的马晓春虽有天妒之才，却在苦手李昌镐的面前终身不得寸进；中国围棋也在接下来的十多年中，始终笼罩在韩流的阴霾之下。毫不夸张地说，聂老光速发迹后如流星般的坠落，是中国围棋的扼腕之痛。

纵观近代棋坛，全盛期如聂老般短暂的实属罕见——哪怕是对自己声线充满美好幻想，誓要在歌唱界闯出片天的石田芳夫九段，好歹也曾垄断至高无上的本因坊头衔长达五年之久。所谓"事出反常必有妖"，历经千辛万苦方脱颖而出的聂老为何这么快便泯然众人，坊间一直众说纷纭。客观上讲，马晓春和以常昊为首的龙字辈棋手的快速崛起是重要外因，聂老不甚健硕的体魄难以长期承载高强度高负荷的对局也是不可忽视的内部因素。然而不可否认的是，成名以后的聂卫平开始滋生对桥牌的疯狂热爱并逐渐发展到不可自拔，一定是致其早衰的最根本原因之一。

上苍给了聂卫平横溢的才华，却没有给他对围棋始终如一的追求。诚然，棋手并非圣贤，七情六欲和爱恨情仇都是人之常情，聂老对桥牌的情有独钟本也无可厚非；可对于那些希望他带领中国围棋在世界版图开疆裂土的人而言，聂老对桥牌的移情别恋形如"临阵叛逃"，成为永远洗之不去的人生"污点"。多少来年，流传在各大围棋论坛中的流言蜚语大多低俗而粗鄙，可我们摒弃那些赤裸裸的人身攻击后，或许也能从仅剩的只言片语中，读出一点那代人的痛心疾首和恨铁不成钢。哪怕是远在东瀛的棋圣吴清源，也借聂卫平一次访问东京的机会赠上"搏二兔，不得一兔"的苦心劝诫，只可惜终究一语成谶。正所谓"欲戴其冠，必承其重"——真正的棋圣之尊，毕竟只属于吴师这样将一生都奉献给围棋的求道者；小时了了的"天才"或"神童"，泯然众人的何止一二。

"不搏二兔"绝非职业棋手的专属标准，许多或许并不太为人所知的业余棋手，同样将整个人生都奉献给了围棋。笔者在本科时期有位棋界好友 M 君，就足以担得起"不搏二兔"之称——大一时仅弈城 6、7D 水平的 M 君，深思熟虑后毅然从全国一流高校休学，并只身前往道场修行。面对棋圈里一众老小无忌的非议和道场中天真幼童露骨的嘲讽，M 君居然一年年扛了下来，棋力更是以笔者闻所未闻的速度全力飙升。M 君将"勤能补拙"四字演绎到极致——自认为天赋高于 M 君的笔者，在全国各大比赛中的战绩已相形见绌；时至今日，M 君依然遍体鳞伤地奋斗在全国各大业余赛场的第一线；荣膺业余 6 段的同时，M 君依旧在不断突破自我壁垒，哪怕在面对国内顶尖冲段少年和业余四大天王时也常有胜绩。客观来讲，笔者眼中的 M 君负能量爆炸——脾气不好，心态欠佳，时有惊人的出格之语，但这些都不能阻碍其成为今日棋界中笔者最敬佩的棋手，没有之一。专注和执着，永远是最震撼人心的力量。

与"投笔从戎"相仿，"弃学修弈"的故事本身就带有些悲壮的色彩；未来的 M 君还要在这条逆袭之路上遭遇多少曲折，实未可知。可 M 君至少有史可鉴——**因为近代日本围棋史上，恰好就有这样一位棋士：他同样从一流大学中辍学，并最终成为日本棋界举足轻重的人物，他就是本章的主人公之一，久保松胜喜代八段**。顶着"官二代"光环出生的久保松胜喜代自幼便展现出卓越的棋才，却因家庭变故和长辈对围棋的轻视态度始终无缘良师，甚至连偶尔摸棋都成为遥不可及的梦想。进入大学以后的久保松迎来思想的成熟和蜕变，也逐渐开始掌握自己人生的决策权；下定决心后，他于 17 岁那年从关西大学退学，转而全力钻研棋艺，并于 3 年后进入方圆社，正式成为一名职业棋手。自此，久保松胜喜代声名鹊起，开始在日本棋坛崭露头角。

久保松胜喜代在日本棋界享誉盛名，绝不仅因其传奇的人生故事和高超的棋艺水平。由于整个童年都笼罩在长辈"禁棋令"的折磨之下，成名以后的久保松先生更能对那些不缺天分，只欠机遇的天才棋童感同身受。一边继续努力研究围棋的同时，他一边开始挑选那些天资聪颖的棋童收为弟子——这在当时日本棋界学棋几乎免费、棋手的绝大部分收入都来自头衔战循环圈的大环境下，真真凤毛麟角。更展现其宽广胸襟的是，凡是遇到自认为无力教授的绝佳苗子，久保松先生便会不遗余力地将其转介推荐给日本棋院的其他名手，毫无半点门户之见。经年的坚持使久保松先生培养出一大批优秀的后辈棋手，其中甚至包括村岛谊纪、桥本宇太郎、六谷实和前田陈尔这些流芳百世的棋坛大家。笔者有时不禁会想，若是没有17岁那年的一次或许偶然和意气用事的退学，关西大学或许会多出一名默默无闻的优秀毕业生，日本围棋的传奇风韵却不知要减色多少；蕴藏在这些巧合和必然之中的，或许就是围棋最浩瀚和磅礴的生命力吧。

近代的日本围棋有着辉煌灿烂的历史，像久保松先生这样优秀的棋士如雨后春笋般层出不穷，棋道也在其间悄无声息地薪火相承。然而今天的棋迷却往往对他们知之甚少，因为另一位棋士的横空出世，以一己之力创造了更为辉煌的历史。"昭和棋圣"吴清源——这个响彻寰宇的名字掩盖了与其同时代几乎所有棋手的全部荣光，在布满民族纷争和勾心斗角的荆棘路上留下一曲最纯粹而雄壮的棋道悲歌。11岁入阀谋生，14岁东渡求学，16岁偶遇木谷实并共同开创围棋新布局，25岁从镰仓十番棋开始征服世界，42岁将十位最顶尖职业棋手通通打至降格，47岁遭遇严重车祸，51岁时弟子林海峰夺得名人头衔开启霸业——一连串惊世骇俗的成就背后，不变的是吴清源一颗饱经沧桑却愈发平和的中正之心。以笔者的浅薄棋艺，自然无力理解"中和的围棋"背后的全部玄机；但从横扫人类顶尖高手的AlphaGo自战对局谱中那些与吴师颇有神似的天外着法中，人们或可对吴清源在棋盘上那些尚无人理解的突破和造诣，有个最朦胧的认知吧。

本章正是一盘吴清源的棋。

1935年春天的大手合升段赛，21岁的吴清源遇到了同为职业六段的久保松胜喜代。新布局的技术革新正值方兴未艾，横扫棋坛、称霸天下的宏图壮志仍在襁褓之中；想与一流高手更多交手，就必须将自己的职业段位快速提升起来。然而升段赛上刀枪无眼——对面这位德高望重的前辈，成为吴清源必须战胜的对手。以命相搏的斗争，已经不可避免。

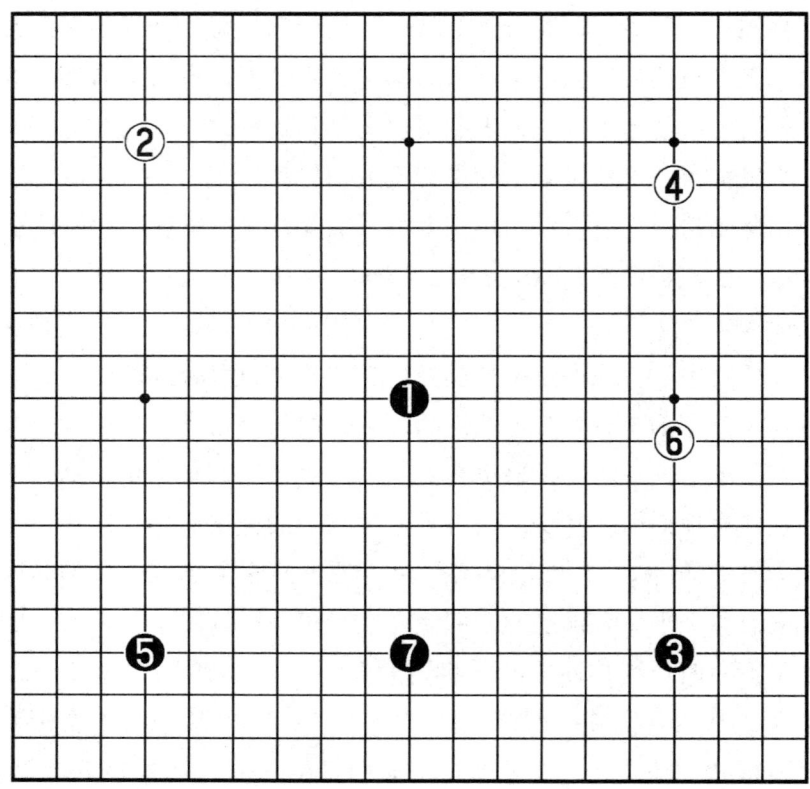

图 1

天空承载了人类千百万年的最终梦想，天元则成为新布局变革之风吹向日本传统围棋最响亮的号角。与当时棋界大多只知循规蹈矩的老学究不同，执黑的久保松胜喜代大大方方地落子天元，展现出其对门户之见的不屑一顾。谁提出来的并不要紧，只要在盘上被证明是对的，便定要坚持下去——新布局提出以后，年长吴清源20岁的久保松胜喜代居然成为天元布局最忠实和坚定的支持者和践行者，这看似惊人的反差却恰好证明：对真正追求围棋真理的求道者来说，那些所谓的"身外之争"，真的无足轻重。

如图1，至黑7，双方大步流星各自摆开阵型，谁也不愿在气势之争上落了下风。

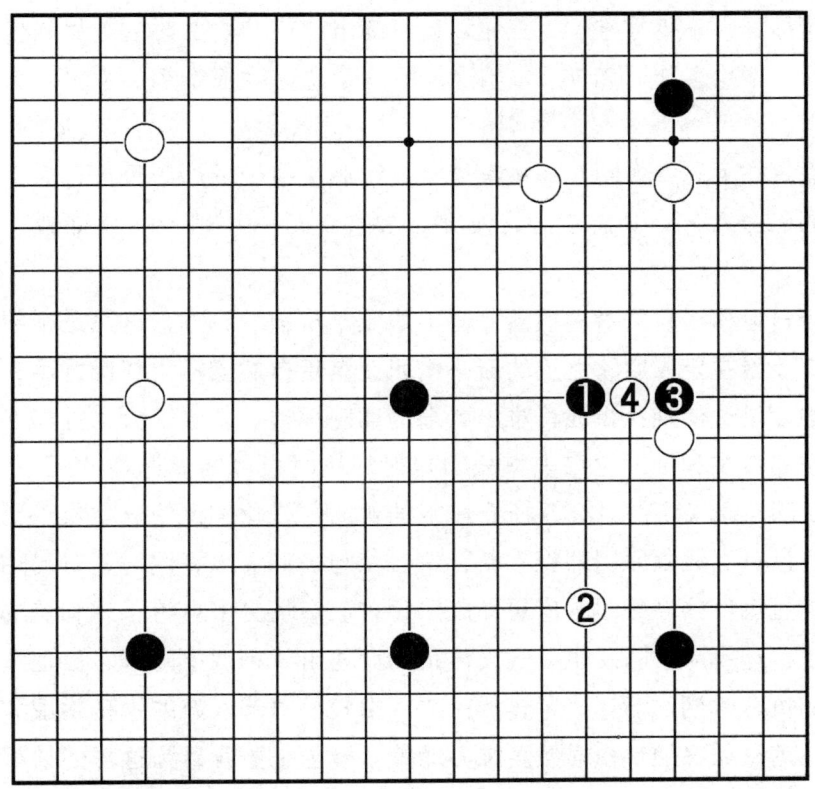

图2

如图2，黑1和白2落足高空，却不是心血来潮，也绝非妙手偶得；看似潇洒的棋着背后，蕴藏着大量不为旁观者所知的深远计算。

与今日棋界动辄直升九段不同，传统的日本棋界仍将职业段位当作衡量一名棋手棋力高低的唯一标尺；一年两次共16局的大手合升段赛，自然成为每位棋手拼上全部棋道尊严的炼狱场。高贵如本因坊或名人等头衔战，尚有循环圈赛制以保障棋手一时的马失前蹄不至功亏一篑；可棋手若是在大手合的赛场上不慎失手，便只能静待来年从头再来。对于绝大多数职业棋手而言，大手合升段赛是检验一整年修行结果的唯一途径——每位参赛选手的全力以赴，自也属情理之中了。为进一步提升自身棋艺，已贵为职业六段的久保松胜喜代毅然决定举家搬往东京，却在接下来的十数年间苦苦挣扎，不得寸进。十三年以后，终于达成升段夙愿的久保松先生用血泪写下毕生名作《苦斗十三年》，用以纪念这段最难熬的岁月。大手合的残酷，可见一斑。

　　黑3靠下态度强硬，却不料遭至吴清源4位挖的严厉反击；看似仙风道骨的黑白双方，却忽然獠牙尽现，要在此处一决雌雄。局部战斗异常难解。

　　今日世界棋战的对局质量普遍不如数十年前的日本，这已是棋界不争的事实。站在巨人肩膀之上的新一代职业棋手自然谈不上江郎才尽，快棋化恐怕才是致使现代棋战再难出名局的罪魁祸首。诚然，为了围棋在市场经济中的普及和推广，许多棋战缩短对局用时也算曲意逢迎的无奈之举。可是，除日本头衔战外几乎所有比赛的普遍快棋化，致使职业棋手留于身后的棋谱总因时限原因瑕疵不断，这自然与名局无缘；同时，对局用时的急剧缩短也直接导致了本应更加成熟完善、奉献更多卓绝思想和名局的中年棋手，却在与小朋友棋手间无休止的竞速游戏中败下阵来，被迫在职业生涯的黄金时期逐渐远离了棋战一线。**相较于对阵双方的殚精竭虑和冥思苦想，落子如飞的快棋当然更惊心动魄，棋迷也更容易为这样的快餐慷慨解囊；但两日制甚至更长时间的赛制，无疑更容易生出流芳百世的棋谱，也或许能给那些并不太擅长竞速游戏的棋手多一点的机会。**无论如何，快慢之争自古有之，此间利弊也绝非三言两语可以概述；可不争的事实是，各大比赛的组织者们毕竟终于低下了自己高傲的头颅，曾经引以为豪的工匠精神在快餐文化的冲击下尸骨无存。这或许是围棋在现代社会中不得已的妥协吧。

　　回到棋局。

　　大手合升段赛的赛制为每方9小时，相对充裕的思考时间使棋手间的博弈愈加谨慎：生死争斗中，稍有"误算"或"失误"，便会坠入万劫不复之渊。

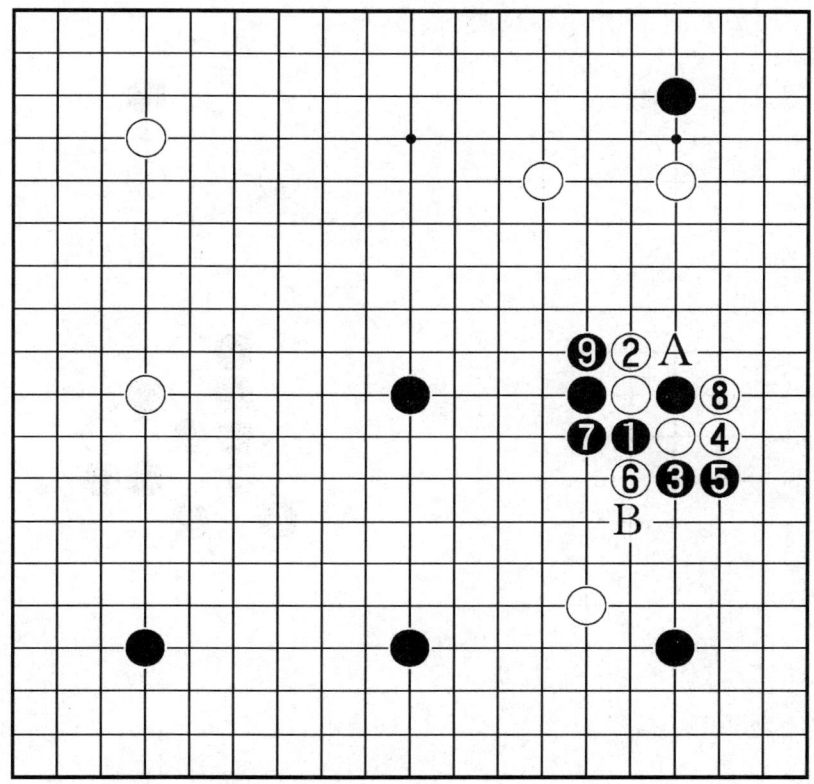

图3

　　长考之后的久保松胜喜代选择了最刚猛的正面作战,求胜之心跃然盘上。如图3,黑1打断以后,3、5直接贴下,黑棋用最简单的手法彻底分断白棋来犯之子。至白8,转换之势已初现端倪:黑在下方形成大模样,而白将黑边星一子收入囊中。

　　之后黑9又是苦心的一手:看似平凡的落子背后,隐含了大量的老谋深算。久保松先生在这里设下重重陷阱,静待对手入瓮。

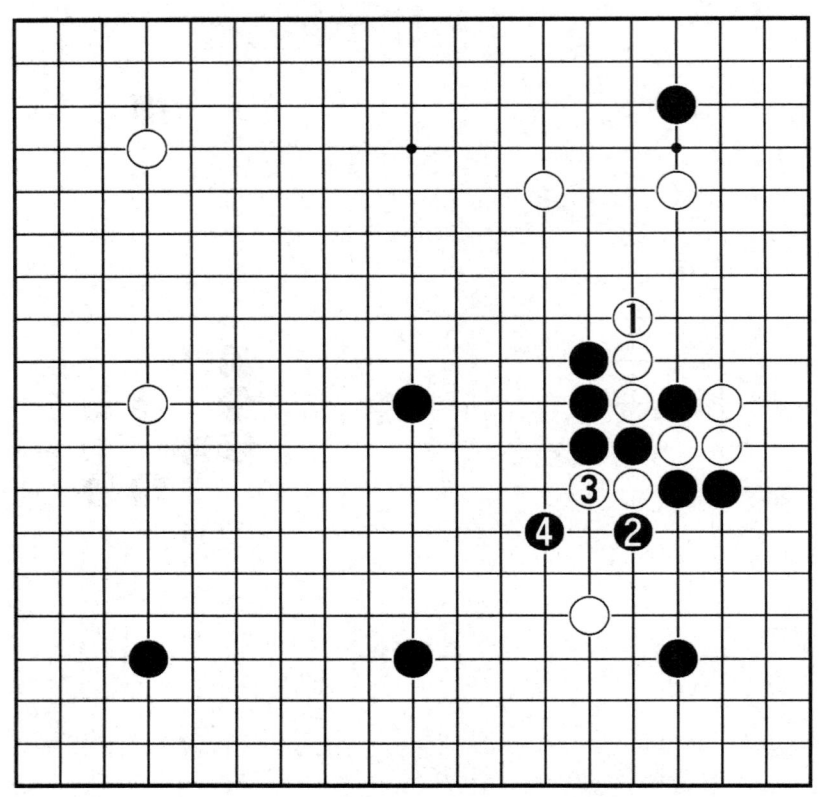

图4

如图4，白1退是不经过大脑的跟班棋。有了前谱黑9的铺垫，接下来黑2、4是漂亮的组合拳，黑白双方在此局部都没有了退路。接下来——

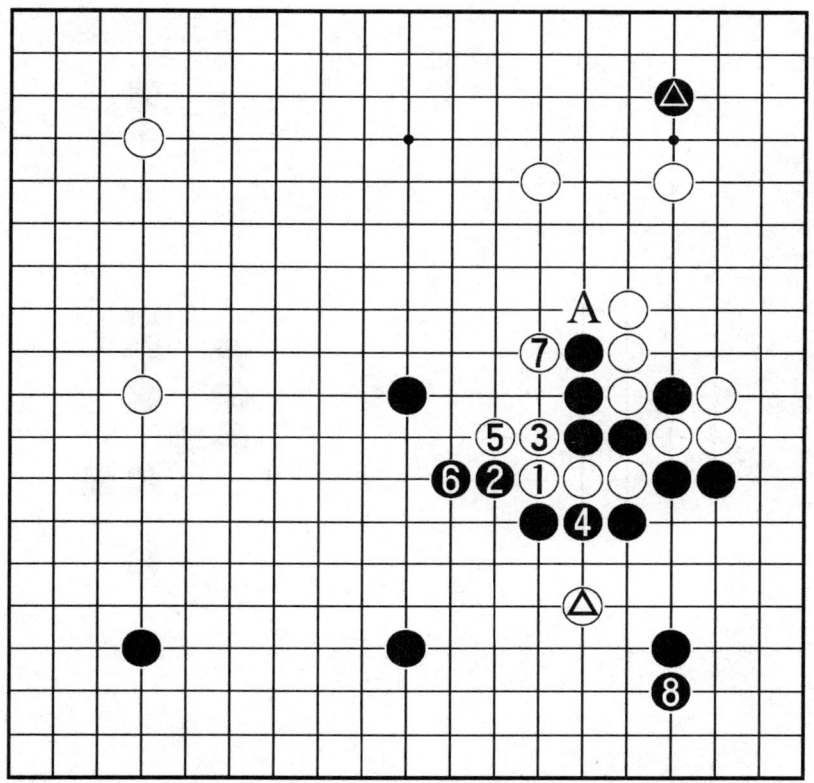

图 5

如图 5，白继续出逃实属无奈，而黑 2、4、6 假借威胁白子的同时顺势筑起坚实高墙，随后黑 8 玉柱，白△一子几乎彻底"失活"，黑下面漠样瞬间膨胀至不可估量。反观上方白棋，虽暂时擒住黑方四子，可 A 位还随时存在暴动可能；加之黑▲一子早早就位，白虽有厚势，却苦无发挥的余地和空间。

如此黑尽遂所愿，大获成功。

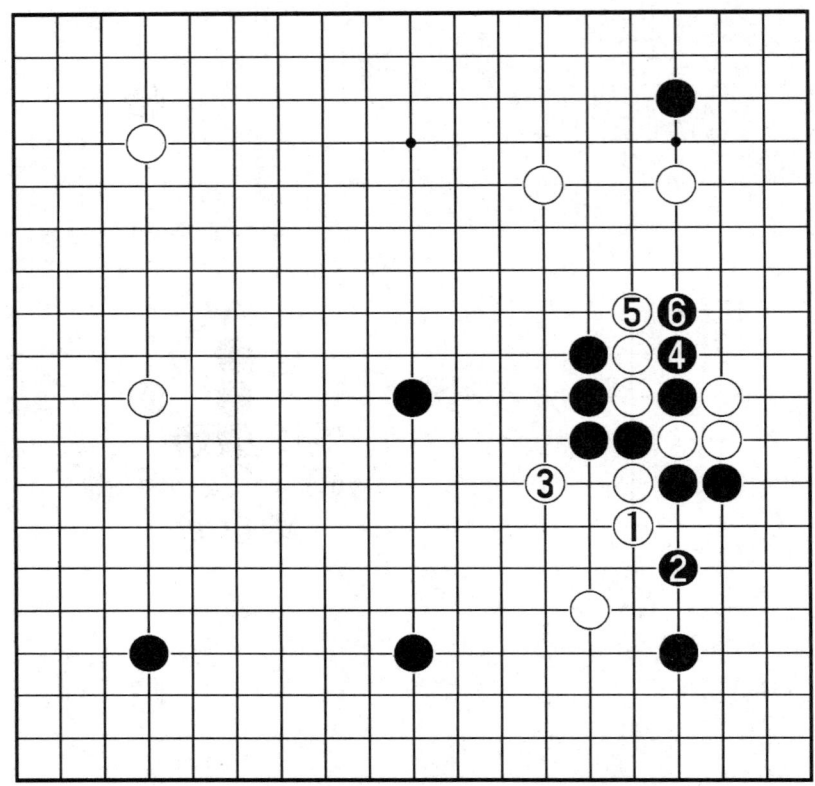

图6

职业高手间的对决,绝不仅是算路的比拼;能否打破对手的既定思路攻其不备,同样是掌握局面主动的关键。如图6,为破坏黑的如意算盘,白1长出是绝大多数人的第一感,但实际效果有待商榷;黑2跟着应以后,白再次陷入两难。如于3位补强外侧孤子,黑4、6简单冲出以后,白左右棋筋已不能两全。

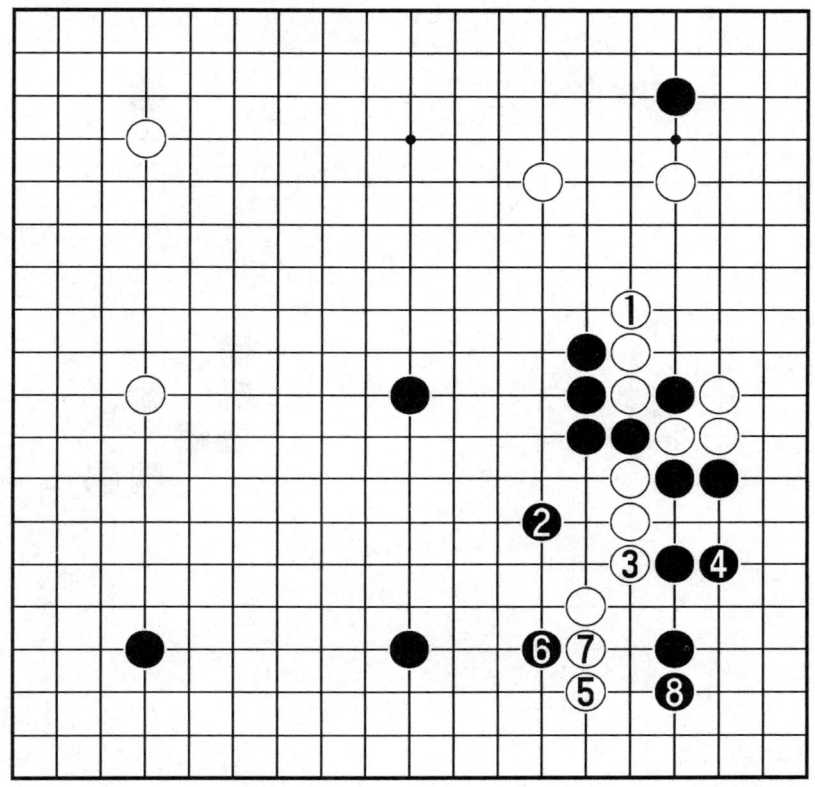

图7

如图7，白1自补是无奈之举，但黑2占据攻防要点，将局面主动权牢牢掌握在自己手中。至黑8，黑棋通过攻击顺势将右下大角实地化，同时白外侧孤棋形状凝重且笨拙，依旧处于黑子的重重包围之中，苦不堪言。如此，黑局面主动，优势历然。

几个图看下来，似乎不论白如何处理，都难以取得理想结果。这其实非常符合棋理，因为作战处黑方子力明显多于白方，在战斗中取得优势和主动，亦是理所当然。可是，局部的扭杀已势成骑虎，在黑棋茫茫阵势中进退维谷的白方，将怎样处理自己的各处孤子呢？在此处主动挑起争端的吴清源一副胸有成竹的模样，他的破局良策究竟何在呢？

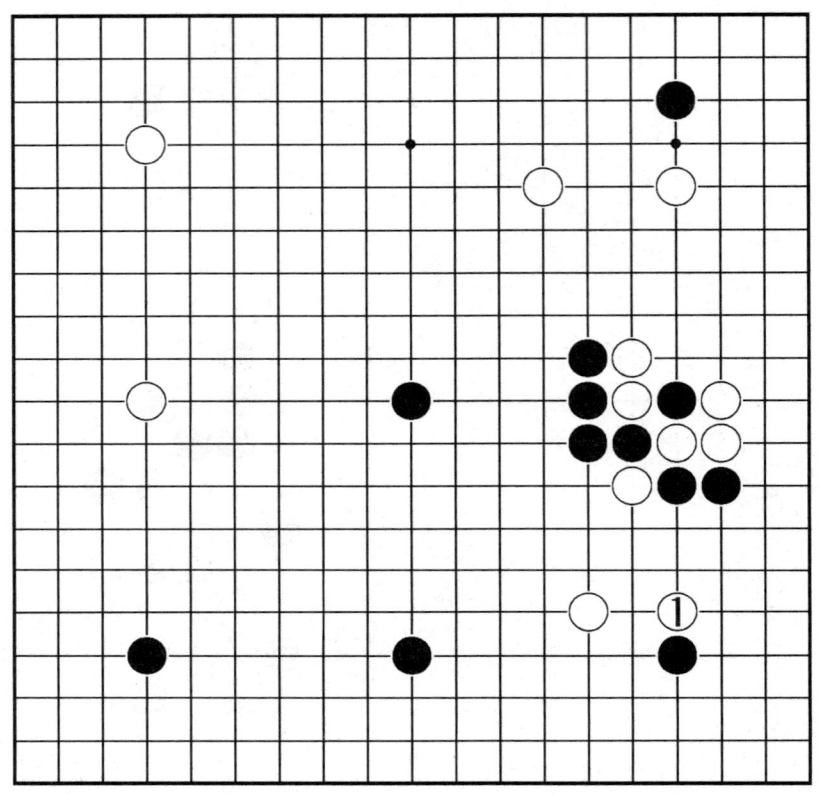

图 8

如图 8，白 1 靠下，搁置现存的所有争议，转于右下另辟战场——这是吴清源早在挖出时就已备好的既定对策，也是当前局面下化腐朽为神奇的一着。前面看似凶狠的分断和搏杀，在为局部制造足够多头绪后立时全部"精华已尽多堪弃，一朝失宠不复看"；白棋的醉翁之意从来都不在边路二子，一切眼花缭乱的障眼把戏，最终都直指黑右下的星！

白 1 体现了吴清源卓越的棋感，更体现出其过人一筹的全局统筹和判断能力。虽然黑有办法吃掉局部的任何白子，但看似散乱的白子彼此间竟存隐隐呼应，各种后续手段层出不穷。黑一时陷入难局。

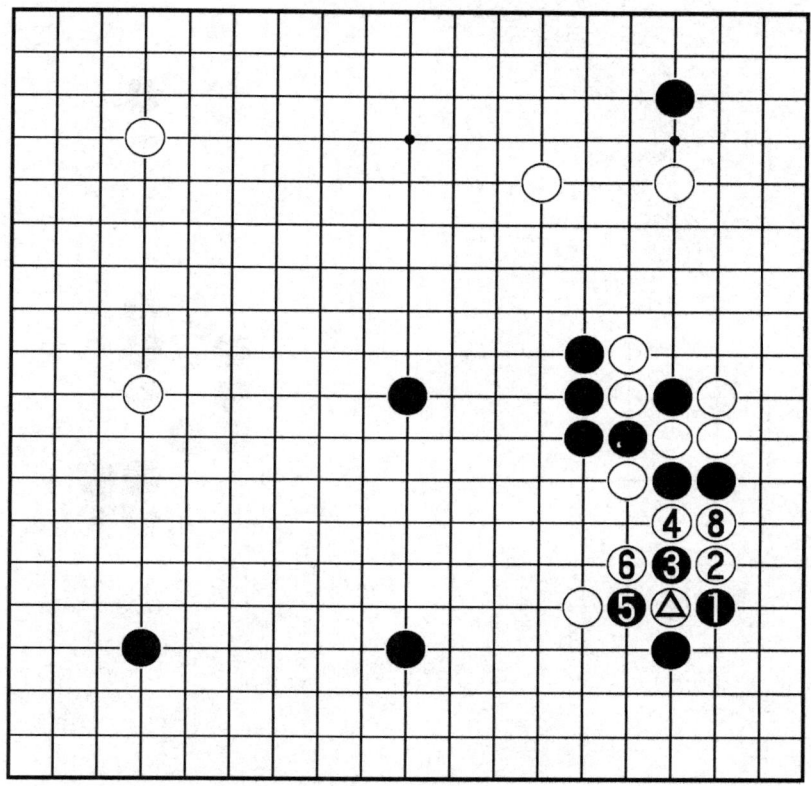

图9 ❼=△

　　如图9，黑1扳无谋——简单跟着白棋应最易想到，却也最易一脚踏入敌人早已挖好的陷阱中。白2连扳是连贯的好手，越走越重的黑棋在此局部已不好收场。至白8，黑以难受之极的"花五"愚形勉强吃住白当初靠下一子，收获甚微；可转眼他顾，黑边上二子棋筋不觉间已经阵亡，前谱一切的所谓"攻势"通通化为乌有。如此黑显然不行。

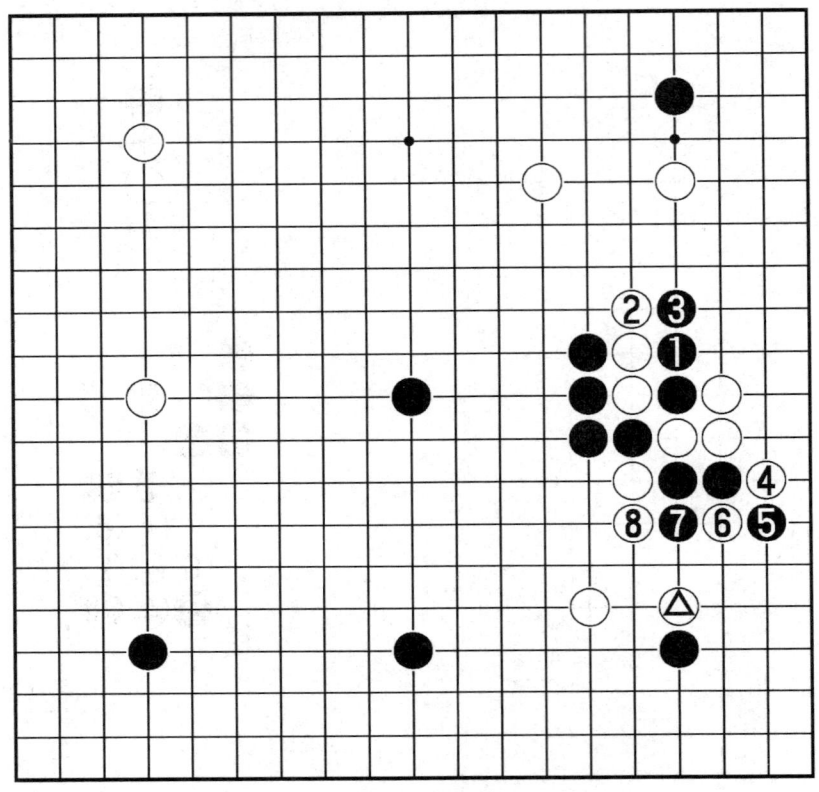

图10

如图10，黑1跑出边星一子是气合的手段，但亦正中白棋下怀。由于△位一子的存在，白4、6、8以干净利落的滚打包收起手，黑局部已经濒临崩溃。之后——

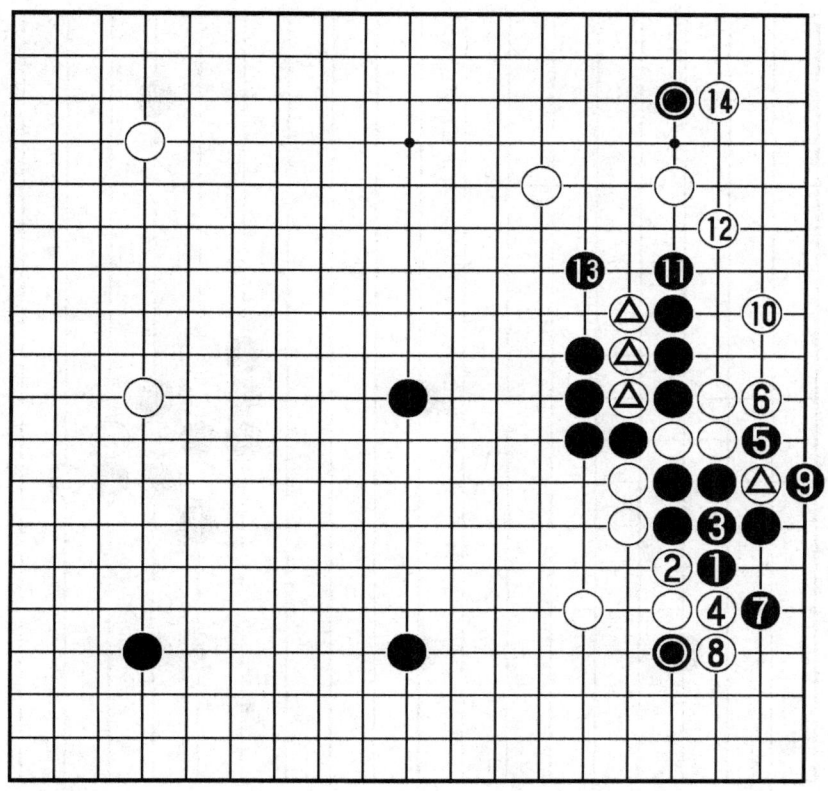

图 11

利用黑愚形大饼的气紧缺陷，白上下其手左右逢源，心情格外酣畅淋漓。如图 11，之后的变化几乎必然，至白 14 托角，黑虽将△处棋子擒获，可效率却极度低下；反观白棋，经过一连串潇洒利落的弃子手法后，不仅将各处弱子全部安定，还顺势撞伤黑●处的守角棋子，双方得失一目了然。

这是白最得意的理想定形，执黑的久保松胜喜代显然不可能目光短浅至这般境地。擅以天元起手的棋士，往往以精准的计算和清晰的大局观著称；在吴清源为对手设下重重圈套的同时，一直掌握局面主动权的久保松胜喜代，又何尝不是呢？对局双方的勾心斗角，才刚刚萌芽而已。

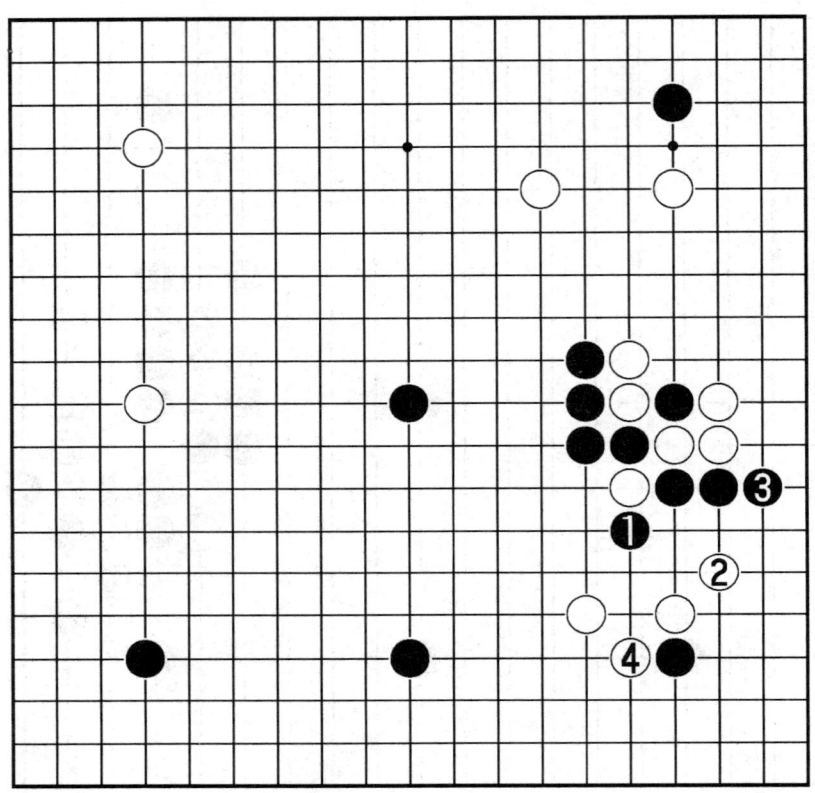

图 12

如图 12，实战黑 1 打吃是此局面下的最善一手，久保松胜喜代深谙"后发制人"的棋道至理。虽然暂时置上下纷争于不顾，但黑先而补强自身弱点，然后形成"见合"之势，伺机对白的上下某侧弱子予以重击。可执白的吴清源眨眼间落下白 2 的命令着，待黑 3 无奈阻渡后于 4 位痛快虎下，作战思路清晰无比。既然黑的大本营落脚在右下，那便先行处理右下棋子；至于边上的五颗残子，不妨大大方方地拱手一声"请便"，黑反而不知从何吃起。

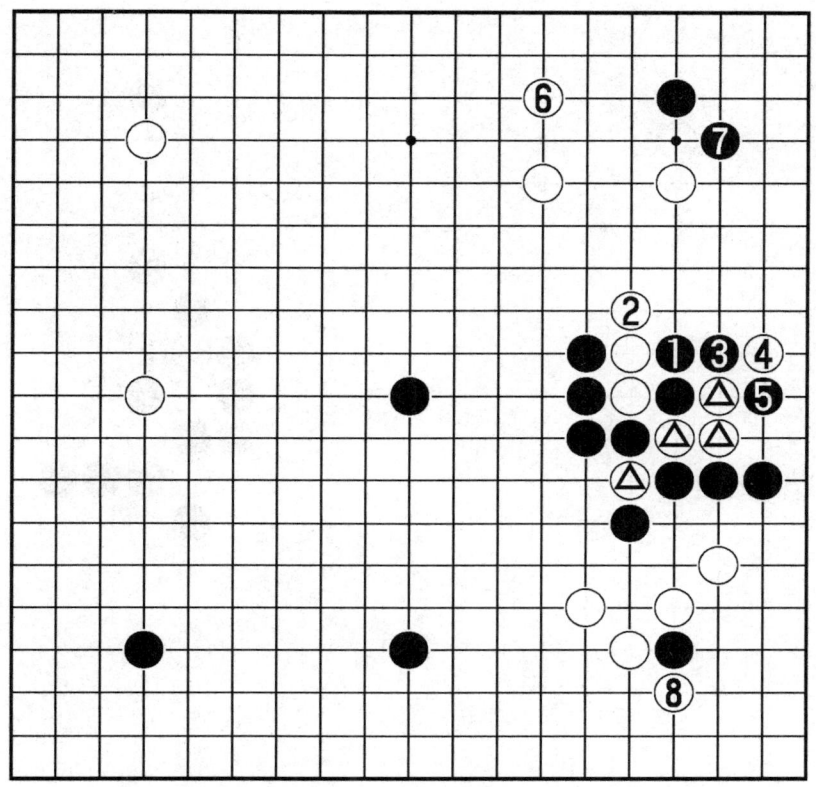

图 13

　　如图 13，黑 1、3 虽可吃掉白边上三子，却不免见小。白 4、6 是先手便宜，然后白 8 吃净右下星位棋子，价值连城。至此局部作战告一段落，黑虽成功拿下白△处四子，形成的厚势却无丝毫用武之地；而白通过巧妙的弃子战术，以有限的代价换来右下黑阵中的肥美大角，收获已非"巨大"可以形容。放眼全局，黑先前气势如虹的天元和边星等棋子的位置无比尴尬，再难发挥功效。如此黑因小失大，不可取。

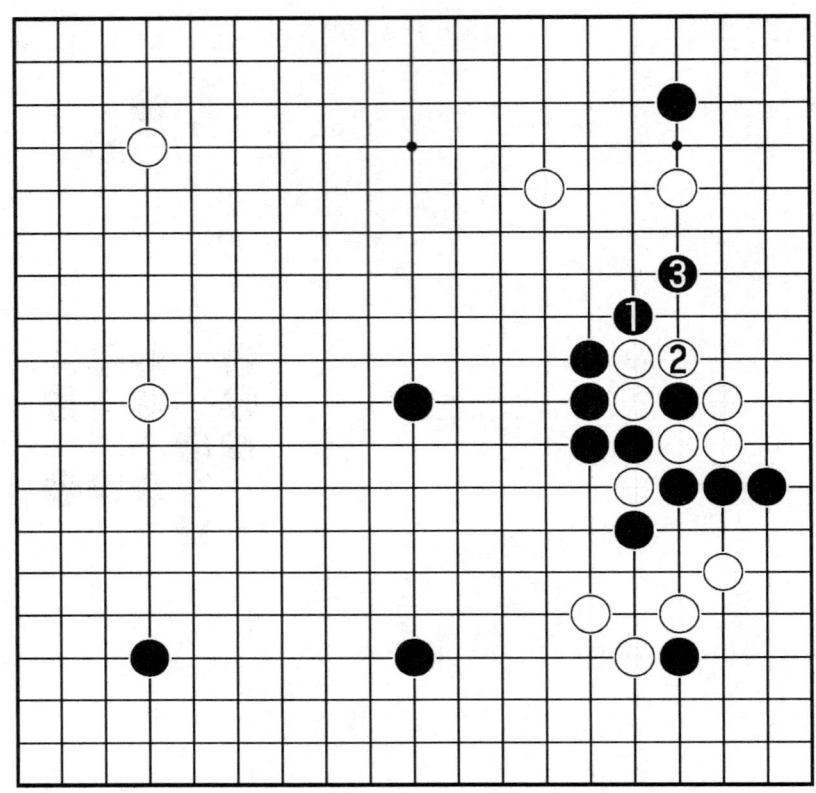

图 14

如图 14，实战黑 1、3 看似怪异，却是局部的最佳应对。识破吴清源意图的久保松胜喜代当然不能让对手的弃子战术轻易得逞，故而选择了故意将白放活，并伺机在外侧攫取其他利益。其中，黑 3 小尖步履蹒跚，却悄悄绕开了白的又一处陷阱，因为——

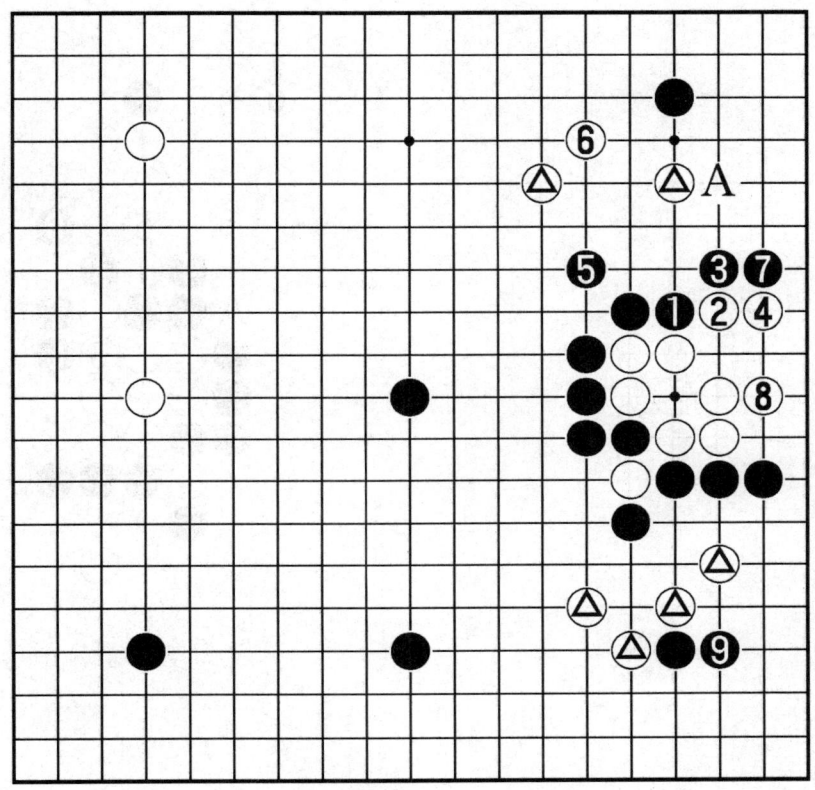

图 15

如图 15，黑 1、3 强硬分断或许是所有棋手的第一感觉，粗粗看去也未觉不妥。白 4 做活看似必然，黑 5、7 先手补强自身断点以后抢到 9 位急所，局势依旧处于黑方掌控之中。由于外侧黑棋整体通连巨厚无比且存在 A 位渡过的后门，看似姿态优雅的白△数子，依然处于黑方攻势之下。如此黑局面主动。

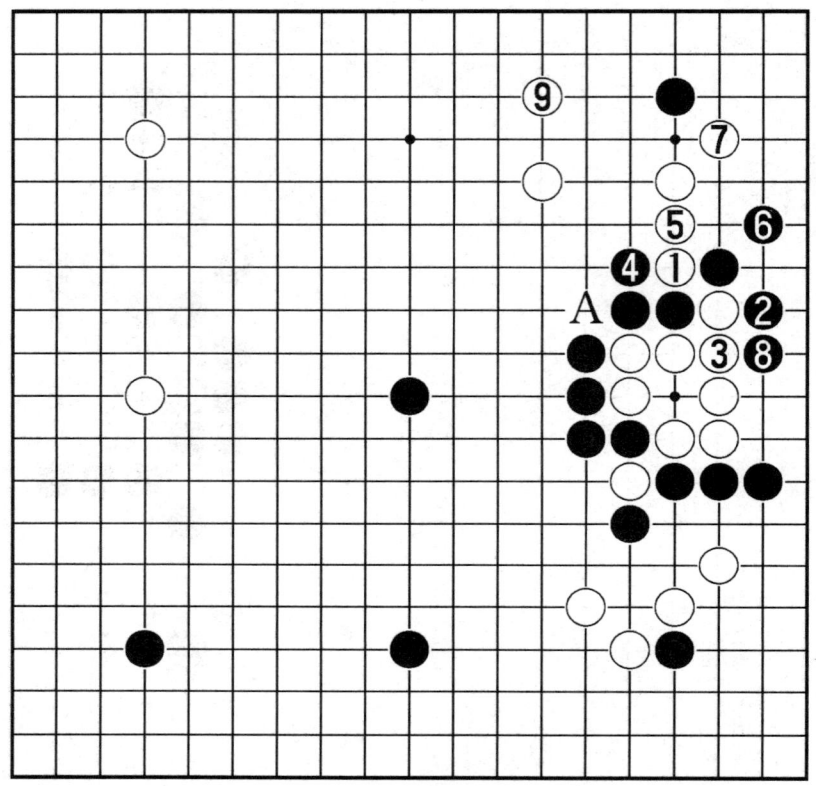

图 16

久保松胜喜代之所以没有选择这个变化,就是因为他发现了吴清源在此处的"险恶用心"。如图 16,白 1 切断,故意送死自己边上数子是此际的好手,此时黑已无路可退。至白 9,黑方虽成功吃掉白边上八子,稍加判断后却发现不过收获 20 目有余;反观白棋,由于 A 处断点的存在,白在其四周各处都藏有不少先手,黑右上一子已经动弹不得。显然,右上战役攻守易主的价值远远大于 20 余目,如此黑将再次因小利失之大局。

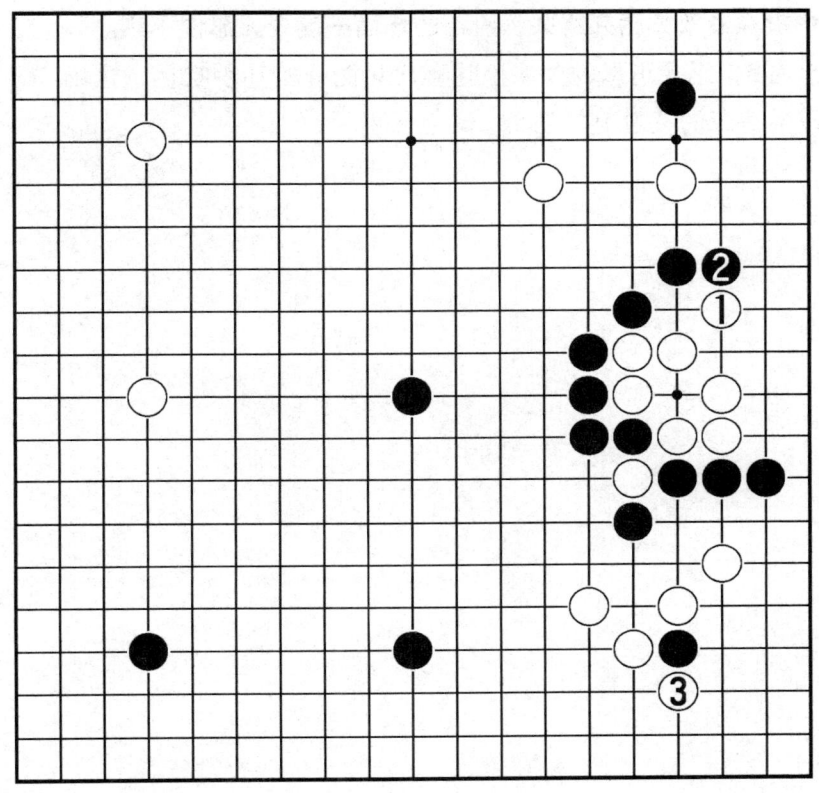

图 17

　　眼见对手故意给自己留出一条生路，执白的吴清源却丝毫不为所动，似乎要将本局开初制定的弃子战术执行到底。如图 17，白 1 先手交换后如愿抢到 3 位急所，彻底将右下大角收入囊中，并再次置边上数子于不顾。

　　这是本局载入史册的几个回合。由于盘上各处超级大场的存在，黑白双方在右边的战斗中数次上演"捉放曹"的好戏——一方声泪俱下地请对方赶紧吃掉右边棋子，另一方看似胸襟坦荡地屡次网开一面，希望对手识趣地快去做活。更有甚者，在对手的频频"放水"下，吴清源就是不愿花手数将右边数子彻底做活，反而在棋盘各处抢占急所大场，价值判断精准无误，为旁观者带来一场闹剧般的"怄气式表演"。看似价值巨大的白右侧大块，却因周遭的种种利用沦为"鸡肋"甚至"皮球"，在看似"谦让"中被黑白双方踢来踢去，滑稽的场面一度令人忍俊不禁。

至白3，忍无可忍的久保松胜喜代只能开始动手吃棋，这场"斗气"，终于以吴清源的"胜利"告终。

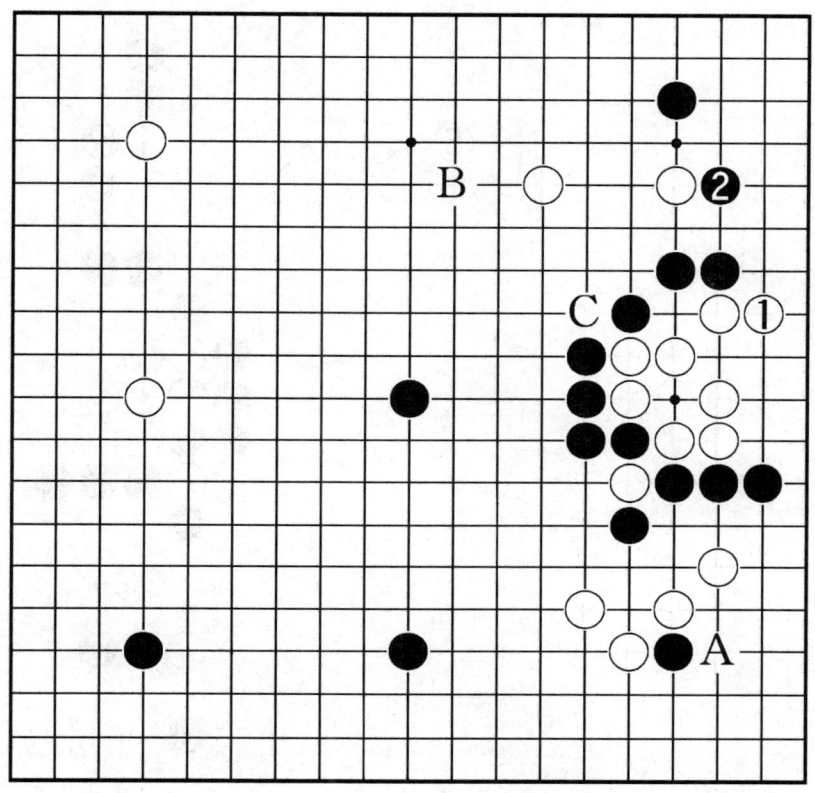

图 18

图 17 中白 3 脱先展现了吴清源冷静如"狗"的大局观。见图 18，如果贪图局部小利于 1 位做活，哪怕黑 2 简单托过，黑外围 C 位的弱点因为左右通连便自动消失，全盘变得铁板一块。接下来，A、B 两处攻击要点白不可兼顾，局面主动权再次拱手让人。B 位镇头力有千钧，不需多言；而 A 位下立同样严厉，因为——

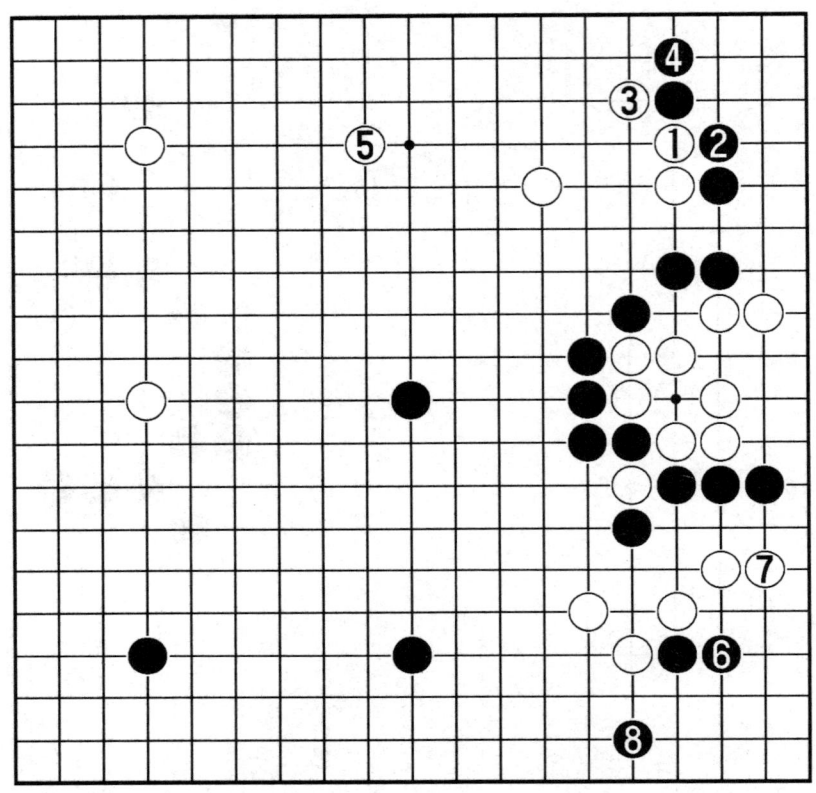

图 19

如图 19，白 1、3、5 处理好上方棋子的同时快速开拆，已是当前局面下的最大处。可黑简单地 6、8 后，右下角地再次易主的同时，外侧白数子再次沦为无根浮萍，黑天元和边星数子处于极佳的攻击位置，闪闪发光。如此，白亦因小失大，将局面主动权拱手相让，黑全局好调。

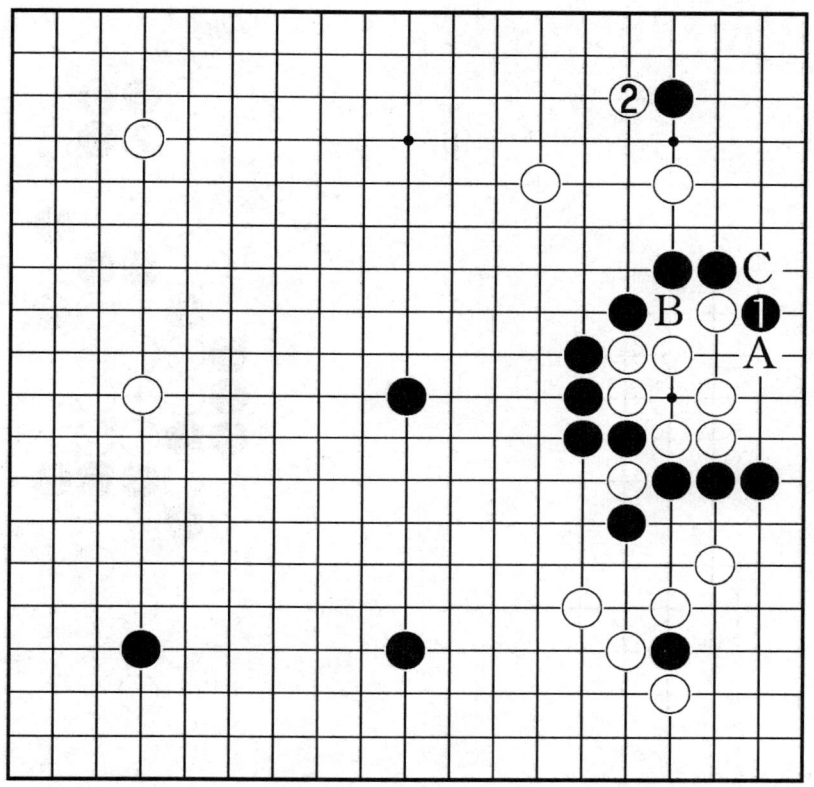

图20

如图20，实战黑1终于动手吃棋，却不料吴清源再次脱先：白2靠抢先攻击黑右上小目，尚未净死的这块白棋，似乎转瞬间便彻底自吴清源的视野中消失不见。由于局部存在白A、黑B、白C打劫的手段，黑依旧要在局部花费手数；而白方的大部分辎重，早在不觉间完成了战略转移。之后——

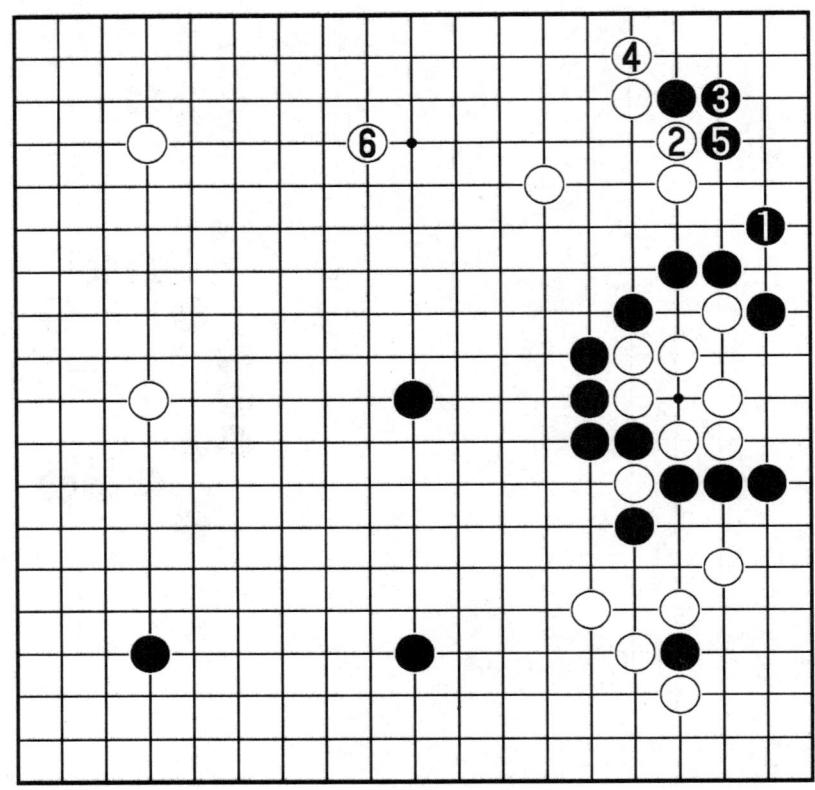

图21

如图21，黑1虎是一子两用的好手，彻底吃净边上白棋的同时也间接声援了右上小目。白2、4选择了局部最简单的争先手段，只为抢得白6拆边的超级大场。**吴清源的围棋常予人"粗线条"之感，正是因为其为了达到全局性的战略意图，常常在局部处理中不拘小节；与之对弈的棋手，看似在各个局部处处得利，却在方向和其他大局层面渐落下风。**

局部作战告一段落，黑棋在右侧连边带角获得35目实地，但右下曾经辉煌的阵势早已烟消云散；而白不光在右下收获20目超级大角，还率先抢到上方的拆边连片，同样收获颇丰。通算得失，由于黑天元和下方边星效率的急转直下，白已成功化解了对方起始天元的大模样战术，开始取得全局的主动。

不过，执黑的久保松胜喜代毕竟并非易与之辈，他在右边战斗中最大限度地限制了吴清源弃子战术的收益，局面大致保持着均衡。两位棋手的迥异棋风在这场战役中已经各有所现；双方的明争暗斗，才刚刚开始上演。

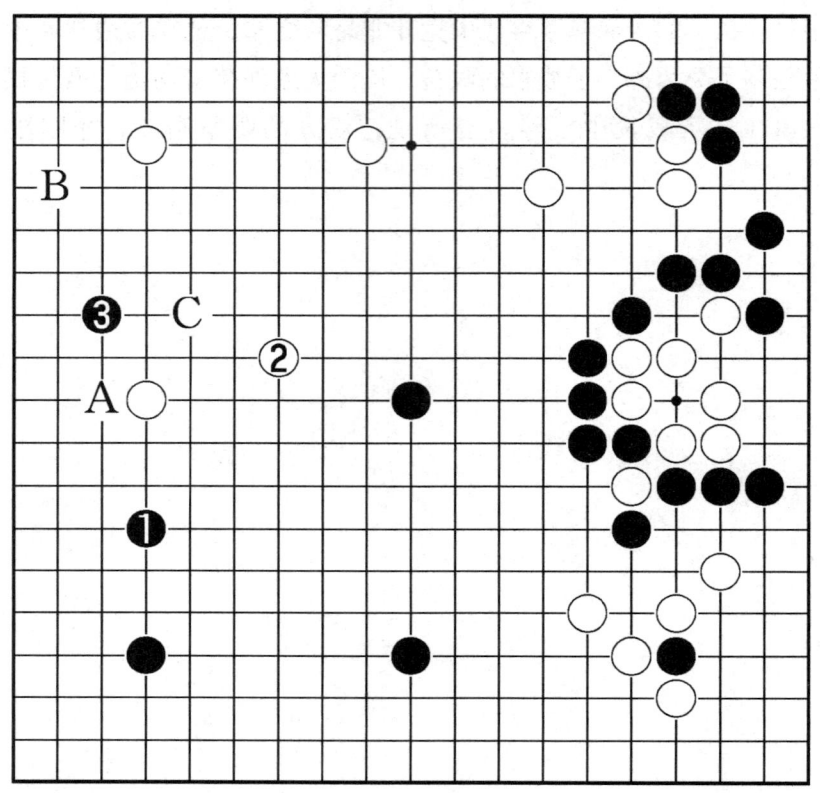

图 22

如图 22，黑 1 高拆气势十足，吴清源旋即以天空漫步般的白 2 还以颜色。长考以后，久保松先生黑 3 深深打入，再次挥出重拳，主动挑起局部争端。由于存在 A 位托过、B 位扩眼和 C 位跳出等头绪，白并无明显的严厉攻杀手段。面对比自己年轻 20 岁的后辈棋手，久保松先生丝毫没有怯战心态，反而四处挑衅，展现出昂扬的斗志和良好的竞技状态。

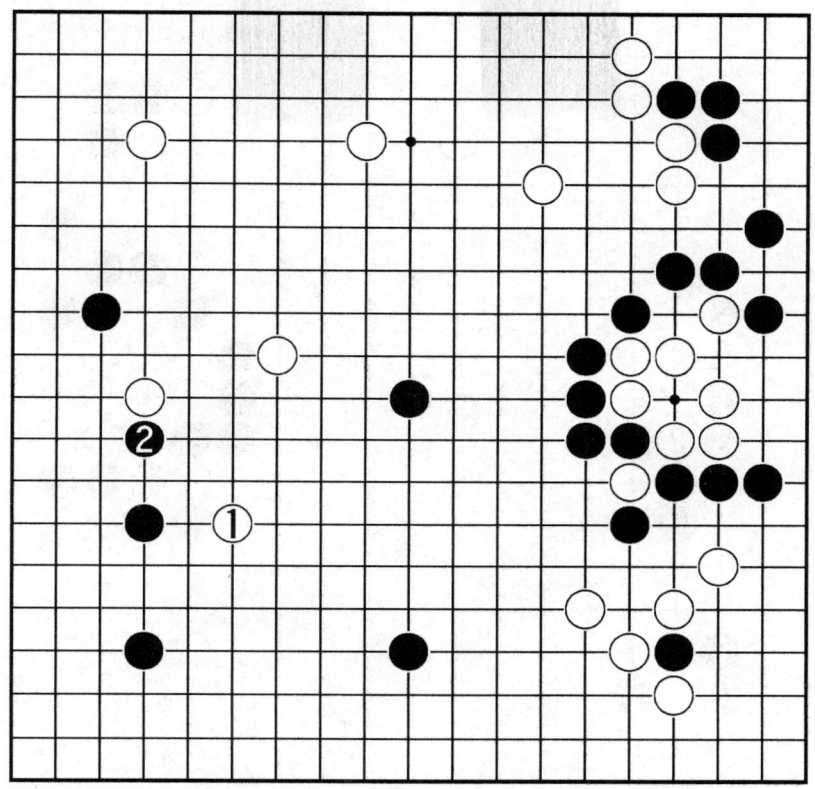

图 23

这是一盘颇为罕见而有趣的对局——年长的对局者频频挑衅，四处求战；而年轻一方反而到处轻盈闪躲，尽量避免贴身肉搏。如图 23，白 1 虚镇意图不明，但避战心态一览无遗。见到此手的久保松先生稍加思索后便拈起棋子于 2 位重重碰了上去，力有千钧。黑棋执意要利用局部的子力优势尽量扩大战果，不愿给对手任何妥协之机。

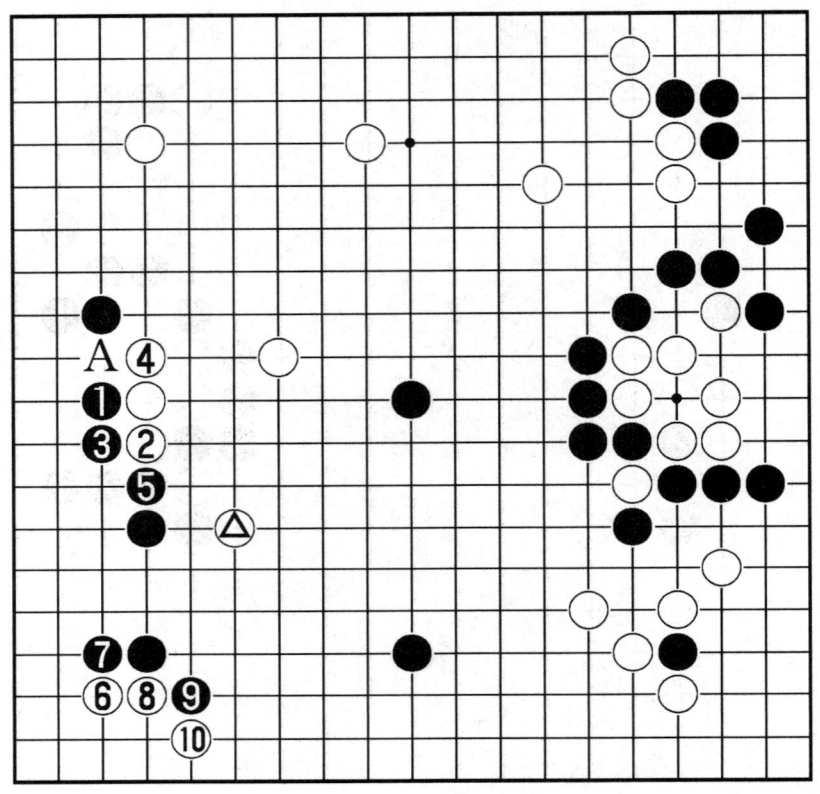

图24

如图24，黑1直接托过是眼见的围空手段，此时却并不适宜。白2、4先于上方定形，由于A位尚存断点，白中腹数子已眼位无虞；之后转到6位点角，调子极佳。至白10，黑左侧棋子过于集中，效率低下，难言满意。

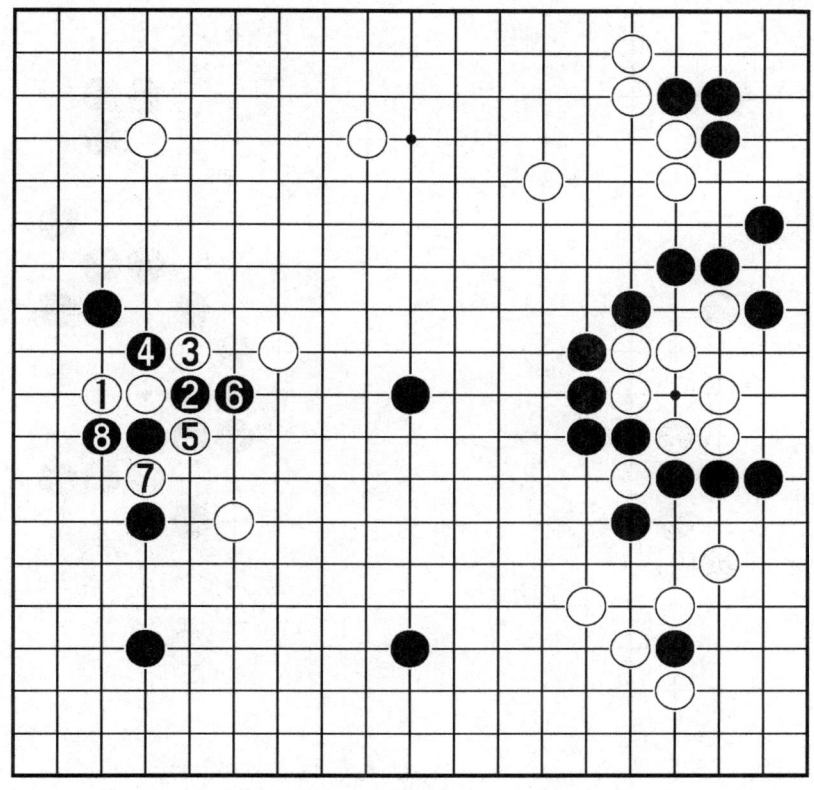

图 25

如图 25，面对久保松胜喜代强硬的碰，白 1 立下是正面应战的态度，却难以取得理想战果。接下来黑 2、4 扳断强硬无比，凭借局部的子力优势，黑刚好能将棋筋全数逃出。如此，白苦战无疑。

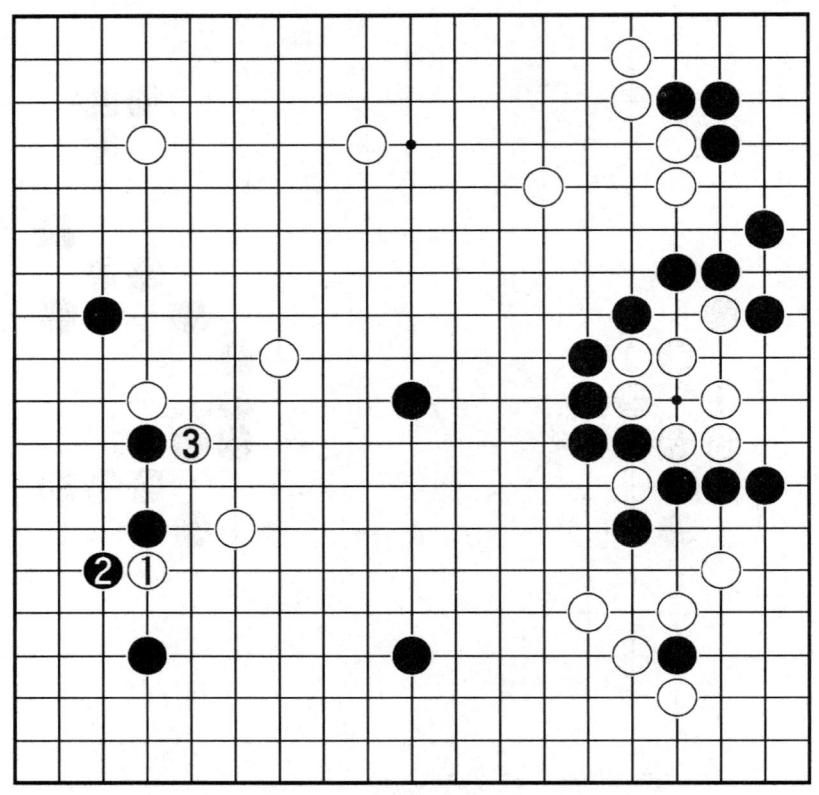

图 26

实战中,吴清源继续贯彻避免正面作战的既定方针,开始四处迂回游击。如图 26,白 1 靠下寻求借用,待黑 2 下扳以后转而 3 位上扳,虚实交替间让黑一时竟不知其目的何在。之后——

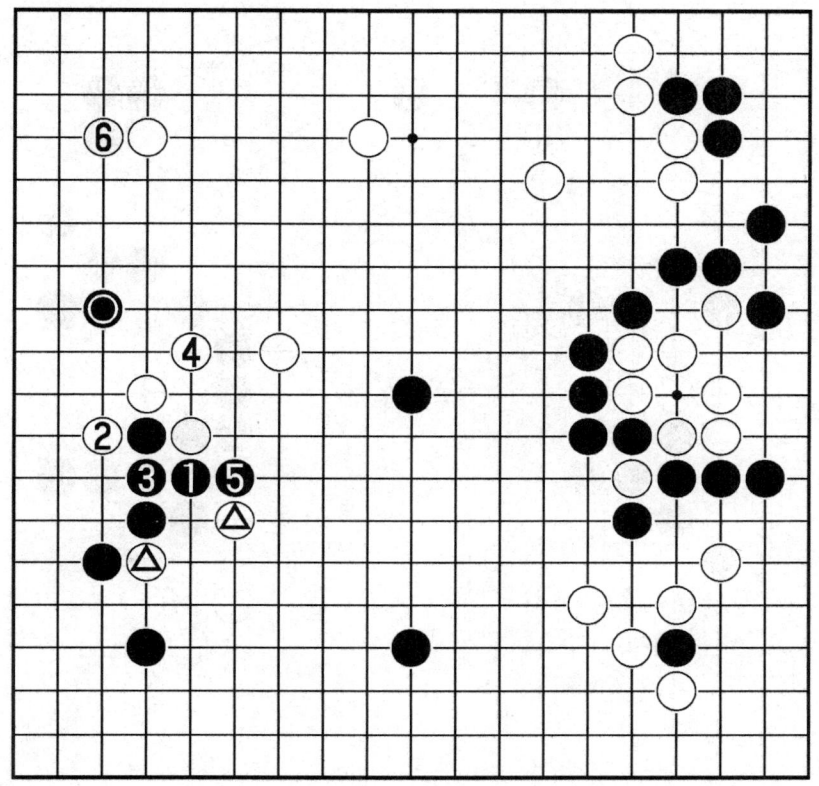

图27

如图27，黑1、3愚形虎断又是局部强手，却不料白虚晃一枪后转而虎在4位，根本不给黑棋任何制造正面冲突的机会。黑5冲必然，之后白6又转向左上玉柱，予人凌波微步之感。眼花缭乱的来回试探以后，白将◉位一子鲸吞，获利巨大；而先前看似咄咄逼人的△处两子，不觉间精华已尽，尽数舍弃。局部战斗再次告一段落，整体通算得失时笔者惊奇地发现：黑除了吃掉白故意舍弃的两颗残子外，仅稍稍加强了自己高位的拆二；而先前勇往直前的打入一子，已悄然沦为敌之珍馐。

白在此处的弃子战术，再次获得成功。

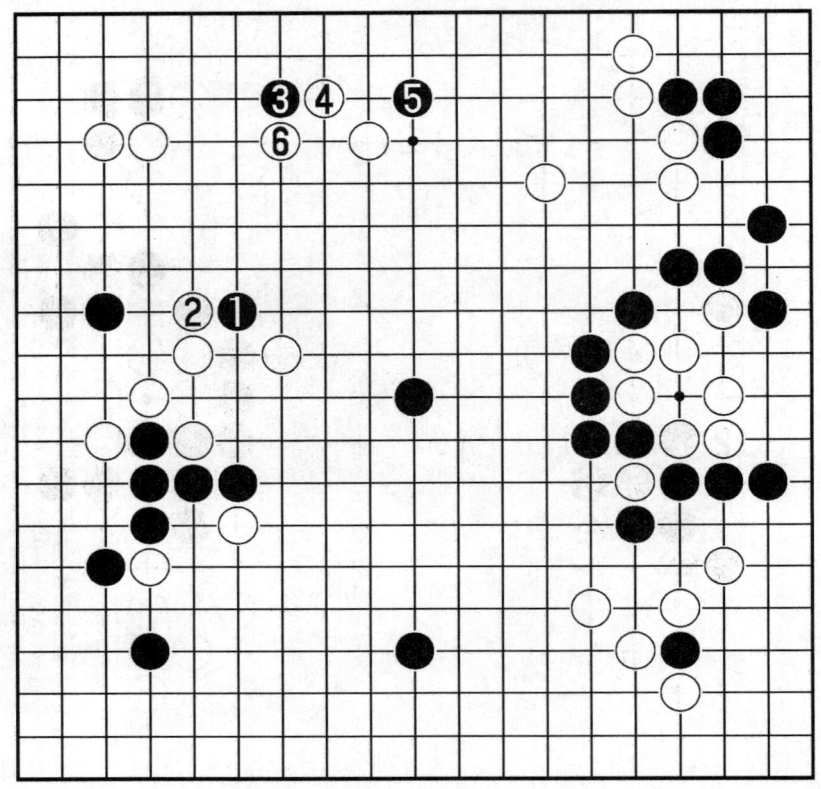

图28

　　两次主动出击均打在空处，久保松胜喜代意识到形势愈发吃紧，着法也愈加强横。如图28，黑1点刺获取借用以后，黑3深深打入白方大空，旋即黑5刺以攻为守，转而威胁右侧白棋的安全。面对前辈的如潮反扑，年轻的吴清源冷静地白6虎，干净利落地将左边大空牢牢守住；对于右边的攻防，亦已胸有成竹。

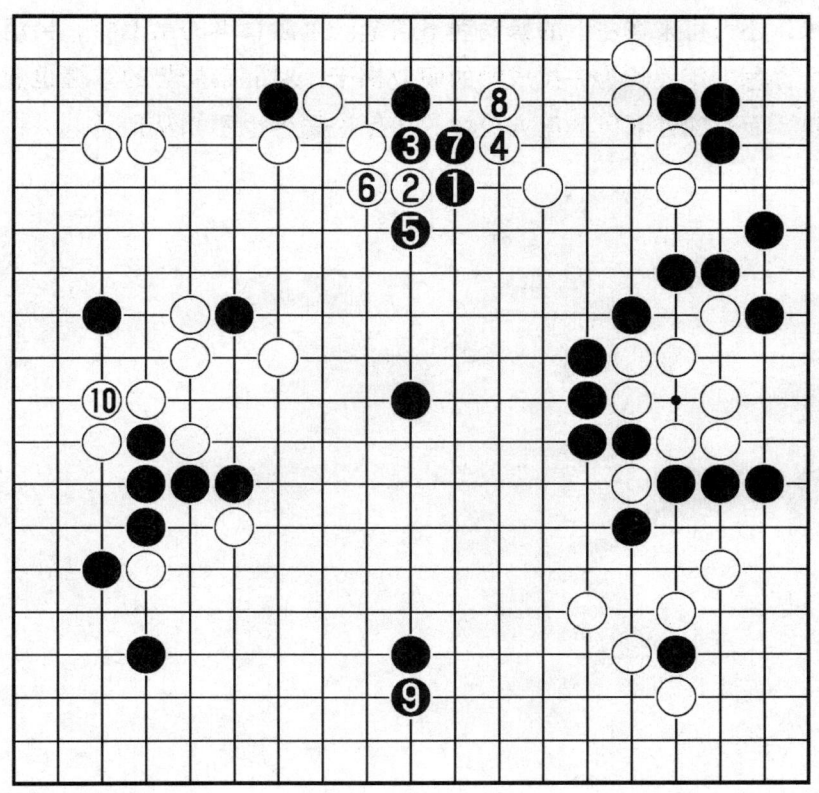

图29

如图29，黑1飞来势汹汹，可白2假装封锁后于4位小尖的连环手段实在老练，黑棋对此竟无计可施。至白8，黑徒增一串单官外一无所获，局势的天平进一步倒向白棋。思考良久，久保松胜喜代终于祭出最后的搏命招数——黑9玉柱掷地有声，久保松先生也用这样刚猛的着法无声地向对手施压：尔胆敢来犯，吾必全歼之！诚然，这样激进的着法足以证明当前形势对黑方来说不容乐观，但白棋想兵不血刃地拿下此局，依旧没那么轻易：若是贸然进犯，则给了黑棋集中子力优势一决胜负的机会；可如听任黑左下模样疯狂扩张，目数的均衡又要被彻底打破。

这样难解的局面下，吴清源白10又是令旁观者不禁暗自赞叹的冷静之手：收获局部20余目超大官子的同时，此着彻底消除了自身空中的种种余味，还为将来在左下的暴动埋下伏笔。东渡日本的第七年，吴清源已从一个青葱少年成长为一位成熟的职业棋士，对复杂局势的掌握也愈发驾轻就熟。面对四处漏风的己方模样，久保松先生也不知从何补起，一时竟犯了难。

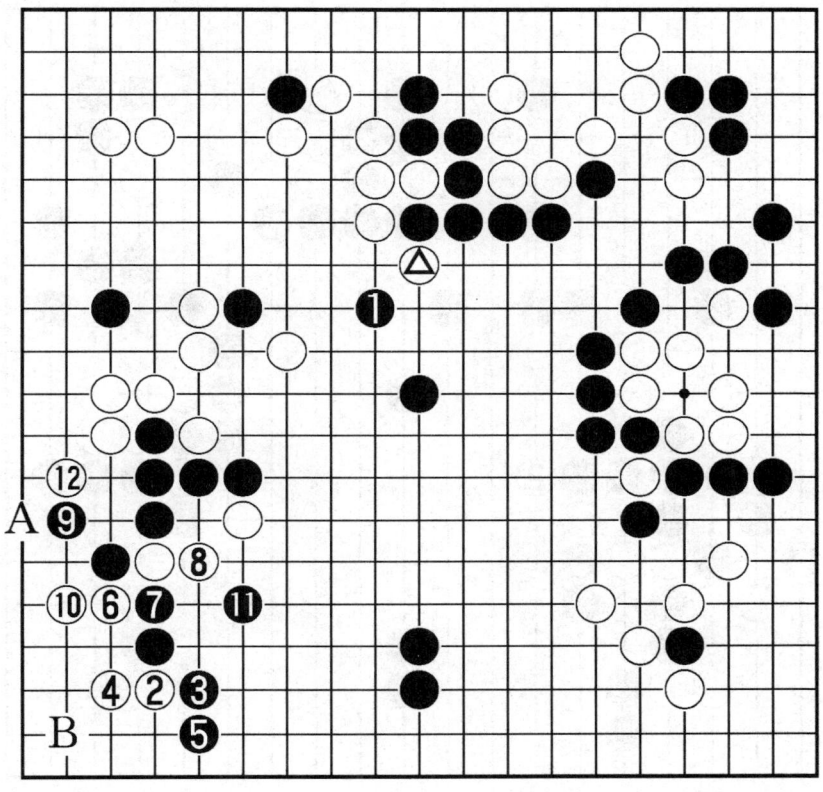

图30

如图30，又是一番漫长的思索后，久保松胜喜代决定以攻为守：黑1威胁白中腹弱点，并伺机补强下方阵势。对此白2托角果断，由于上谱白10的铺垫，黑自身的气紧和断点成为阻止其全歼白棋的最大障碍。黑3外扳实属无奈，至白12，A、B两点见合，白成功掏去大角，黑左下阵势再受重创。

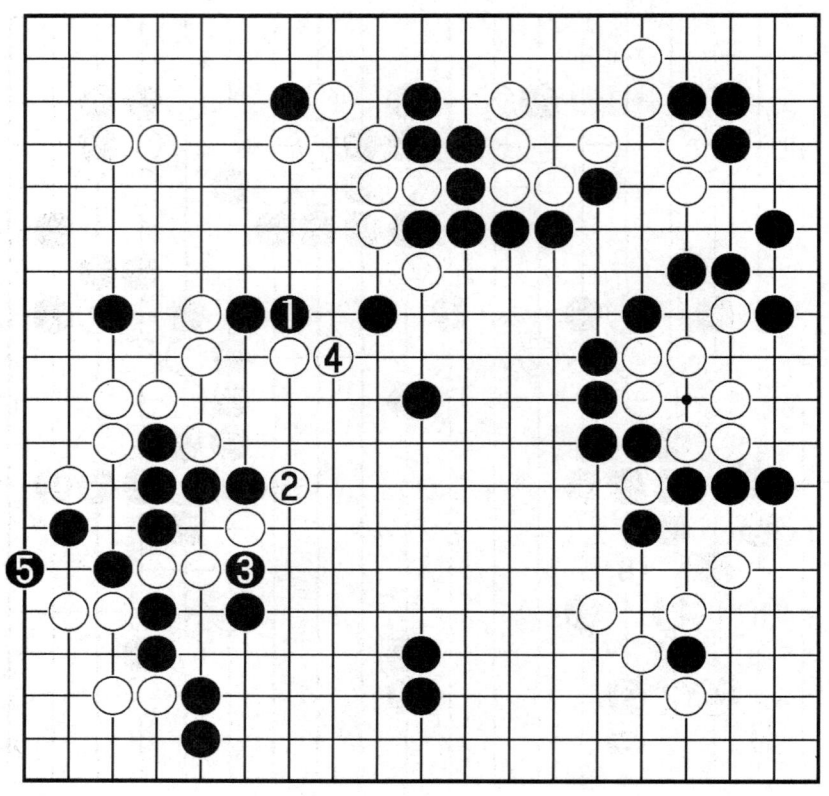

图31

如图31，黑1贴回一子价值不菲，白2先手便宜以后4位长，继续蚕食黑中腹潜力。黑5本意先手阻渡，然后在上边白空中做做文章，却不料又遭至吴清源的置之不理。吴师手中的围棋，怎一个"随心所欲"可以尽述；白在本局屡奏奇功的弃子战术，又要开始上演。

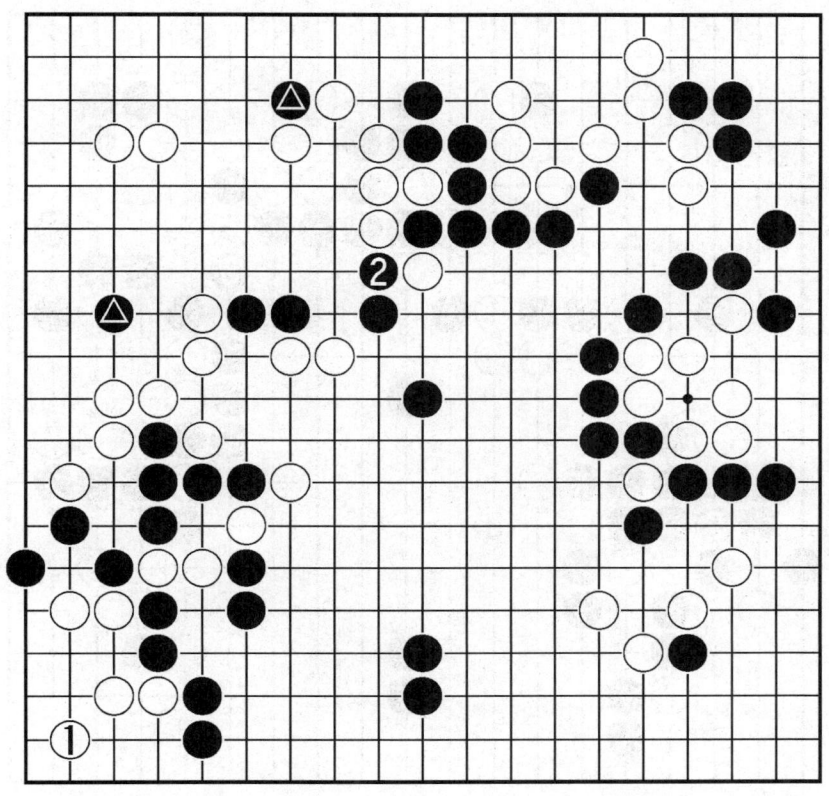

图 32

如图 32，白 1 补角亦无不可，但黑 2 切下白一子本身价值已经不菲，同时还隐隐窥视白空里△处棋子的暴动可能。如此白不够简明。

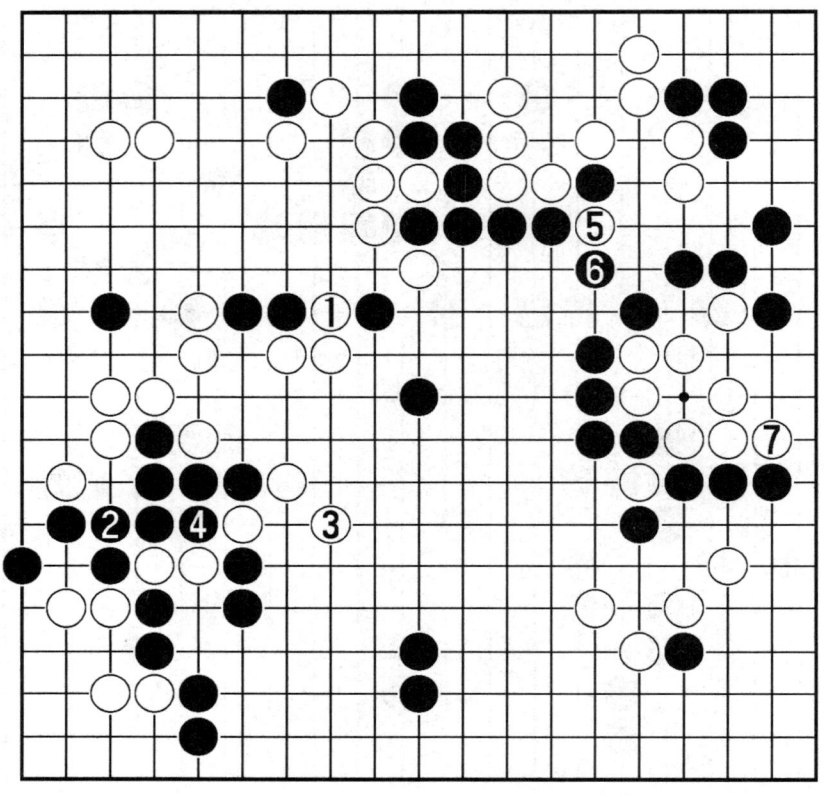

图 33

如图 33，实战白 1 冲断两子是吴清源清晰判断局势以后的简明手段。黑 2 吃住左下虽然目数激增，但白 3、5 先手便宜后走到白 7，吴清源已经点清全盘目数，一条至简的取胜道路已在其眼前缓缓勾勒出来。

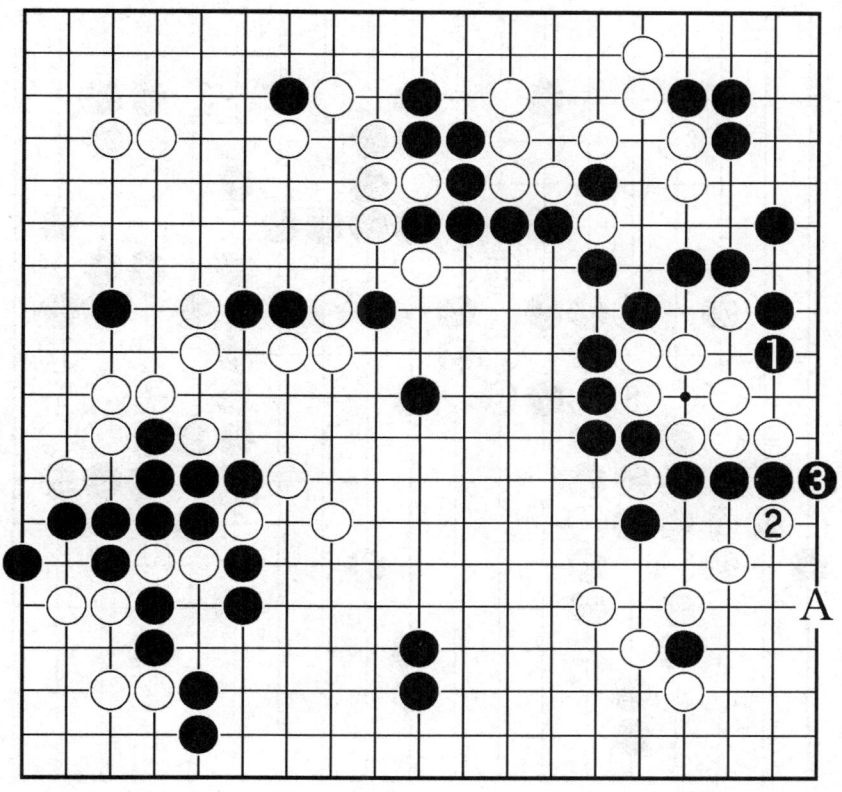

图 34

　　前图白 7 并非想要做活，而仅是希望走到图 34 白 2 的先手便宜。与黑先动手的 A 位大飞相比，这样白至少便宜半个贴目以上。这里巨大的目数出入，足以使白棋奠定胜局。

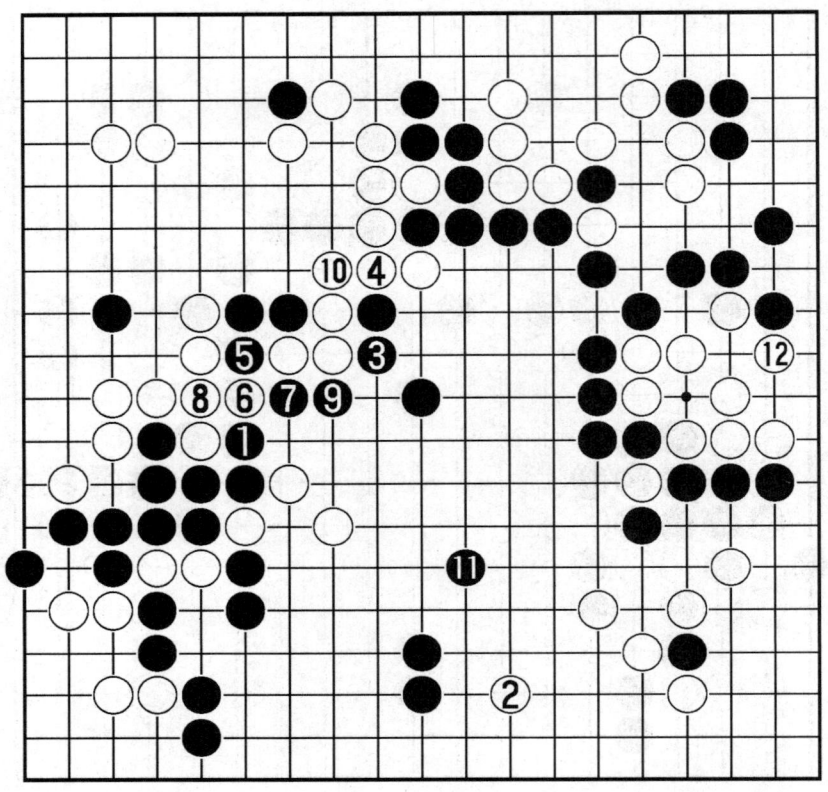

图 35

如图 35，胜负感极强的久保松胜喜代毫无安乐死之心——黑 1 利用白中央的联络缺陷抢先制造劫材，这是黑方最强烈的拼命手段。白 2 却如看不到一样淡定地拆边，吴清源在本局的最后一处作战中展现出宗师般的泰然气度。黑 3 以下的定形手段必然，至 11，黑在中腹凭空多出 20 余目，但白 12 以后，右侧白子死而不僵，局部劫争已不可避免。面对黑近乎搏命的顽强手段，吴清源选择了不紧不慢地平稳收官，点清目数的白方距离胜利越来越近了。

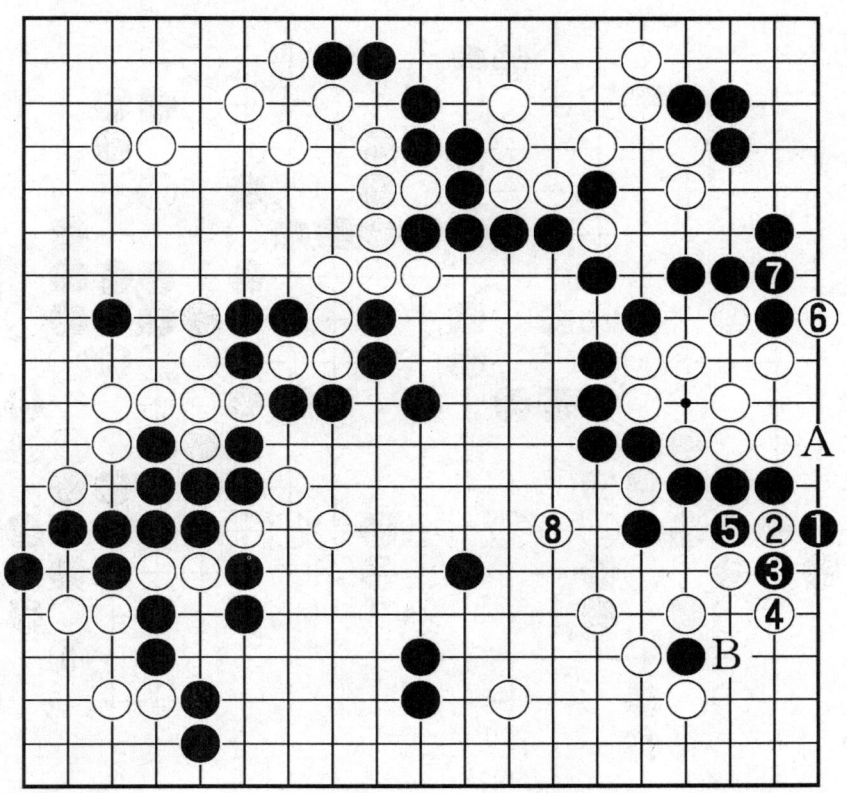

图36

如图36，黑1是久保松先生最后的拼搏手段。正常思路下白A做活大块必然，这样黑于B位长出，将引发右下最猛烈的震荡。白若放黑两子回家，则右下损失无从找补；而若是强硬将之分断，黑利用1位小尖一子的联络功效，恰好可以在局部造出天下大劫，将局面再次导向混乱。

吴清源未卜先知般快速落下了白2，本局的胜负就此尘埃落定。本可于A位做活大块的吴清源并未贪图局部小利，而是准确洞悉了对手的作战意图；至白8，能活却始终不活的右侧白棋对黑方来说如鲠在喉，白只需要在接下来的劫争中收获些许目数，便足以赢下此局。棋局从这一刻开始，彻底失去了悬念。

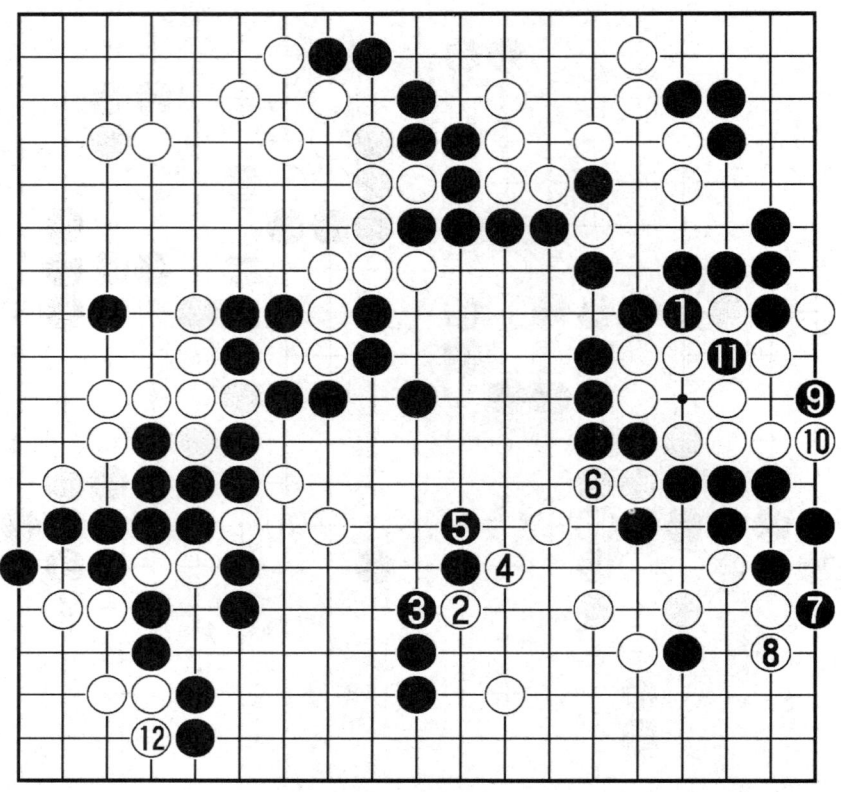

图 37

如图 37，黑 1 打吃破眼已是强弩之末，白 2、4 先手便宜以后 6 位逃出棋筋，黑右边数子被分断的同时，局部的劫争对黑来说已经变得沉重不堪。至白 12 寻劫，山穷水尽的黑棋已无法再应，只好选择妥协。

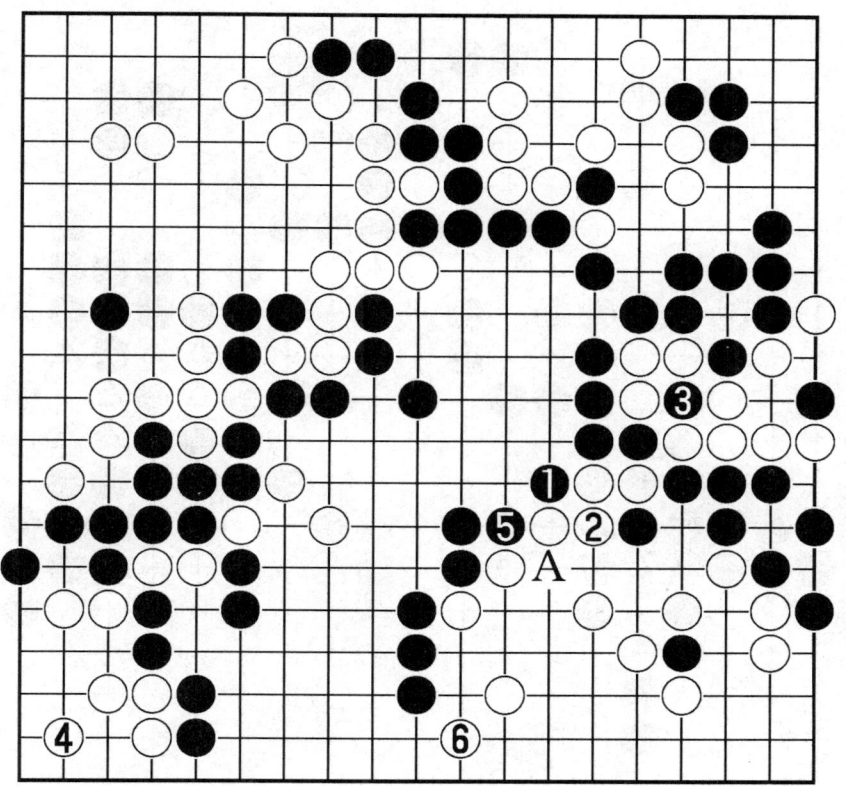

图38

如图38，黑3消劫实属无奈，白4将角活出后，目数已经遥遥领先。黑5封锁中腹的同时窥视白A位断点，白又趁机看轻残子，再次脱先抢占6位的双先官子，盘上自此再无争胜之处。

本局固然因布局阶段棋盘右侧的弃子博弈名留青史，但中后半盘的攻防同样精彩纷呈。双方呕心沥血的来回算计中，右侧大块生而复死，左下白角先生后死最后又借尸还魂，黑中央大空亦从无到有再到被破最后又成功合围，频频转换令旁观者眼花缭乱。不过，在本局的每一个十字路口处，执白的吴清源都做出上帝视角般的正确选择，并以最沉稳的步伐缓缓迈向终点。在这盘黑不贴目的残酷角逐中，白最终盘面领先8目以上，中盘获胜。

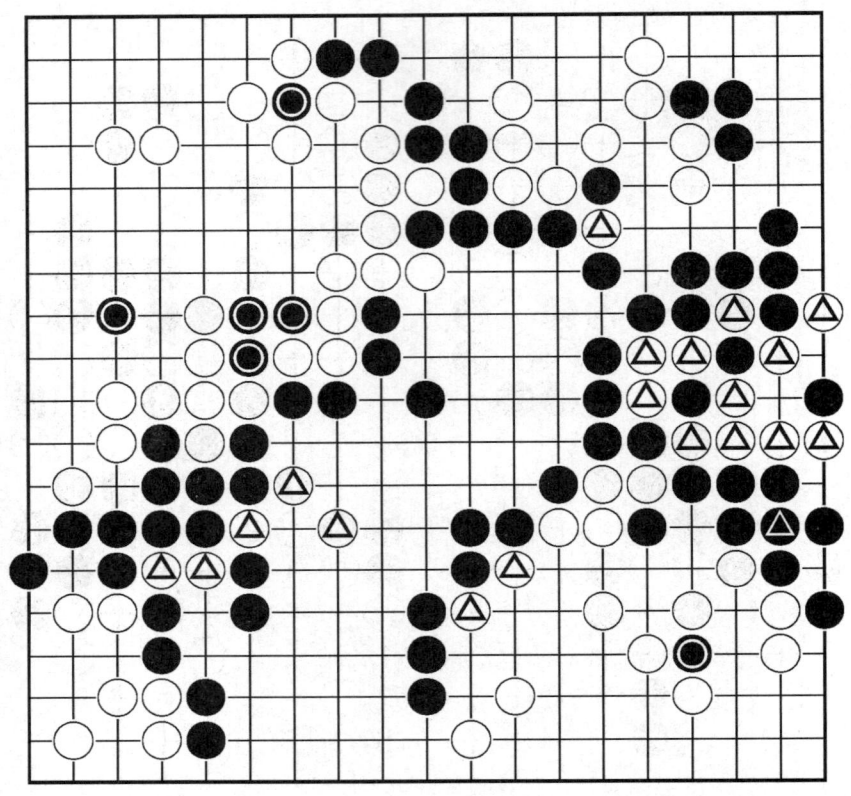

图 39

纵观全局,执黑的久保松胜喜代在棋盘各处频频求战,却始终未能觅得与对手一决生死的沙场。执白的吴清源看似处处闪躲,却凭借超一流的判断和大局观屡次使用弃子战术,并逐渐掌握局面主动。通算全盘,黑吃掉的△处棋子大多干瘪无用,而白在各处战斗中缴下的●处每一颗黑子都价值连城。本局白方的最终获胜,自也在情理之中。本局是围棋史上的弃子名局——吴清源先生曾在自战解说中对本局探讨颇多,我国名宿程晓流先生也在早年《围棋天地》的专栏里对本局吴师的各处关键弃子进行过更为详尽的剖析和解说。对本局变化意犹未尽的读者,大可从二位先生的著作那里获得更多体验和明悟。

本局的失利对执黑的久保松胜喜代而言是一次沉重的打击。在《苦斗十三年》一书中,他以极度悲伤和绝望的口吻这样评论道,"**这一失败是不能忘记的,它使我对第一步下天元深感失望**。"然而,在总结毕生研究时,他以更加宽广的胸襟和视野接纳了曾经失利的自己:"**天元绝非不利的布局,只是自己的实力尚不能将之巧妙活用**。"这定是真正做到了无我无棋的围棋大师,才能说出的话吧。

吴清源的才华耀眼夺目,久保松胜喜代也终究没有被其湮灭了全部光芒。前者在各处十番擂台上所向披靡之时,久保松先生依旧默默在每年的大手合升段赛中苦苦奋斗,为自己的荣誉和尊严耗尽了全部心血。1940年,久保松胜喜代终于在升段赛上对吴清源战而胜之,成功升入职业七段,了却一桩平生夙愿。次年,久保松先生因心律不齐症英年早逝,只为后人留下一句"天妒英才"之叹息——残酷的胜负世界,总是这般无情。好在,流芳百世的棋谱绝不会只有一个主角——久保松先生也以或许并不太圆满的方式,与吴清源并肩步入围棋的名人殿堂。

弃子是围棋中最常见的战术手段,它通常指棋手舍弃局部的若干棋子,以换取其他利益。围棋十诀中的"弃子争先""舍小就大"和"逢危须弃"都是有关弃子的棋理格言,这足以证明弃子的战术和思想在围棋世界如何举足轻重。自古以来的围棋大家,无不以飘逸潇洒的弃子战术名扬四海;可以说,一名棋手对弃子战术的理解和领悟,是衡量其棋力高低和潜力上限的重要标尺。

棋子被对手吃掉不一定是弃子,棋子故意让对手吃掉方为弃子。黑白世界中,每颗棋子的落下,都背负起胜负的欲望。在无数次血的教训以后,棋手才能明白:过于贪婪是人类步入歧途的开始,想救回自己亲手落下的每一颗棋子,终究只是痴人说梦;让它们物尽其用,已是我们能给予的最大仁慈。方寸之间,比棋子生命更重要的东西比比皆是——紧气、整形、外势、争先,随便哪一个都举足轻重;为了更高层面的追求,主动放弃个别棋子,是棋手最初不得已的妥协,也是其走向围棋真理的必由之路。学会吃子，是初学者已经掌握围棋基本规则的第一步；而学会弃子，则是棋手开始认识围棋本质的第一步。

　　弃子之于围棋，便如牺牲之于战争，也如放弃之于生活。再用兵如神的将领和将军，也无法不费一兵一卒便能获取战争的胜利；怎样以最小代价换取最大利益，才是他们应该思考的问题。生活同样如此——人类的时间和生命是如此有限，怎样将有限的时间和生命投入到真正有意义的事情中，是每一个人都将面临的终极议题。具体的取舍抉择从无优劣之分：正如围棋之于聂老，并不比桥牌高级和尊贵到哪去；可"凡有所得，必有所失"，毕竟是生活的不二法则。**无论对谁而言，"放弃"这个字眼永远蕴着切肤之痛；但学会担负起这痛苦并不断前行，才是成长应该有的模样。**生活不是一场童话，也不是一次梦境；生活，本就是一场取舍的旅行。

　　刘仲甫在《棋诀》中说：取舍者，棋之大计。

　　裴多菲在《自由与爱情》中又说：生命诚可贵，爱情价更高；若为自由故，二者皆可抛。

　　围棋和生活，其实都不过如此。

十 脱先

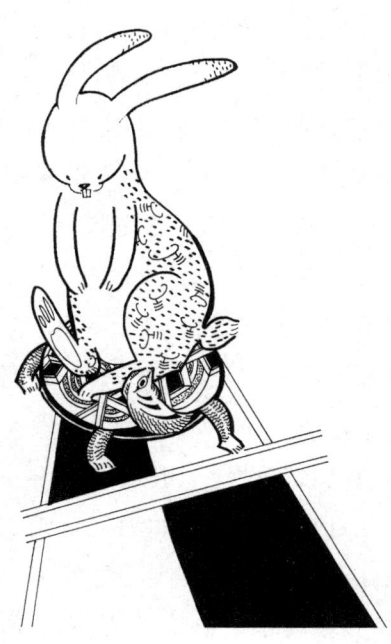

弈道拾遗 YI DAO SHI YI

在传统东方文化中，为后代起名是门颇为考究的学问，非学富五车的先生或长老不能胜任。生辰八字应反复推算，三才五格需仔细斟酌，音义相彰、五行生克和阴阳调和自也不能肆意妄为。从出生到落幕，姓名始终伴随一个人的一生；其代表的内在意义，早非简单的口语称谓那样简单。

老庄思想千年浸淫之下，华夏民族眼中的人名最"言简意赅"——区区三两字背后，包罗了高深莫测的周易万象，蕴含了整个人生的气运跌宕。这听上去自然玄而又玄，但现代科学不仅没能将这所谓的"封建迷信"彻底掀翻揉碎，反以真理之火为这个庞大而驳杂的理论添焰加柴——发表在2017年社会心理学顶级杂志JPSP上的某篇文章中，研究者通过科学而严谨的方法发现：姓名不仅作为社会标签和文化概念影响个体的言谈举止，甚至会改变一个人成年后的相貌。个中细节虽仍多有推敲之处，但名字能或多或少地影响一个人的命运走向，这已得到越来越多研究者的认可。一名之重，竟至于斯。

虽常以"理性"自居，但棋手无疑是最为迷信的群体之一。正所谓"人力有未至，冥冥论遂起"——围棋的胜负世界变幻莫测，远超个体极限的运算量常使棋手感到无助和绝望；当人类失去最基本的掌控感，诉诸鬼神自然成为最合理的选择。许多年来，有关"生僻姓氏的棋手更容易获得世界冠军"的议论在网络上此起彼落从未停歇，近年以柯洁和芈昱廷为首的新科霸主又似恰好被此论断一语中的——一时间，坐拥少数派姓氏的棋手大多暗自窃喜、斗志昂扬，而不幸沦为百家姓大族的棋手则往往惴惴不安、辗转反侧，生怕自己真如姓氏一般泯然众人。这自然都是些茶余饭后的笑谈，但改名之风在近年棋界蔚然如潮，已成令人啼笑皆非的无奈事实：望子成龙的家长们在赛场外来回踱步心急如焚，可往往仅有的入门棋力又无力支撑他们在方寸之间指手画脚；无奈之下，通过这些"旁门左道"为子女贡献自己最后的助力，便成为他们的唯一选择。江湖传闻，某"赤脚大仙"在一次饭局中偶然泄露了不测天机，言道"名字带'赫'字的棋手最易夺取世界冠军"，对此深信不疑的好几位家长随即结伴移步派出所，只为给自家小孩打上"冠军印记"，至于最终效果如何尚未可知。此事虽然滑稽似闹剧，但笔者完全理解长辈们希望子女脱颖而出的拳拳之心，也只好在此献上最温暖的祝福。

当然，家长们的极端行径并非全然空穴来风——围棋史上许多青史留名的棋士，确或文或武各具美名。其中，被人最津津乐道的，当数日本六超中的某位大师：他直以"英雄"为名，似乎从出生起便注定要在黑白战争中荡尽天下，成就霸业。**大竹英雄——这个自带武侠小说主角光环的名字，注定在每一个偶遇的路人心中，留下一缕气吞山河的遐思念想。**

在木谷实道场里，大竹英雄是大师兄般的存在。1951年，年仅9岁、只有大约业余初段棋力的大竹英雄却被木谷实先生慧眼识珠收为内弟子，日本围棋的近代史也自这一刻掀开崭新篇章。由于年龄稍长，生性活泼又爱调皮捣蛋的大竹英雄自然成为木谷实道场"臭名昭著"的孩子王甚至"混世魔王"，据说乳臭未干的石田芳夫、加藤正夫、赵治勋、武宫正树和小林光一等人都曾跟在他屁股后面闯下大小祸事，一度令木古夫妇头疼欲裂。而随着年龄的不断增长，玩心渐敛的大竹英雄迅速在日本棋界崭露头角：14岁成为职业初段后的次年便首获全国快棋赛冠军，并在19岁参加朝日新闻社举办的三番棋时首遇林海峰，从此与后者携手开创出棋界威名赫赫的"竹林时代"。大竹英雄生涯获取的冠军不胜枚举，甚至连昭和棋圣吴清源也对巅峰期的大竹英雄无可奈何，在五连败后半开玩笑地感叹道："尽管对别人胜多负少，却怎么也赢不了大竹呢。"跻身日本六超，大竹英雄当之无愧。

在笔者心目中，**大竹英雄是除吴清源和武宫正树外，注定为后人铭记的伟大棋士——这位浑身散发"英雄"气概的一方霸主，却从骨子里流淌着理想主义的血液。**相较于"胜负师"或"求道者"，大竹英雄有个更响亮的外号**"美学大竹"**，这天冠地屦的反差恰恰投射出其内心的真正追求。在成王败寇的胜负世界中，大竹英雄竟屡次在大庭广众下声称"围棋的本质是美"，这已经使人下颏落地，惊骇不已；在举足轻重的头衔战中，大竹英雄多次在可能半目负的关键对局中早早投子认负，只因认为竭力搅局并期待捡漏翻盘的行为"不合棋理""破坏美感"和"玷污神圣的棋谱"——这些特立独行的风流往事，让人在短暂的瞠目结舌后，不由对其刮目相待。从始至终，大竹英雄极为注重棋形的效率和美感，认为"难看的愚形根本不该出现在棋盘上"；这看似执拗的怄气之言，大竹却用整个职业生涯为其附上最深刻的注解。围棋恰恰好玩在这里，每位棋手对其都有截然不同的理解和感悟；大竹先生心中的围棋之"道"，正是棋形的美感和效率——为循此道，大竹英雄可以任性到不顾一切。

本章所讲的，正是笔者心目中大竹英雄最"任性"的一局棋。

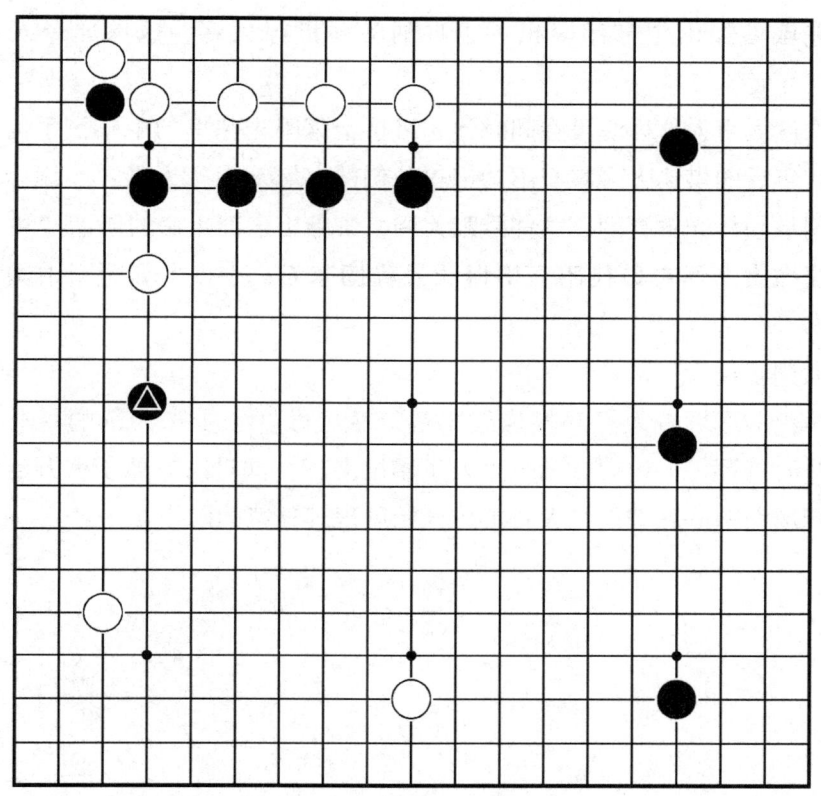

图1

如图1，本局弈于1989年第2届日本IBM杯快棋赛半决赛，执白的大竹英雄对阵彦坂直人八段。虽不似大竹英雄般光芒四射，本局的另外一位主角彦坂直人也是值得大书特书的棋士：与小林光一同辈的他至今仍活跃在日本国内外棋战的第一线，这本身就是一桩惊人壮举。**彦坂直人是最标准的"中坚棋士"**——虽然没有取得什么令公众印象深刻的成就，但他仍在六超一代的声威笼罩下斩获日本七大头衔之一的"十段战"冠军，并在2016年默默达成个人千胜，成为日本围棋史上第19位获此殊荣的棋手。虽然没有开创独属自己的传奇时代，彦坂直人始终不愠不火地踏实前行，在时至今日的各项大赛上仍屡有斩获。另外，相较于某些日本棋手的故步自封，彦坂直人愿意放弃国内各大头衔战循环圈可观的对局费，始终坚持自费差旅参加由中韩年轻棋手主导的各项世界大赛,这更加令人肃然起敬。

像彦坂直人这样湮没在同时代超级棋士耀眼光芒里的中坚棋手何止千百,百年后的棋迷大多甚至不会记得他们的名字。但笔者觉得,巅峰擂台上的明星固然光鲜亮丽,**这些默默为围棋奉献出全部生命的所谓"中坚",才是支撑这个浮夸年代不至坍塌的最稳固基石**——日本如是,中国同样如此。

回到棋局。

执黑的彦坂直人开局便连续小跳,显然做好了步步为营的持久战准备。暂时处理好上边后,彦坂直人于▲位夹攻,欲对白方孤子展开连绵攻势。局部纠缠一触即发,大竹英雄开始展现其独特的围棋才华。

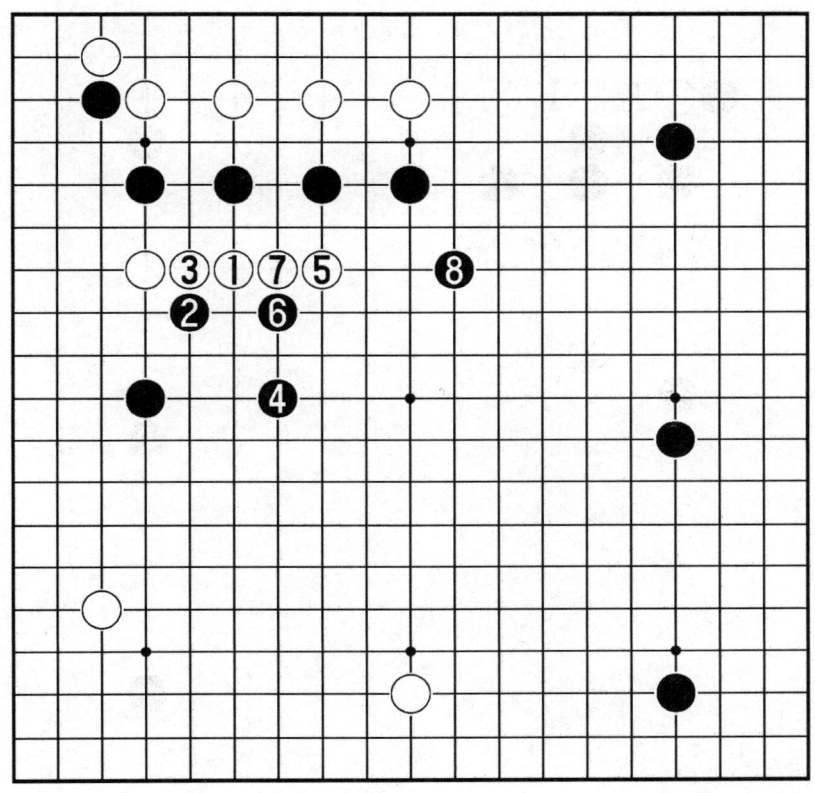

图 2

　　如图 2，白 1 跳出是局部本手，但略显平庸。黑 2、6 点刺以后，白局部铁棍笨拙凝重，且仍处黑方攻击范围之中。"头可断，血可流，棋形不可丑！"爱美如命的大竹英雄，自然不屑这样"有辱斯文"的呆板变化。

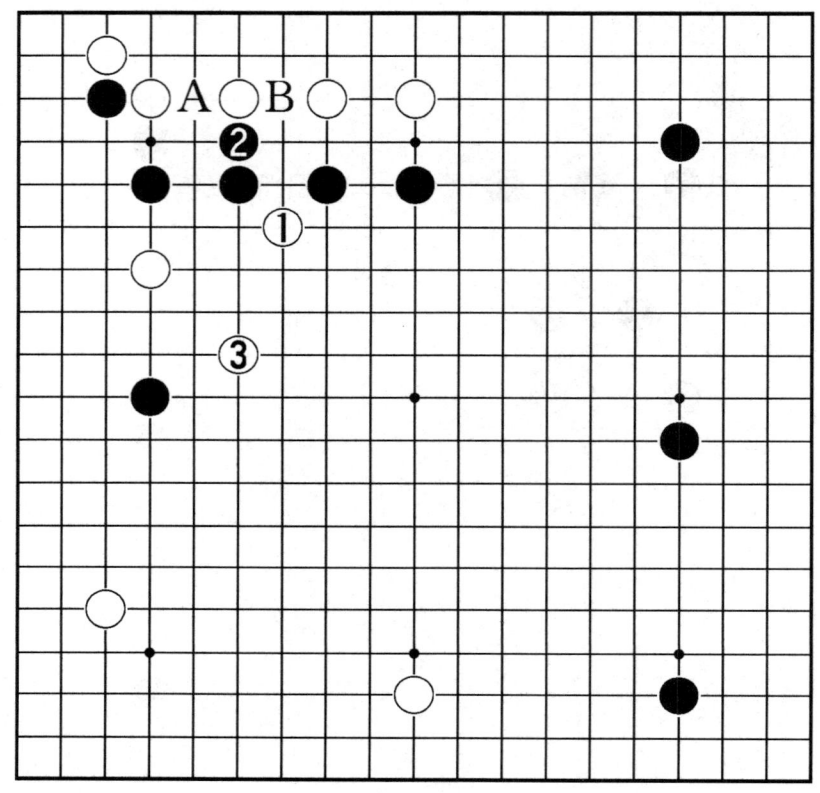

图3

如图3，实战白1凌空虚刺，然后3位象步飞出，江湖浪子一袭白衣袍襟翩翩的潇洒形象乍然展现——"美学大竹"的江湖雅号，岂是浪得虚名。黑2体现了职业棋手与生俱来的反击意识，若改为粘上虽无不妥，心情却无疑大坏。而本意瞄着A、B位缺陷的彦坂直人却不料对手不拘小节至脱先地步，一时措手不及，陷入长考。

当然，棋盘上的一切儒雅都建立在扎实的计算之上，大竹英雄的"美学围棋"自不会是空中楼阁般不堪一击，亦非镜花水月般一触即碎。看似飘逸洒脱的白1、3两子，已于无形间产生美妙的"化学反应"。黑若贸然反击，将置身美丽而致命的"桃花瘴"中，难以自拔。

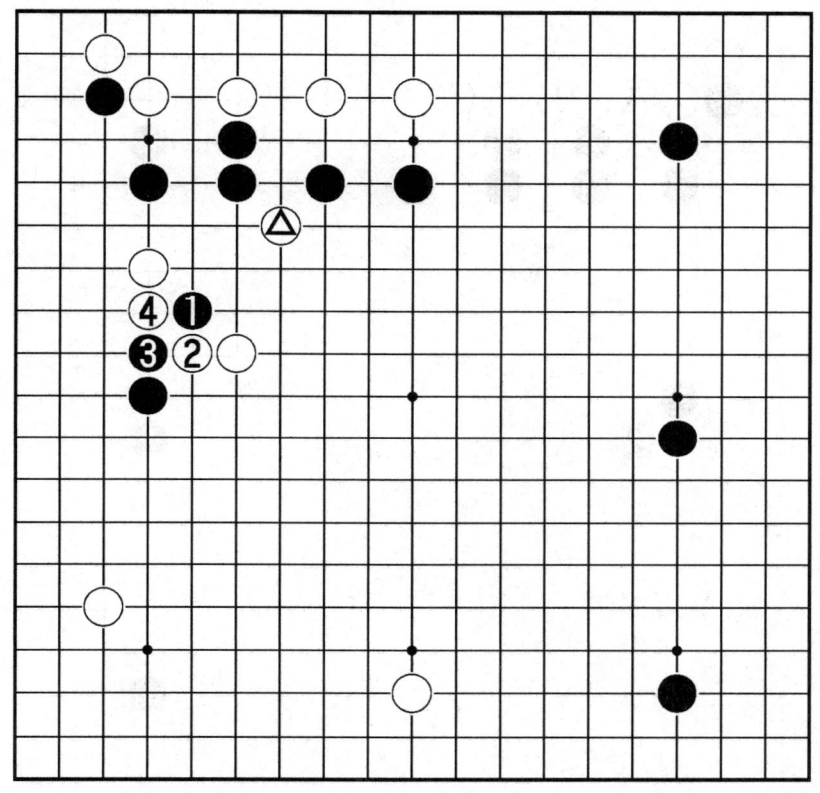

图 4

如图 4，黑 1 剑指象步死穴，此时却是鲁莽之着。白 2、4 简单冲断以后，前谱虚刺△子巧合般刚好截断黑 1 的全部逃生之路，白合围之势依旧舒展饱满。如此黑失败。

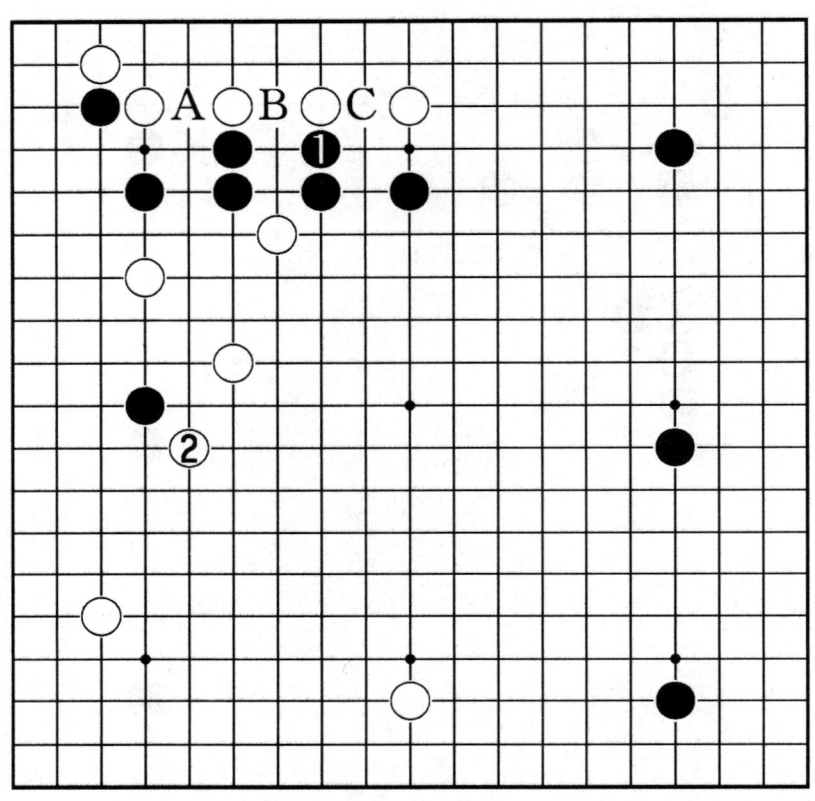

图 5

如图 5，实战中，长考后的黑 1 展现出本格派棋手的鲜明棋风。换作今日中韩棋界年少气盛的童子军，恐怕早已按耐不住心中躁意抢先出招；反复推算却始终未觅全策的彦坂直人最终仍选择了后发制人的战略，黑 1 彻底补好己方联络缺陷的同时，白 A、B、C 位的缺陷更加醒目。孰料，似乎早有预谋的大竹英雄见到此手，竟毫不犹豫地捻起一枚棋子重重拍在棋盘的另一边——白 2 飞压强攻黑左侧一子，指尖气势啸若龙吟；此间潇洒，唯"风骨"二字。

白 2 这样棋形舒展又呼应全局的急所，大竹英雄绝无任何可能与其擦肩。上方一串小跳虽有毛病，却至少暂不致死；相较之下，空旷的棋盘左侧的攻防主动权，自然重要得多。大竹英雄看轻局部小利，在棋盘左边随

十 脱先

心所欲地连续脱先抢攻，充分展现了其高人一筹的大局观，局面也自此进入了白方步调。

不过，若读者以为大竹英雄在本局的"随心所欲"止步于此，就未免大错特错。接下来的对局进程中，愈发得心应手的大竹英雄用实际行动生动形象地诠释了：比赛中完全放开了的"任性流"棋手，会"任性"到何等地步。笔者不知道之后的每一次"任性"是否全然无误，但这至少令棋局变得精彩许多，疲于应对的彦坂直人也在频频的心理落差之下渐渐技术变形，终于彻底沦为了配角。

这是一盘只属于大竹英雄先生的围棋。

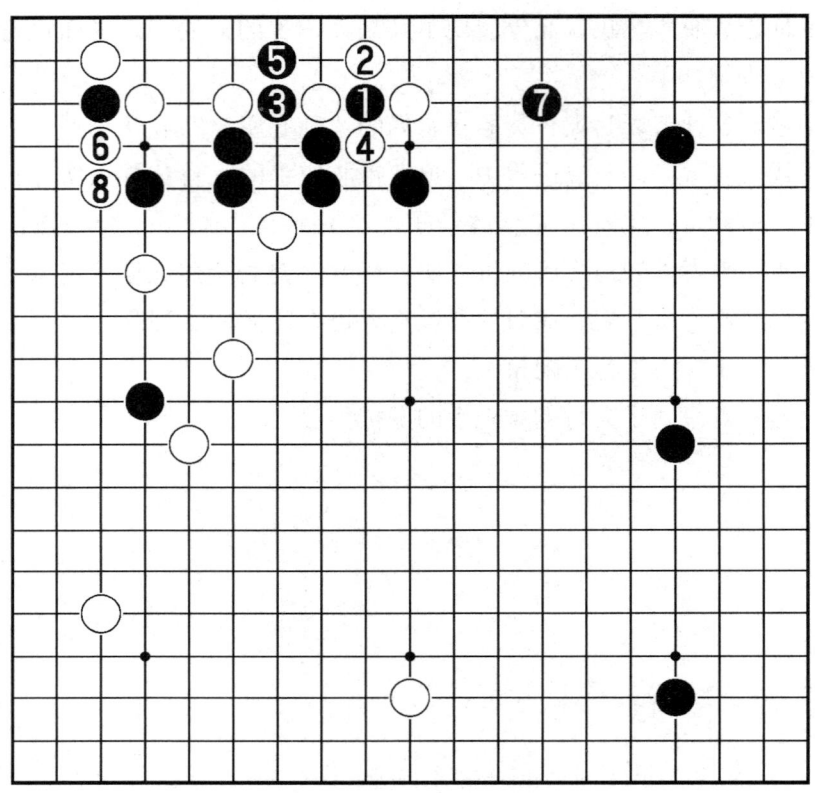

图 6

回到对局。如图 6，黑 1 是蓄谋已久的冲击之着，彦坂直人在此局部开始发力。依从"断哪边，吃哪边"的棋语古谚，大竹英雄毫不犹豫地 2、4 拔花，可之后的进行令人大跌眼镜：似已看轻左边数子的大竹先生忽然"福至心灵"，转而 6、8 活角，瞬间置右边拔花于不顾。

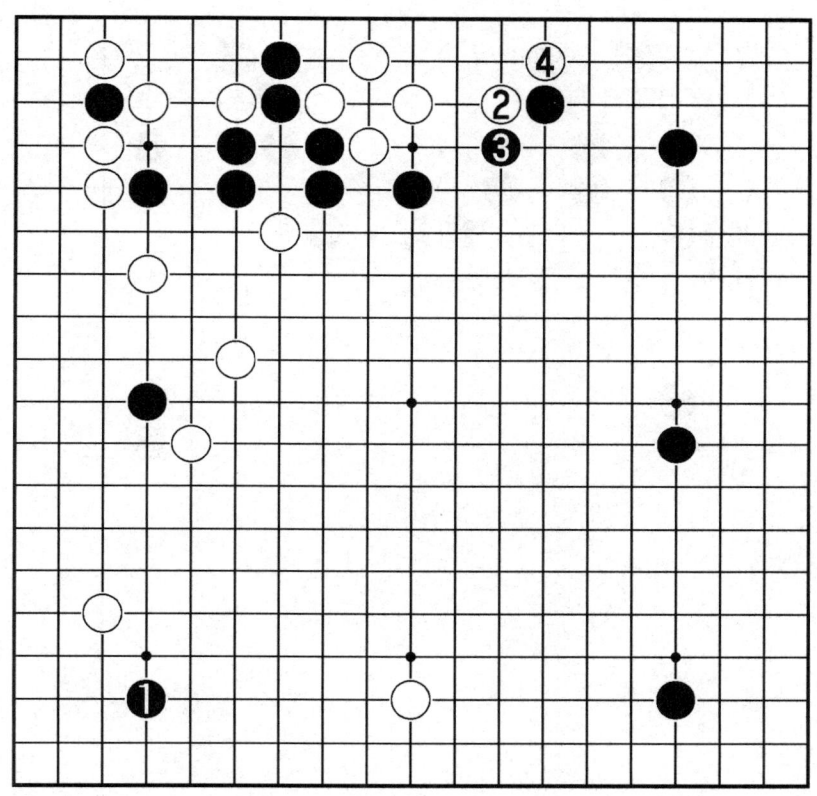

图7

然而如图7，待黑1侵分白角时，大竹英雄忽又"心血来潮"般重新想起了陷于危难的拔花兄弟，转回上方2、4腾挪，令人对其真实想法无从捉摸。诚然，2、4未必是全局最大处，吃净边星、强攻左下和右边打入也各自价值不菲，但白不曾停歇的快速脱先战法，却始终先人一步，将局面主动权牢牢掌握在自己手中。之后，黑白双方在局部短兵相接。

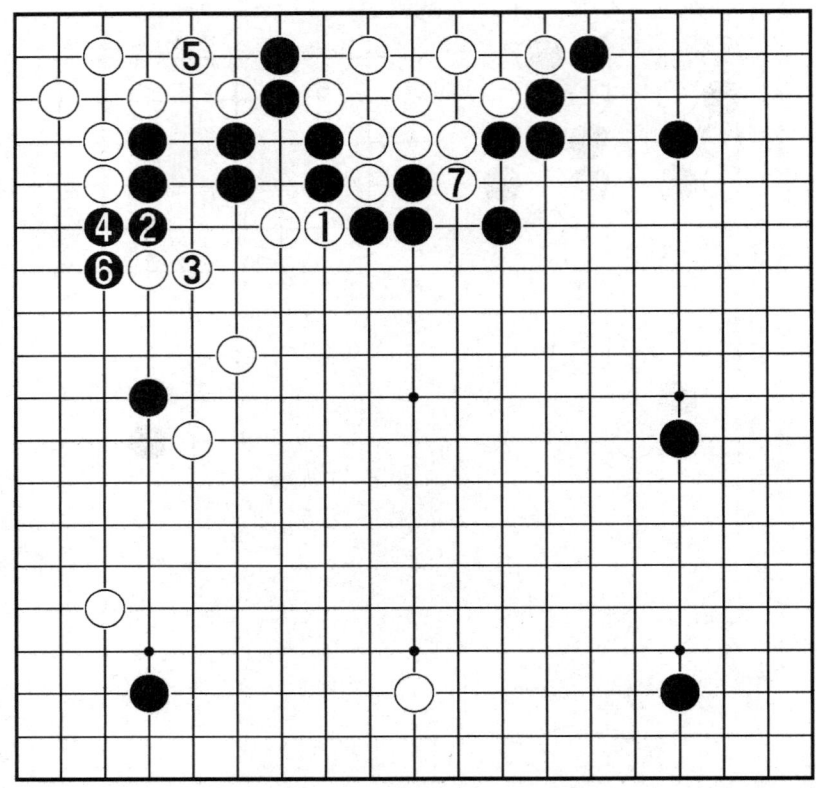

图8

如图8，至白1，白棋先手将上方孤棋做活的同时干净利落地切断黑大块联络，局部作战渐渐朝白有利的方向发展。黑2、4、6跬步求生实属无奈，而本应趁胜追击的白棋忽又转向7位冲击黑右边断点；大竹英雄在本局的游击战法，愈发驾轻就熟。之后——

十一 脱先

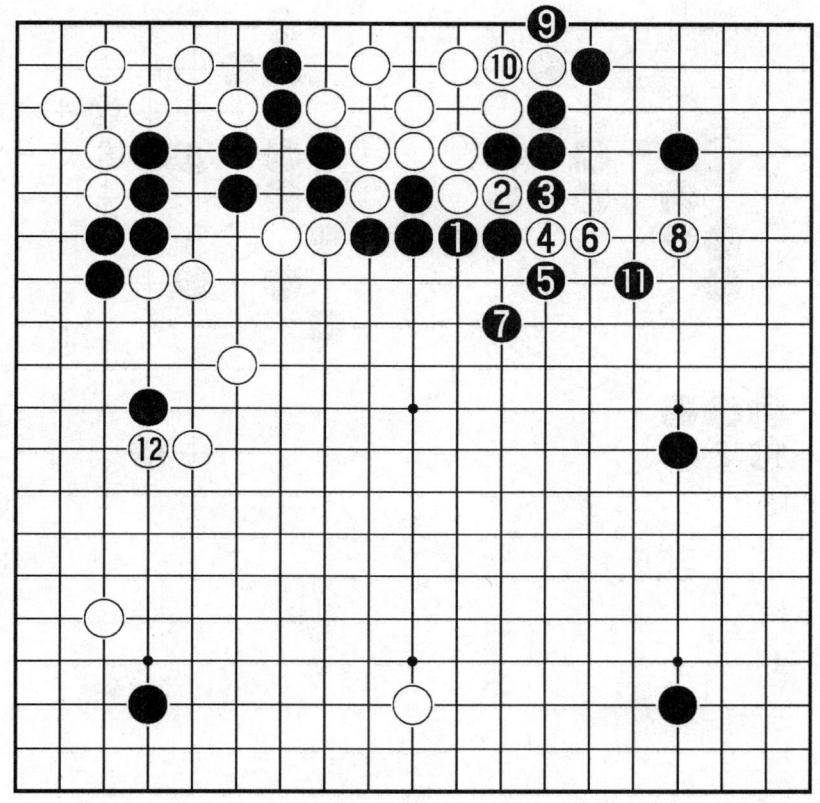

图9

如图9，双方忽然在棋盘右上引发激烈肉搏，四处气紧的黑方明显勉强。然而在黑11点刺时，不愿接出愚形的大竹英雄再次脱先，白12挡下力有千钧、舒服至极，将战火重新引回尚未安定的左侧黑龙。然而——

281

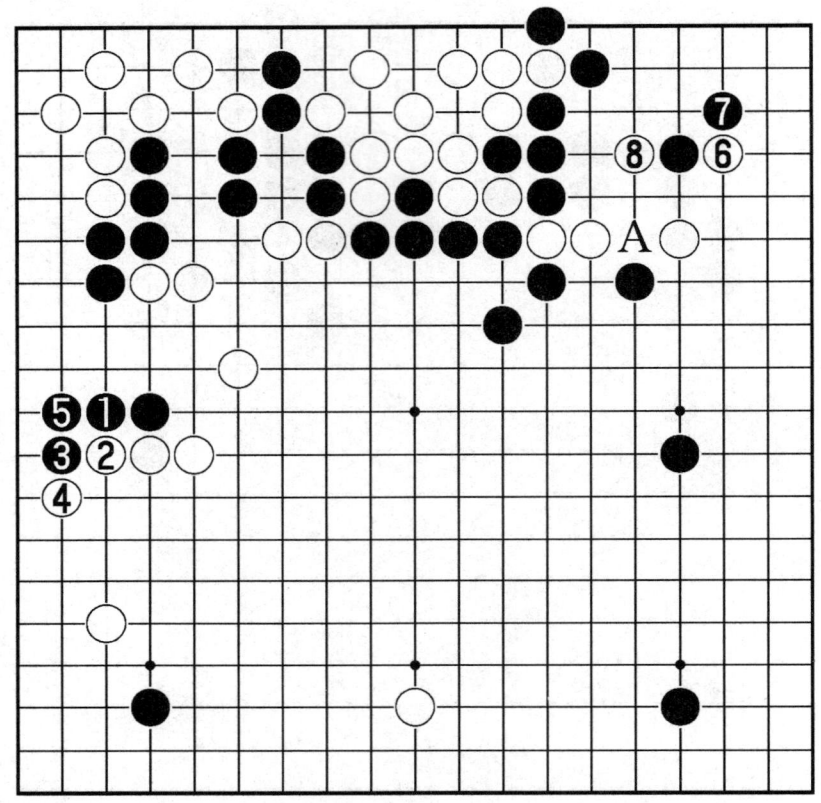

图 10

如图 10，当黑 1、3、5 扩大眼位时，本可继续冲击黑大龙安虞的大竹英雄再次忽然收手，6、8 转向右上展开腾挪，思路转变之迅捷令人始料未及。仅就局部而言，白 6、8 的快意先手未必比 A 位冷静接住好出多少（A 位接有后中先之意，可瞄黑上下断点），但"不下愚形"对大竹英雄而言，无疑比胜利甚至生命还要重要许多。这真是一位任性偏执却又单纯到可爱的棋手啊。

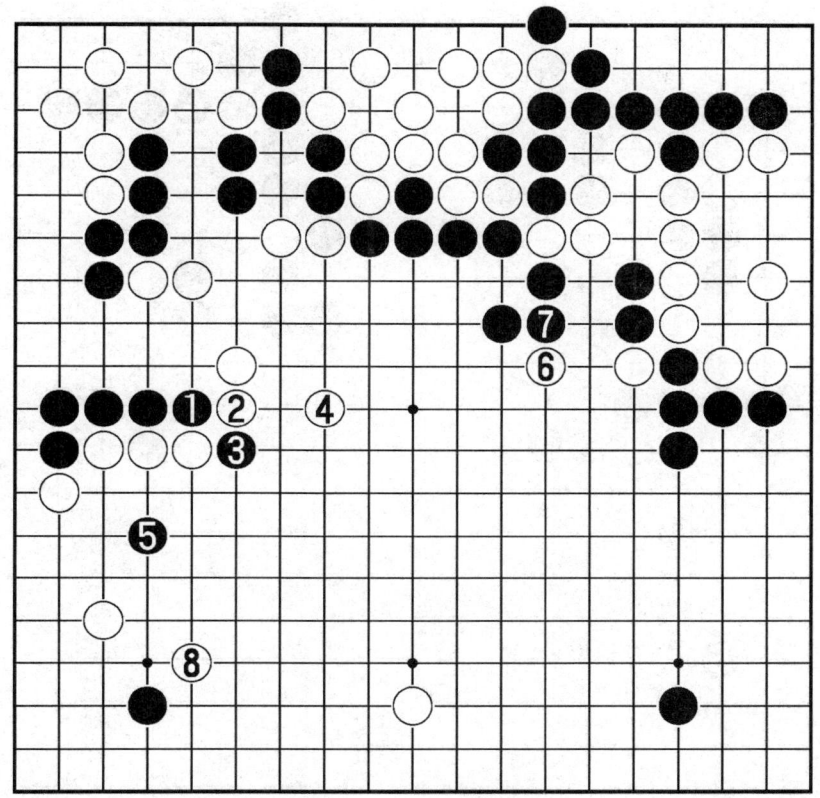

图 11

　　棋局四处定形，形势吃紧的彦坂直人急需寻求乱战机会，尽力将局势搅浑并伺机翻盘。如图 11，黑 1、3 冲断是强烈的争胜手段，黑死死揪住白最后一块稍不安定的孤棋不放，绝不给对手安全运转之机。之后黑 5 又击中对方局部急所，破坏左侧白棋棋形和眼位，寄希望于缠绕攻击获取大利。可之后的白 8 飞压又是大竹英雄技惊四座的一手——据不可靠传闻，在研究室拆棋讨论的职业高手，一度纷纷认为此着是记谱员的笔误所致。

　　白 8 不可以救回三子棋筋吗？当然不是，但那必须付出局部成为愚形的"惨痛"代价。为棋形优雅连生命都可以不顾的大竹英雄，怎可能为了"区区"小利，便委曲求全、忍辱偷生呢？大手一挥，看似举足轻重的三子棋筋，就被大竹英雄这般"任性"地弃掉了。

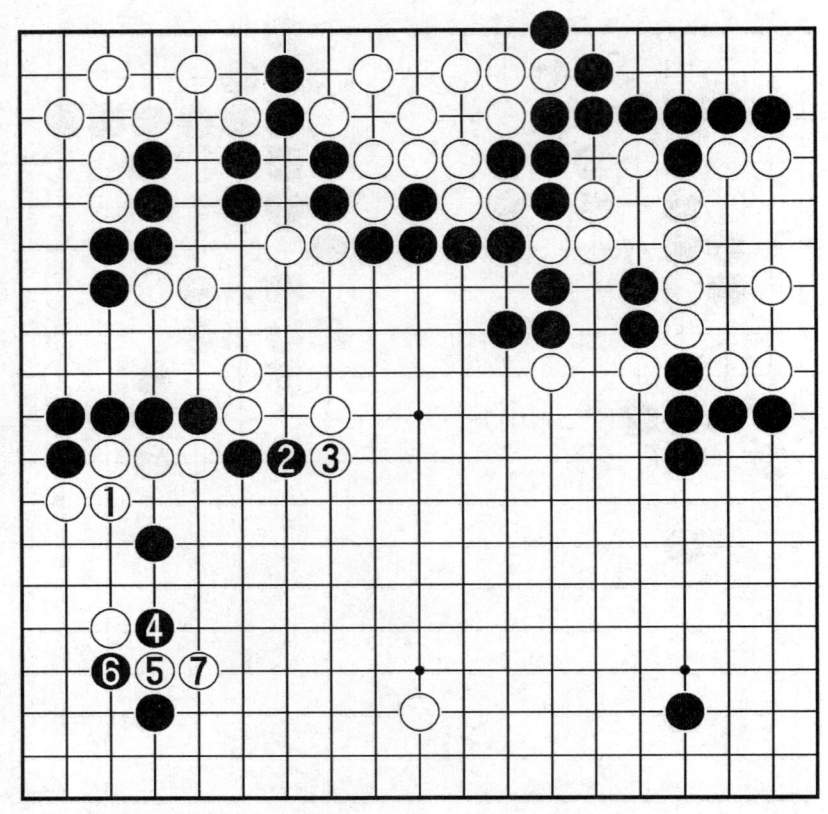

图 12

如图 12，白 1 接回虽是愚形，但白在此局部正面作战当无惧怕的道理，至白 7，四处破绽的黑方依旧苦战。但仅仅因为白 1 形成了大竹英雄嗤之以鼻的"愚形三角"，这个本来占尽作战主动的变化图还没来得及出现在其脑海中便被弃如敝屣——大竹英雄的"美学围棋"，绝非叶公好龙。

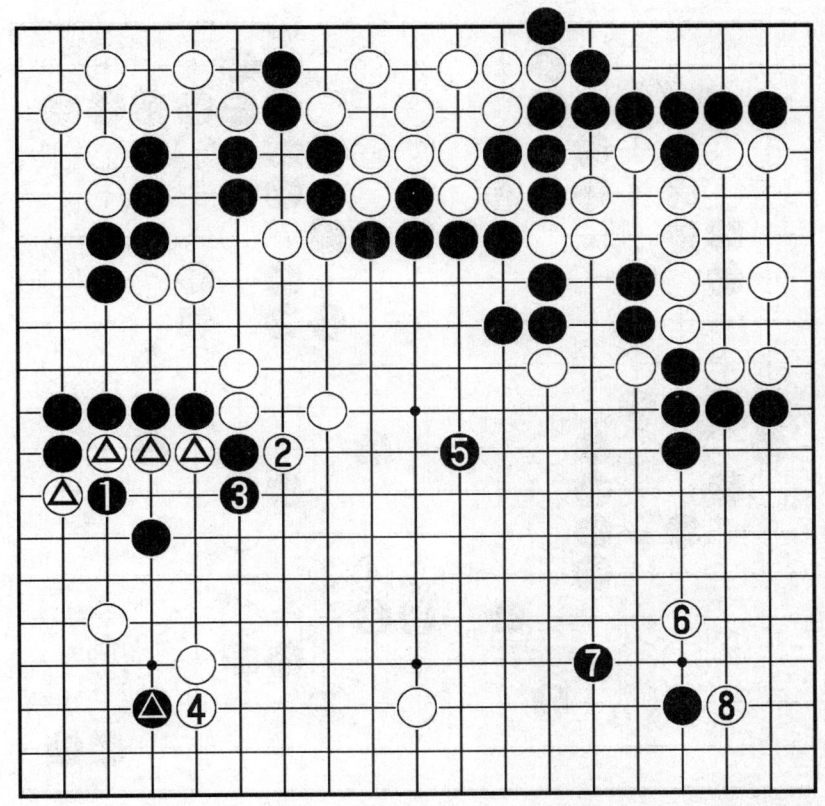

图13

如图13，实战黑1当然切断，白2简单一打，形成漂亮虎口的同时彻底断绝了△处棋筋的生路。局部冲突显然以黑胜告终，但白抢到4位挡下堪堪吃住黑△处小目一子，也算相对减轻了局部损失。由于前半盘优势明显，白6、8破去黑右侧势力以后，形势依然白优；因大竹英雄的美学执念而闹出的小插曲并未使白棋伤筋动骨，棋局再次回到白棋掌控之中。

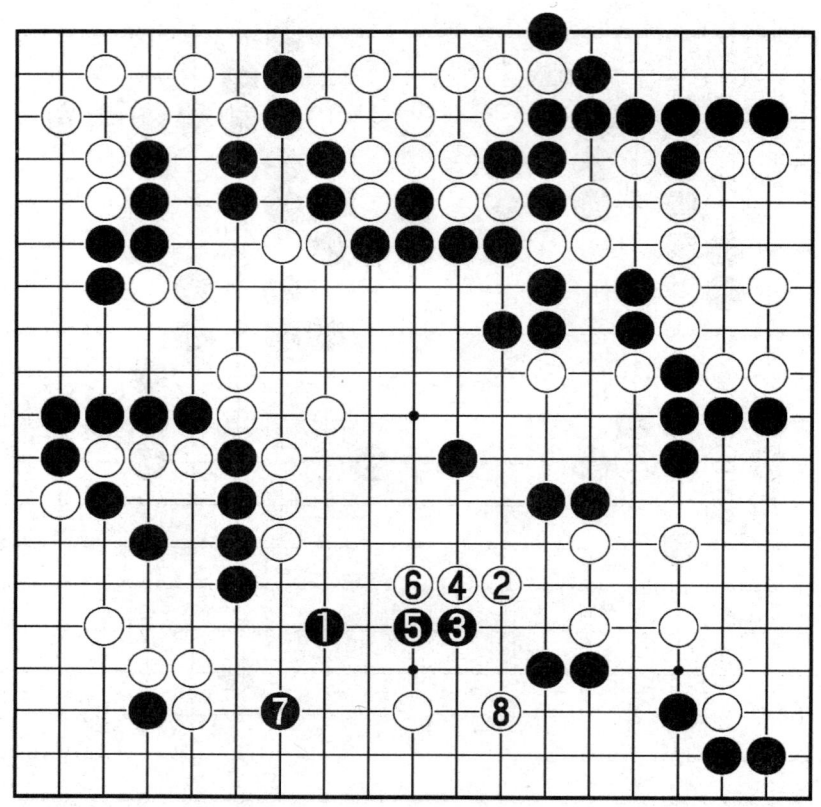

图 14

之后的对局进程展现出大竹英雄精准的计算。如图 14，黑 1 小飞威胁下方白棋联络时，白 2 脱先是长考后的安全运转之道。黑 7 飞下看似凶狠，但白 8 足以保障拆边一子安然成活，白中央两块孤棋也自此安定。

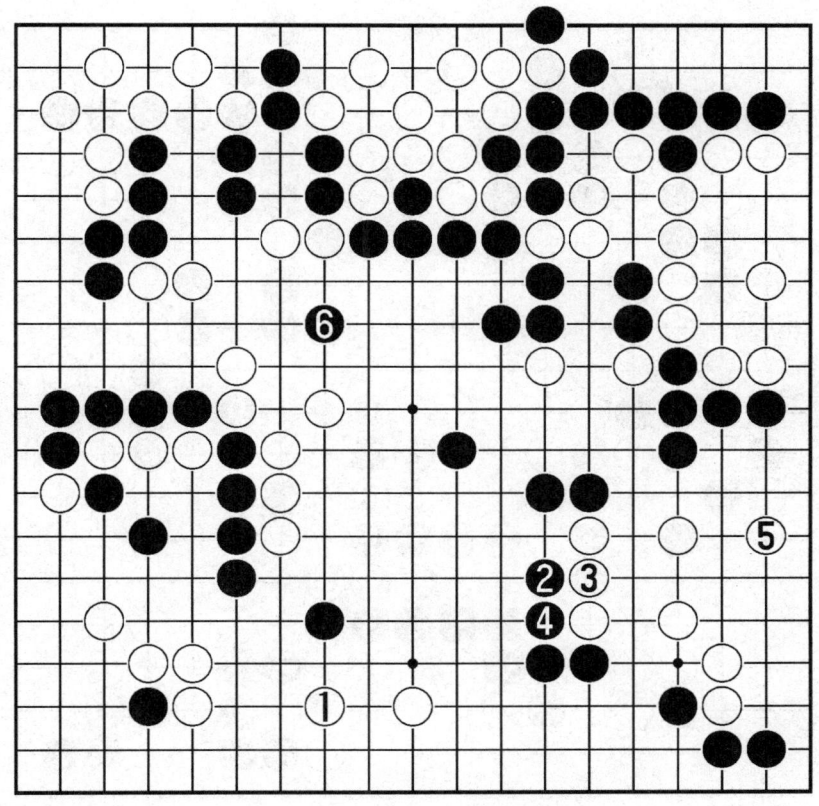

图 15

如图 15，遂黑步调于 1 位行棋虽无大恙，却稍显不简明：黑 2、4 佯装强攻右边后于 6 位破袭白中央大龙眼位，白想全身而退尚费周章。实战白各处安然成活，黑失去了最后一处拼搏机会，白自此胜定。

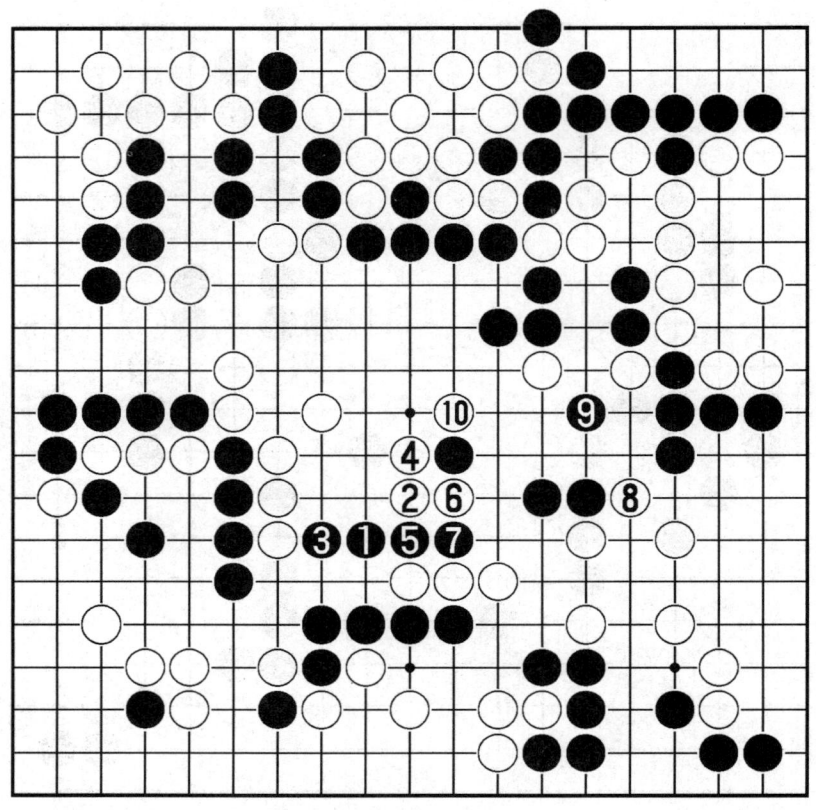

图 16

图 16 为实战的进行。黑 1 分断两块白棋已属勉强,白借联络之机已左右各自码好眼形。至白 10,由于自身尚存缺陷,黑方进攻无以为继。

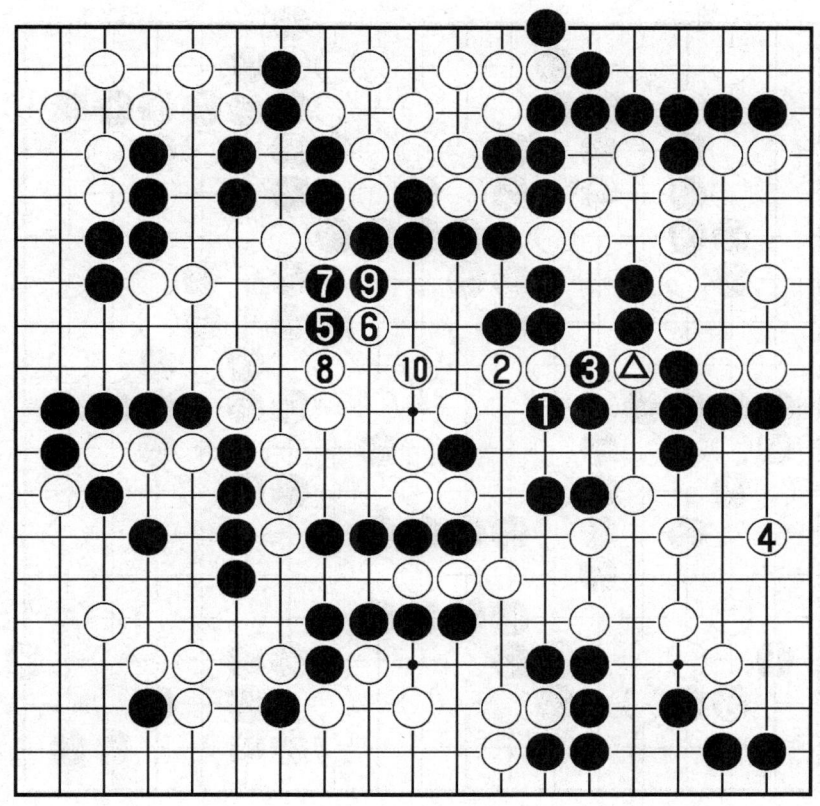

图 17

如图 17，由于△处棋筋将要逃逸，黑 1 自补实属无奈，白 4 趁机做活右边。待黑 5 故技重施欲要破眼时，早早埋下许多伏笔的白棋予以 6、8、10 的漂亮应对，白中央大龙优雅成活。四处猛攻却最终无功而返的黑棋由于实地的巨大差距，已经无力回天。

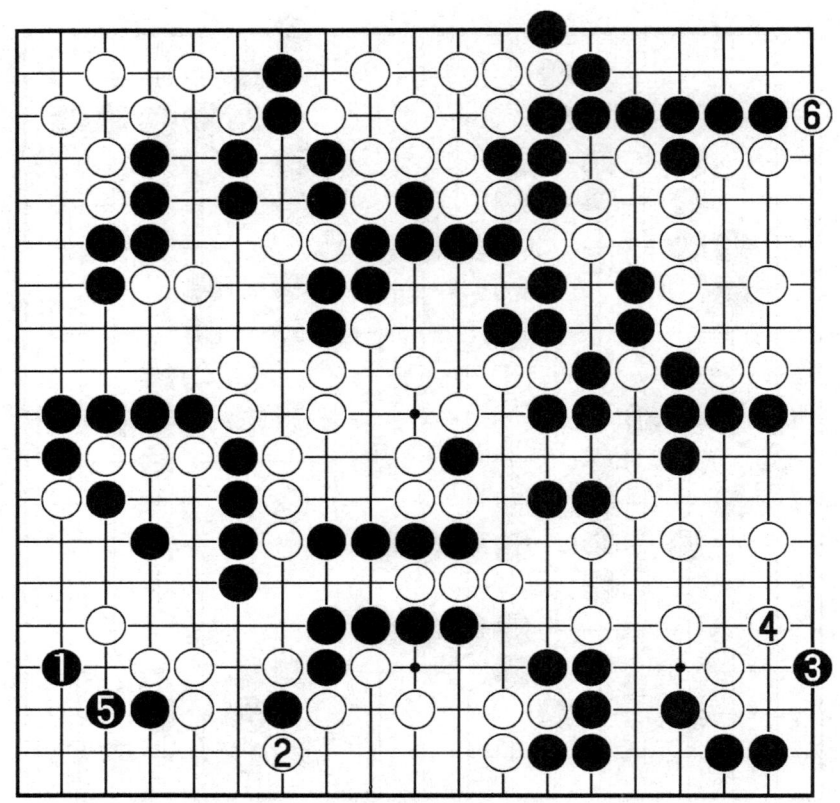

图 18

这是本局的最末花絮。如图 18,黑 1 透点是彦坂直人最后的胜负手,对此白 2 置之不理再次脱先补棋是冷静之手,也为本局白方精彩纷呈的"脱先秀"画上圆满句号。由于实地领先过大,白放任黑后手做活角部后抢到 6 位的双先扳粘,黑盘面依然不够。若白无谋跟班,则胜负或未可知,因为——

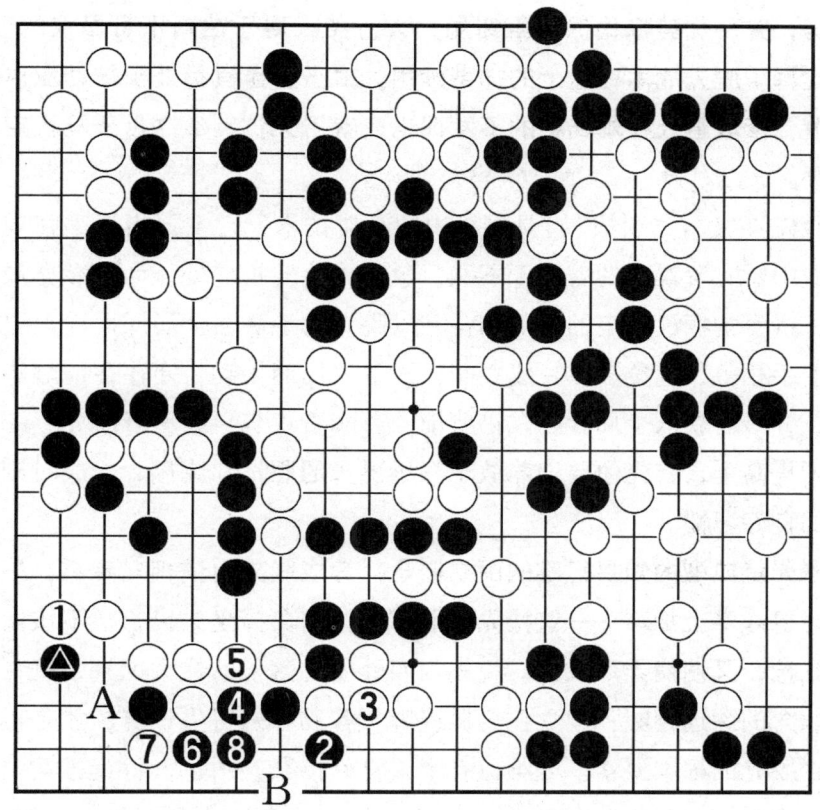

图 19

如图19，白1若随手挡下，则瞬间酿成大祸。有了❶处透点一子的支援，黑2、4的暴动手段得以成立，至黑8，由于A位逃出和B位做眼见合，白下方棋子悉数阵亡，棋局瞬间崩盘。而实战中，冷静脱先避开彦坂直人最后陷阱的大竹英雄在之后的对局进程中没有给对手任何可趁之机，最终白中盘获胜。

本局中，大竹英雄成功上演一出脱先大戏。从布局处理自身孤子开始，大竹英雄不厌其烦地四处脱先，看似散乱的四处刺探背后蕴藏着超一流的判断，在大部分的脱先处抢先一步获取了更多利益。面对黑棋的疯狂反扑，白方始终掌控局面走向，以最安全和冷静的应对化解了对手数波猛烈攻势，并将优势稳稳保持至终局；大竹英雄用任性到不可思议的着法，完美诠释了脱先战术在盘上的神奇妙用。由于整盘棋都处于被动应对的不利位置，彦坂直人在本局中的不发挥也成就了大竹英雄这盘天马行空的完胜名局。

脱先（又名"手拔"）是围棋中的经典技术，它主要指棋手在局部的接触战中暂时置对手的着法于不顾，争得先手转投他处。为抢夺全局的主动权，棋手常牺牲一定的局部利益，以脱先的手法在全局层面谋取更大收益。上手相争，胜负多在一线之间；谁掌控局面主动，便往往能顺势滚起雪球，并最终获取全局胜利。正所谓"善弈者谋势，有勇者脱先"——想成为围棋高手，首先便要培养敢于弃小谋大的胆量和胸襟，养成时刻准备脱先的良好习惯。

脱先是典型的知易行难的围棋概念：养成脱先习惯相对容易，把握好脱先时机才难上加难——该抢先手而不抢，则白白坐失良机；不该抢先手的胡乱抢，又偏偏弄巧成拙。脱先与四处胡乱落子的最大区别，就在于其背后蕴含的深远判断；建立在全局统筹下各局部的得失计算，才是棋手决定是否脱先的根本要素。虽难免有个人喜好掺杂其中，大竹英雄在本局中的每一次看似"任性"的脱先，却几乎都是严密计算和反复判断的产物；表面上的"轻松写意"和"随心所欲"，背后付出的心血何止一二。今日**棋界对 AlphaGo 在对局中的频频脱先多有不解，或也正因人类目前的"实地——外势"判断体系尚存缺陷——狗大师天花乱坠的脱先手法，在 AI 的价值判断体系中或许再正常不过**。至于价值判断和全局权衡能力如何形成，则绝非几句面授机宜便能掌握自如；海量实战对局和更多的局中思考和局后反思的经年累积，方有可能由量及质达成最终飞跃。

脱先对围棋高手更深层次的心理意义，在于追求更加稳定和牢靠的安全感和掌控感。跟随对手落子虽然轻松，但棋局命运永远系于他人一念之间，则不免时刻惴惴惶恐；早习惯于掌控盘上一切生杀予夺大权的棋手，宁愿放弃眼前舒适并花费千百倍努力找寻脱先机会，也绝不愿化身砧板鱼

十一 脱　先

肉任人宰割。脱先是一种开拓和创新，打破陈旧舒适圈难免会引发焦虑和痛苦，但因之而来的一切尽在掌握的新鲜安全感，定是棋手高峰体验的重要来源。从这个角度看，棋手们一面始终缚在脱先背后无休止的运算中焦躁困扰，一面又终日沉溺此道乐此不疲；古人云"从来好事天生俭，自古瓜儿苦后甜"，实在字字珠玑，诚不我欺。

　　脱先帮助棋手从按部就班的落子惯性中解放出来，围棋的真正乐趣从此敞开大门。领会脱先的真义，你也可以从熙熙攘攘的人潮涌动中超脱出来，好好品茗人生百味。

　　许多媒体都爱用类似"棋手是活在自己世界里的动物"的腔调，调侃棋手对掌控自己生活节奏近乎歇斯底里的执着需求。笔者只想默默问一句，**活在自己的世界里，难道还不如活在别人的世界里吗？活出自己的人生**，单是听听便已令人心驰神往。

十二 遇形

这几日的弈国可不太平。

长河是华夏民族的生命之源——蜿蜒曲折的河道两旁，滋养出无数灿烂文明。弈国便坐落在长河下游的北岸，得天独厚的地理环境使其国库丰硕仓廪殷实；国民多言寡沉静却聪颖智慧，尤擅围棋。与其他文明"重八股"的民俗不同，弈国每年的科举殿试单测棋力；多少布衣彻夜钻研黑白之道，只为有朝一日金殿传胪，光宗耀祖。纵是高高在上的祈寿圣君，当日也仅凭一手出神入化的"镇神头"之术在茫茫皇子中脱颖而出，并最终成功登基。多少年来，弈国上下终日浸淫方寸之间，竟不知有亚，无论欧美。虽因偏居一隅而鲜与其他文明互通有无，弈国君臣却从无入世之心，反而怡然自得、尽享安乐。

这一天，弈国迎来一位黑纱斗笠的不速之客。亲手为其签下通关文牒的封疆大吏沈相怎么也不会料到，眼前这位其貌不扬的神秘过客，竟彻底扰乱了中原大地的天机道运，将整个弈国从此推进茫茫的未知迷雾。弈国悠久的光辉历史，自此掀开全新篇章。

神州郡城京都是整个弈国的围棋中心，这里汇集了来自全国各地的棋坛好手。有"天下第一楼"之称的棋乡阁便坐落在京都北郊最为繁华之处——每逢皓月当空，全阁浮光跃金流云溢彩；单是远远望去，便令多少江湖儿女心驰神往。江湖传闻，阁中最底层的灰衣棋侍也常将不少自命不凡的青年才俊斩落马下；而坐镇顶楼的素袍弈客更是神龙见首不见尾，棋力甚至可与大内九品棋诏一较高低。

年关将至，来往京都的商贾脚夫络绎不绝，棋乡阁前自是熙熙攘攘。可这一天，一个爆炸性的新闻瞬间传遍京都：一位不知来历的蒙面少侠竟大闹棋乡阁，他一言不发地从阁底一路杀至阁顶，手下未有数合之敌。迫使棋乡阁主俯首称臣以后，这位神秘人物竟在阁楼最顶层席地而坐并立下擂台，自号"黄耳大师"并扬言要打遍弈国高手。夸张放肆的行径一石激起千层浪，神州郡众将群情激奋、争相挑战，甚至连周遭别郡的数位高手也一并惊动；棋乡阁一时人声鼎沸，成为新岁前最炙手可热的坊间话题。

令所有人难以置信的事情终于还是发生了。其貌不扬的黄耳大师稳若泰山，数日间连挑三十位顶尖弈者于马下，举朝震惊。更令人难以接受的是，自告奋勇的挑战者们绝非碌碌之辈，其间甚至不乏挥袖成风的九品高手。待再无挑战者上门，索然无趣的黄耳大师离开棋乡阁后又马不停蹄地赶至京都另一处有"龙潭虎穴"之谓的狂虎轩并再次摆下擂台，视天下英雄如无物。祈寿帝闻之龙颜大怒，立时下旨遣三郡棋力最强的秘藏高手前去破敌，可眨眼间又有十余个前辈高人败下阵来。

这一日，有"扶桑第一高手"之称的水河公子翩然而至，号称"天下无敌"的黄耳大师，终于迎来迄今为止的最大挑战。

两位不世出的绝顶高手在轩内斗智斗勇，全京都的老小百姓也时刻关注着事态发展。忽闻狂虎轩门童高声吆喝道："号外号外！黄耳大师弈出'方九'超级愚形，水河公子形势一片大好！"本就如坐针毡的棋评家公孙青阳闻之更是心痒难耐，终于咬紧牙关掏出不菲银两购得门票入轩观棋，接下来的刺激场面却令其频频直呼"不虚此行"。弈国有史以来最匪夷所思的别样对抗，正在这里缓缓上演。

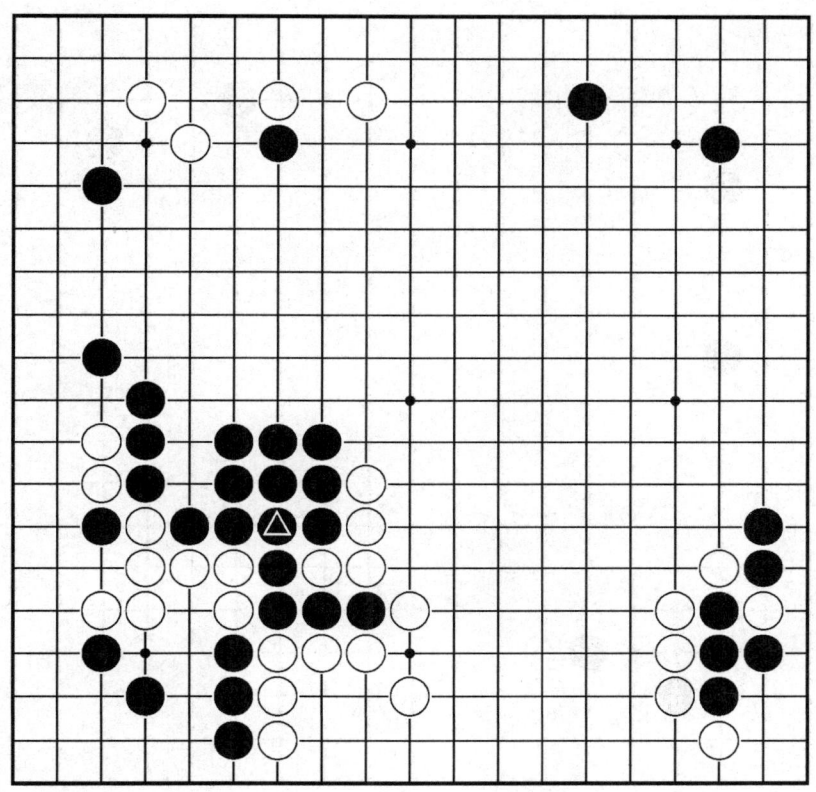

图1

如图1，这是公孙青阳步入狂虎轩所见的第一眼棋局，便瞬间被盘上的这"坨"愚形黑子惊得说不出话来。"不愧是绝世高手，连愚形都这么别出心裁！"公孙青阳一边赶紧落座观棋，脑中一边浮想联翩起来。

对局室中，黄耳大师面色如常地落下△一子，浑不觉有任何不妥。相较外面一惊一乍的吃瓜群众，亲身对局的水河公子面色不曾稍改，似乎对此早见怪不怪。眼前这位"天外来客"自布局伊始便怪招连连，其匪夷所思的程度早已远远超出了弈国上下对围棋的传统认知。一阵恍惚中，黑棋前半盘弈出的种种"异着"走马观花般在水河公子眼前来回显现，其脑海中不由浮现出这样的念头：这些不羁边界的围棋，会不会改变整个弈国的未来呢？

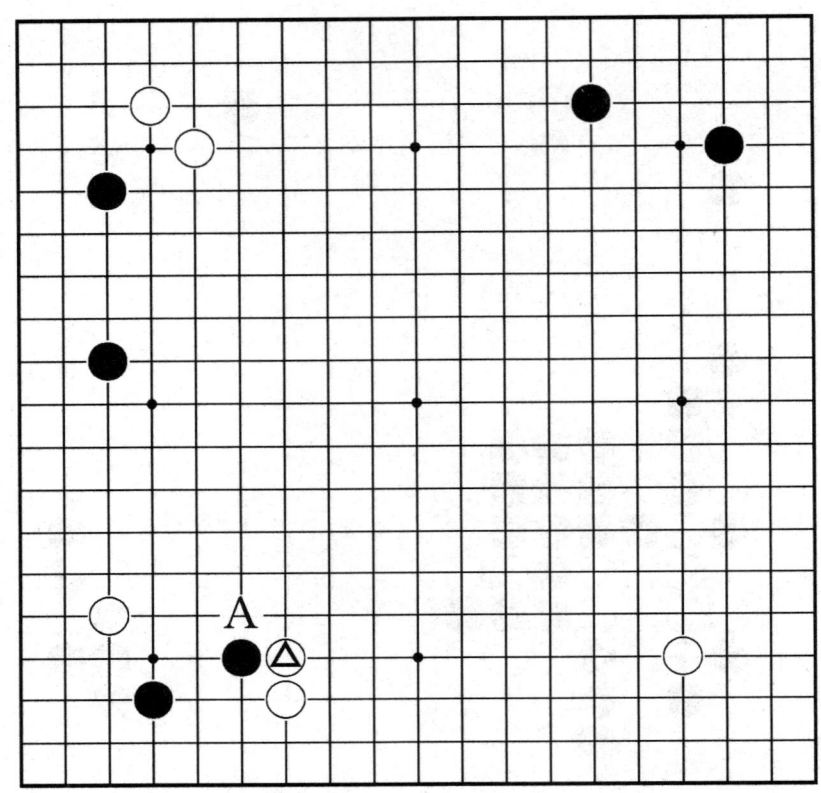

图 2

布局伊始,黄耳大师便不按常理出牌,在第一处局部纷争中弈出新手。如图 2,白△位贴起时,黑 A 位长出恐怕是弈国棋士毫不犹豫的条件反射,这也正好契合"一朝出头天地宽"的古老棋谚。本意以常见套路试探对手的水河公子却不料遭至对手强硬反击,棋局伊始便火花四溅;对阵双方一言不合便大打出手,本来平和的局部忽然陷入复杂的斗争。

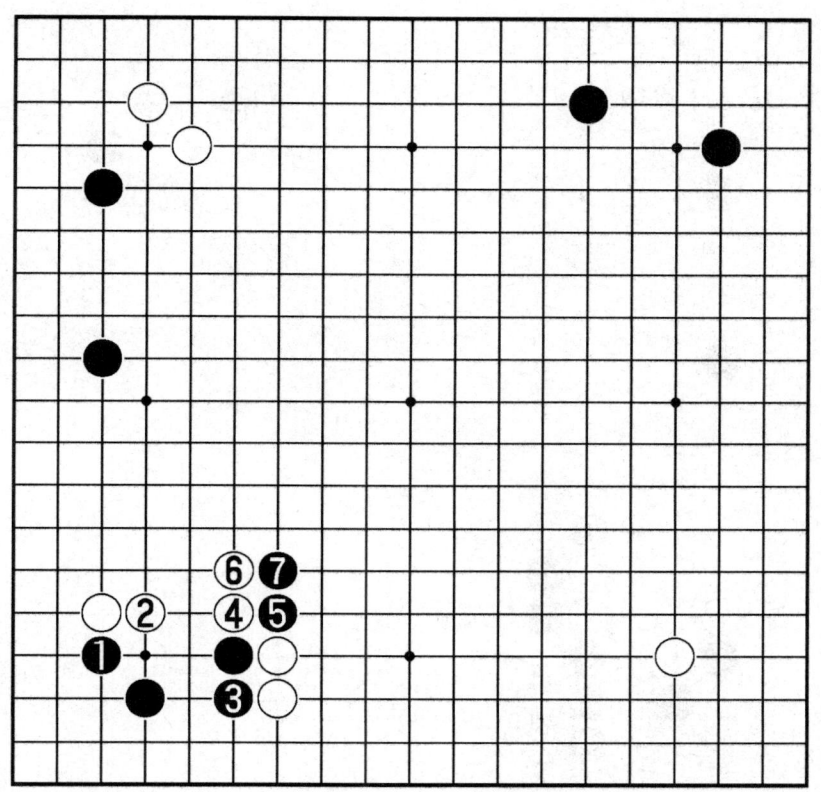

图3

如图3，黑1尖顶后3位下挡是超级强硬的非常手段，黄耳大师对白4扳二子头似乎毫不在意。以连续俗手暂时安定角部以后，黑5连根将白切断，求战意识空前强烈。白6退是正常分寸，黑7紧贴又是强硬的一手：与弈国的传统认知不同，黄耳大师在局部搏杀中似乎对"二子头"全无抵触之心，反而频频卖出扳头破绽。"真是山野莽夫，毫无章法可言！"水河公子对敌人毫不顾忌自身棋形的露骨进攻嗤之以鼻，却也对怎样化解这"野蛮"冲撞颇为头疼。若稍有不慎被黑夺得局部先机，则对方之前的所有愚形，将反而全部变成力战好手——这是多年浸淫本格流苦修的水河公子，绝对无法忍受的事情。

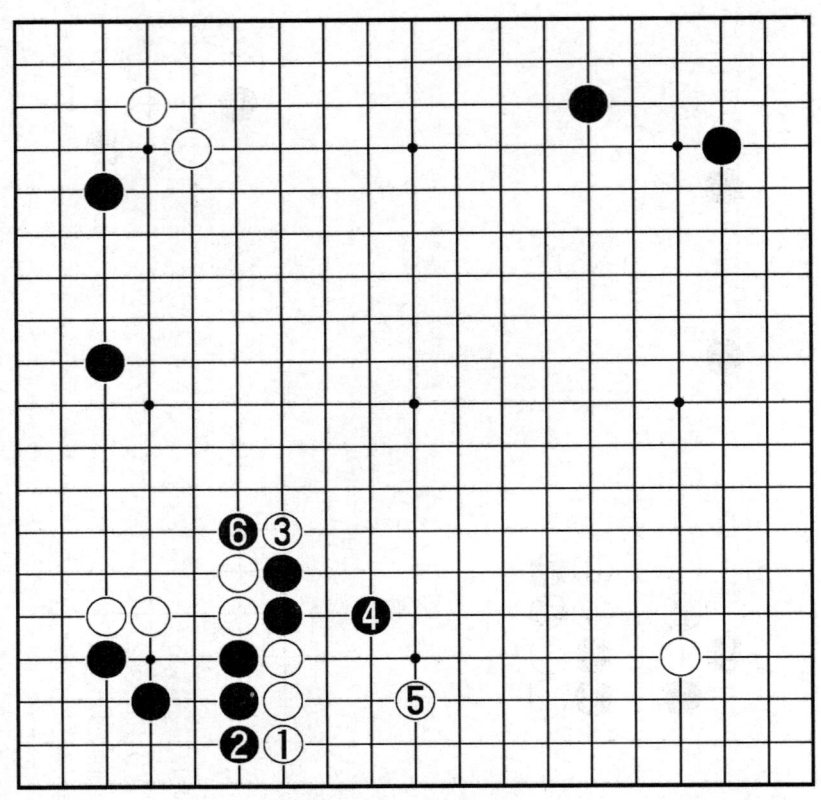

图4

如图4，白1下立慎重，此着先手缓解了下方白二子的气紧隐患。黑2必然，接下来白棋终于如愿抢得扳二子头的畅快手段。可一口浊气尚未抒尽，黑6又赤裸裸地断了上来：黄耳大师不顾自身各处气紧，执意要在此局部用强。面对黑棋的步步紧逼，一直轻抚折扇惬意自如的水河公子，神色终于开始严峻了起来。"这山村野人力量倒是不逊，远没有看上去那么好对付啊！"一边苦思对策的水河公子，一边这样想道。

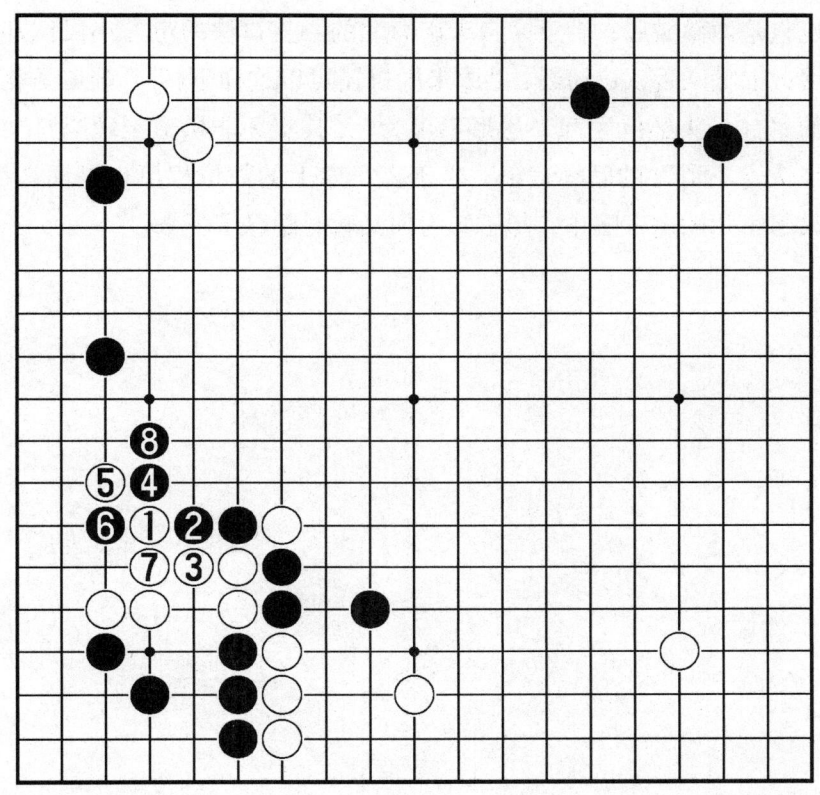

图5

如图5，白1跳方是本手，黑2却又是与之形成鲜明对比的超级俗手。本局中的黄耳大师似乎与弈国的"二子头要诀"较上了劲，执意要以数个紧气二子头以力破巧，企图全歼白龙。至黑8退，虽然黑方各处棋子均气紧如窒，但依仗局部的子力优势，黑堪堪完成了对白孤棋的包围封锁，局部厮杀呈白热化。

能白手起家将狂虎轩经营至京都一流，其幕后持舵者张掌柜自然长袖善舞。黄耳大师在顶层设擂的这段时间里，他使轩内棋侍随时跟进对局进度，并趁机在底层大厅挂起巨幕，以重金邀得数位九品棋诏为闻风而至的天下棋迷挂盘讲解擂台风云，短短数日便赚得盆满钵满。见到本局中黄耳大师的数个紧气二子头，常年服侍圣驾的九品解说嘉宾虽然心中颇有不屑，也只是微微皱眉；台下来自天南海北的心直口快的市井小民们却都炸开了锅，七嘴八舌议论纷纷："原来围棋还可以这样下！""难道圣相三令五申的'二子头必扳'和'愚形不可为'，其实并非棋道至理吗?！"耳闻这些"大逆不道"的聒噪言语，坐于嘉宾席上的数位权臣也是面有愠色、心中火起，几欲出言喝止，却不知为何又暂时隐忍了下来。

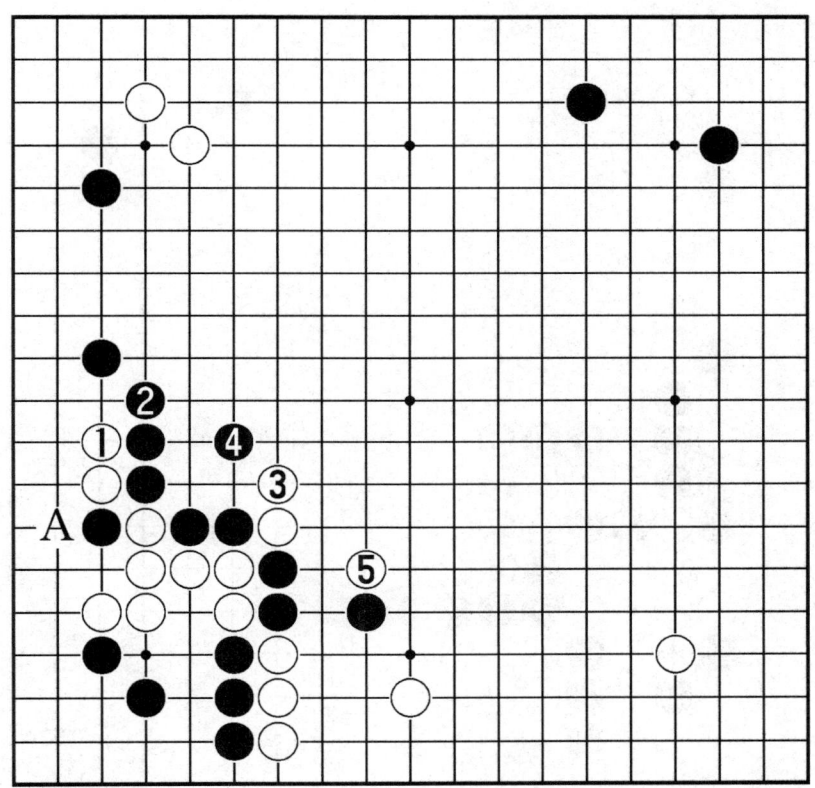

图6

连挑扶桑郡七大世家方稳坐全郡头把交椅的水河公子，自不是沽名钓誉的登徒浪子；形势愈见紧迫，手下才愈显真章。如图6，长考以后，白5凌空一靠正中黑二子命门；此着一出，立时引得楼下众人欢呼雀跃。这真是充分展现弈国棋手风采的可谓刀尖上跳舞的犀利之着！

将此着喻为"刀尖上跳舞"毫无夸张之意。由于A处尚欠一手，白对黑外围三子的猛攻一旦稍有差池落下后手，左边大龙便要立时横死；而由于自身尚存多处缺陷，白想一鼓作气生擒黑方棋筋，也并非看上去那般轻易。可水河公子似乎早已看透全部变化，手中折扇再次惬意地轻摇起来，扇面所提"棋福"二字笔走龙蛇，所韵山河之气磅礴欲溢。白棋在此局部设下瞒天过海之计，黑棋似乎已经在劫难逃。

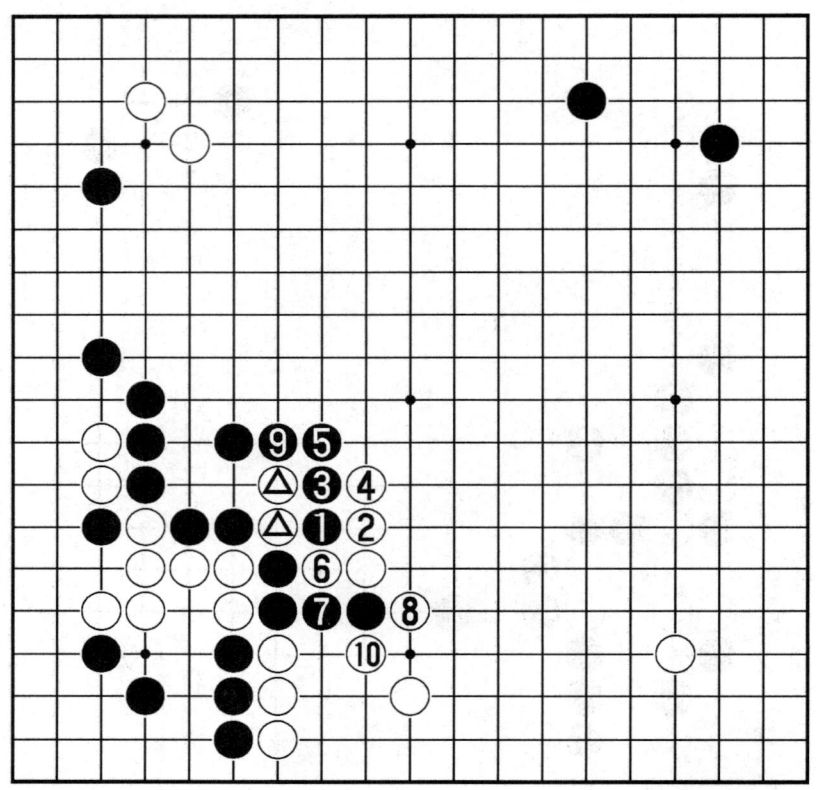

图7

如图7，黑1扳出是局部最强的反击手段，白稍有不慎将前功尽弃。可早已算到此着的水河公子干净利落地2、4连压，脑海中的完美预想图渐渐在盘上成为现实。黑3、5虽稳稳吃住△两子，却不料白忽然转而施展滚打包收的合围战术；白早在十数手前就已谋定的弃子战术，终于在此刻图穷匕见。

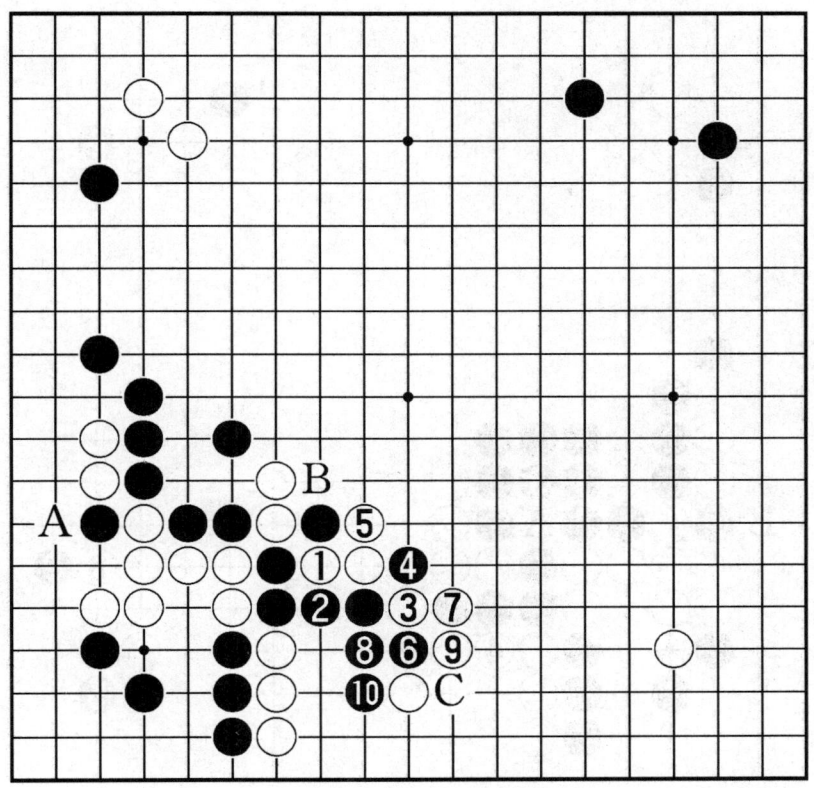

图 8

面对黑的扳出反击，若白想毕其功于一役，则反会引火烧身。如图 8，白 1 断看似凶狠，但黑利用白包围圈的各处断点恰好可以逃出生天；至黑 10，黑方棋筋一旦脱逃，白 A、B、C 位的毛病将无所遁形。如此白反而崩溃。

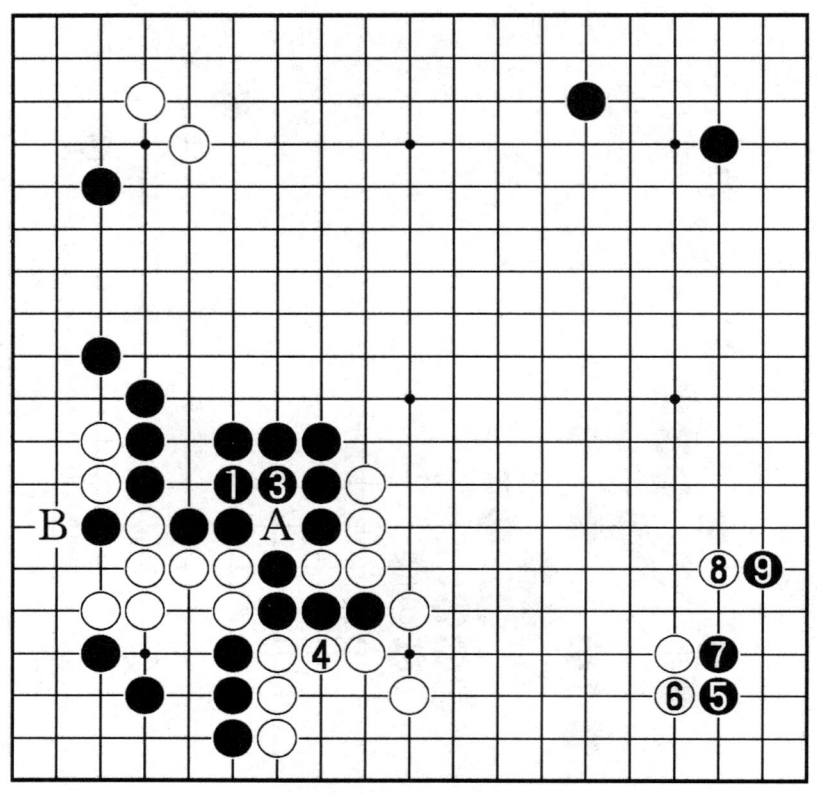

图9

如图9，实战黑棋连续提子，白则趁机收紧外围。至白4，由于A、B见合，白左侧大龙已无死活之忧，而外侧滚包收获也十分明显，局部战果丰硕无疑。眼见白棋得利，楼下观战众人无不嬉笑欢颜，因本国棋诏数十连败而处于舆论风口浪尖的权臣官宦，也终于露出了欣慰的笑容。

此时的顶楼雅座内，对外界反响一无所知的黄耳大师仍如机器般面无表情，黑5、7、9以最普通的的手法侵入白角，全然不觉自己已被对手的滚打包收戏耍出大团愚形。沉浸在计谋得逞喜悦中的水河公子见对手仍波澜不惊，不由也渐渐收敛了轻浮之心——既能在棋乡阁怒涛数十连胜，则必有过人之处；纵使一役占先，也决不能在后半盘稍有松懈！

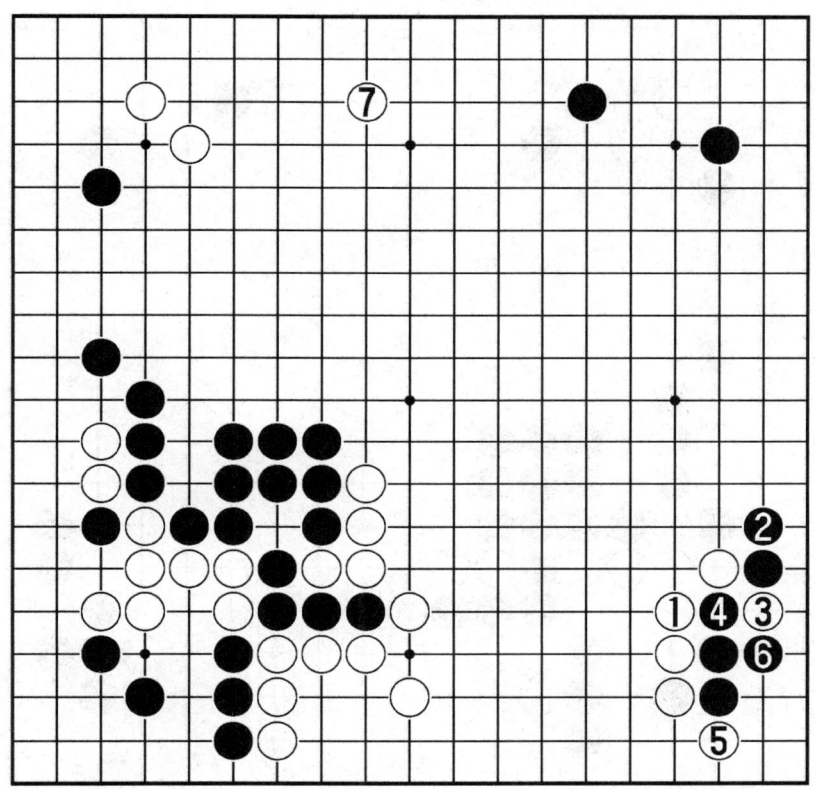

图 10

如图 10，白 1、3、5 是苦心之着。虽然损失一子，白顺势收获二路双先扳巨大官子的同时争得宝贵先手，得以 7 位抢先开拆，白全局一片好调。由于黑方大量棋子集中在中腹呈愚形，白伺机在右边建起可观模样。棋局似乎正朝着白棋顺风顺水的方向发展。

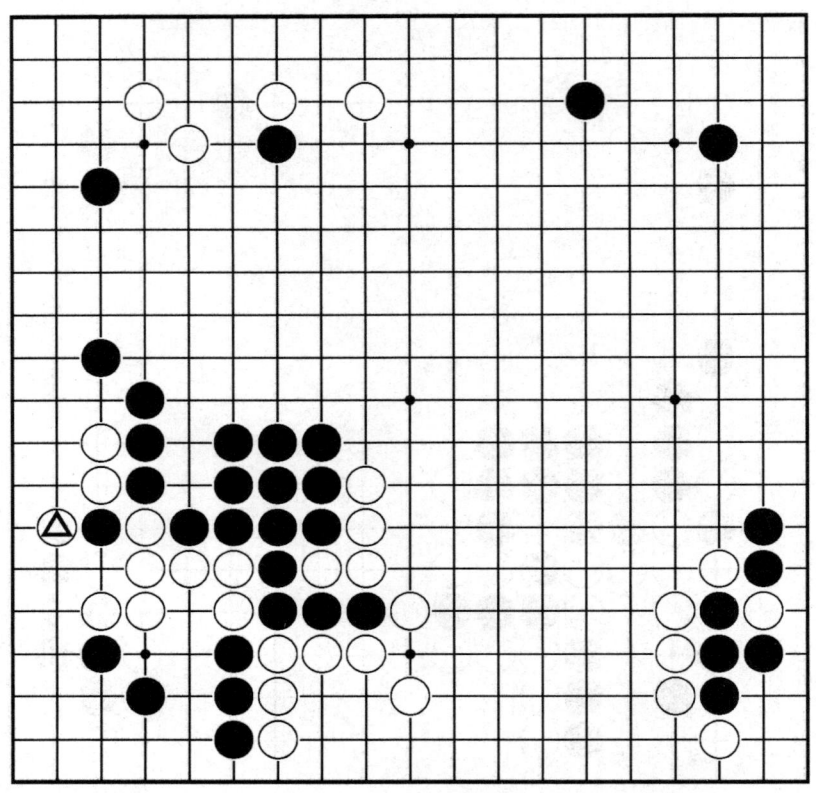

图 11

寥寥数着之后,棋局便进行至此,见图 11。

黑棋"方九"愚形触目惊心地亘立中原,似乎怎么看也没有黑好的道理。白上下左右各自安定,黑的铁饼空有一身武艺却无从施展。可积威之下,众人也不敢轻易宣判黑方死刑。一败难求的黄耳大师,难道还另有破局妙招不成?

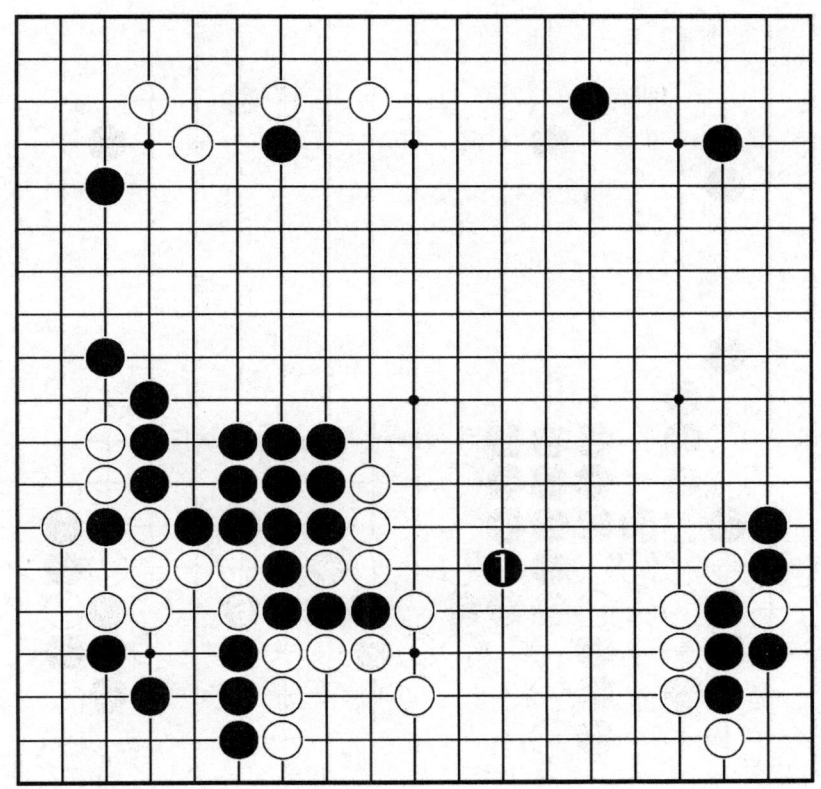

图 12

如图 12，黑 1 不紧不慢地落于盘上，一直心平气和的水河公子却在瞬间愣神后，双耳立时赤红如血。这乍看不知其所以然的一手，恰好左右逢源地落在白阵各处缺陷的交汇处，令白难受得几欲吐出血来。

这真是化腐朽为神奇的一着，前谱看似废如鸡肋的愚形大块，终于在此刻派上用场；看似无谋落入白方滚包陷阱的黄耳大师，原来早早备好了这反扑之招！

棋局自此开始脱离白方掌控，转而进入黑棋慢慢发挥厚势余热的步调。

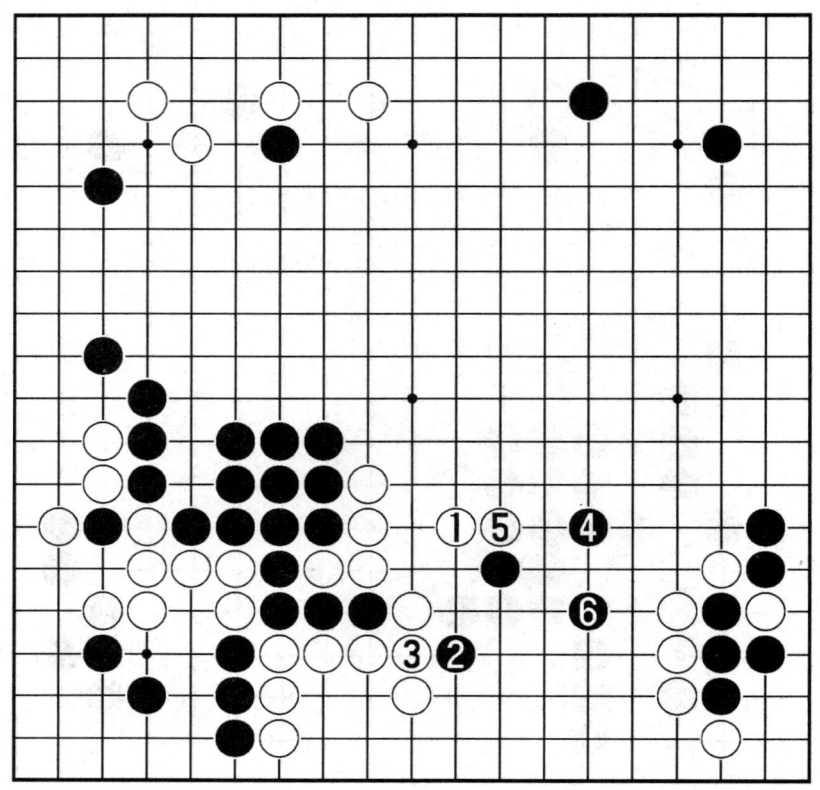

图13

如图13，白1跳方是局部正着，但黑2的先手便宜令白痛苦之极——囿于局部气紧因素，白在此无法反击。之后黑4小飞又是身轻如燕的出头好手，至6位跳，黑侵分数子安然出逃的同时，白下方潜力尽数化为乌有。如此白势地均失，局部大败。

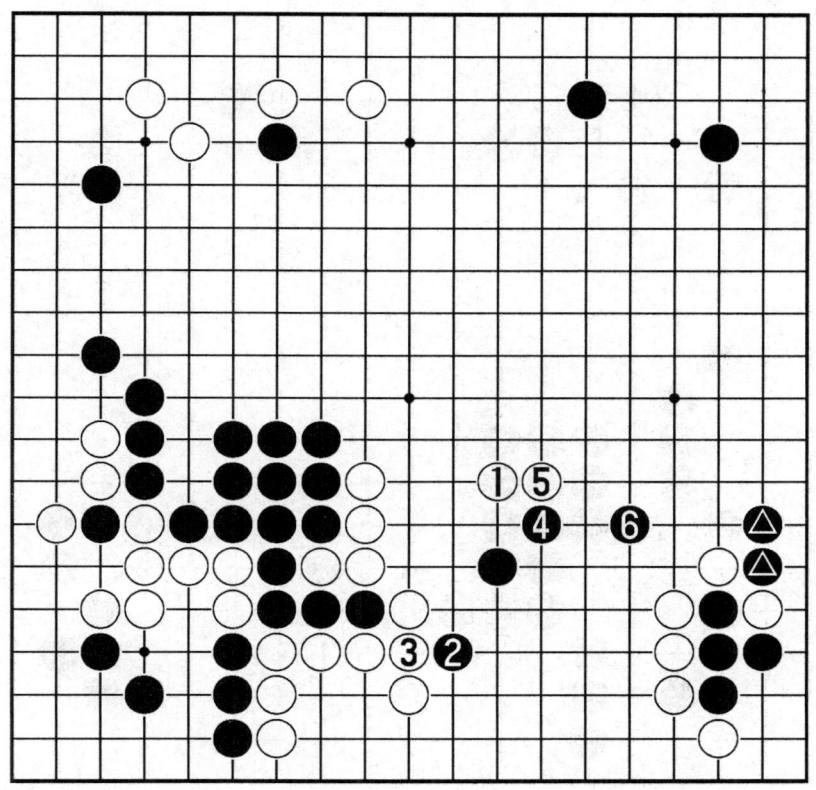

图 14

如图 14，白 1 镇头看似气冲霄汉，却依然截不住黑棋去路。由于❷位铁头的存在，黑 4、6 从容出头以后，白右下曾经的三子外势，甚至还要考虑自身安危。如此白同样不行。

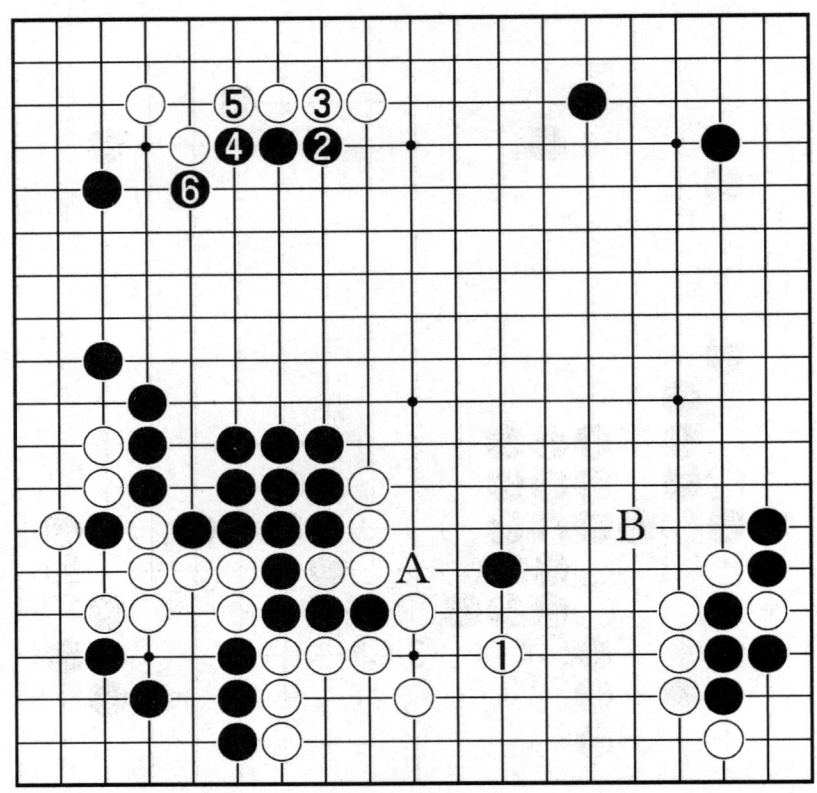

图 15

如图 15，白 1 守住下边是无奈之举，但留下 A 位切断和 B 位联络的味道，黑在局部已经获利颇丰。哪怕黑 2 转向上边简单封锁，局势对白亦不再乐观。

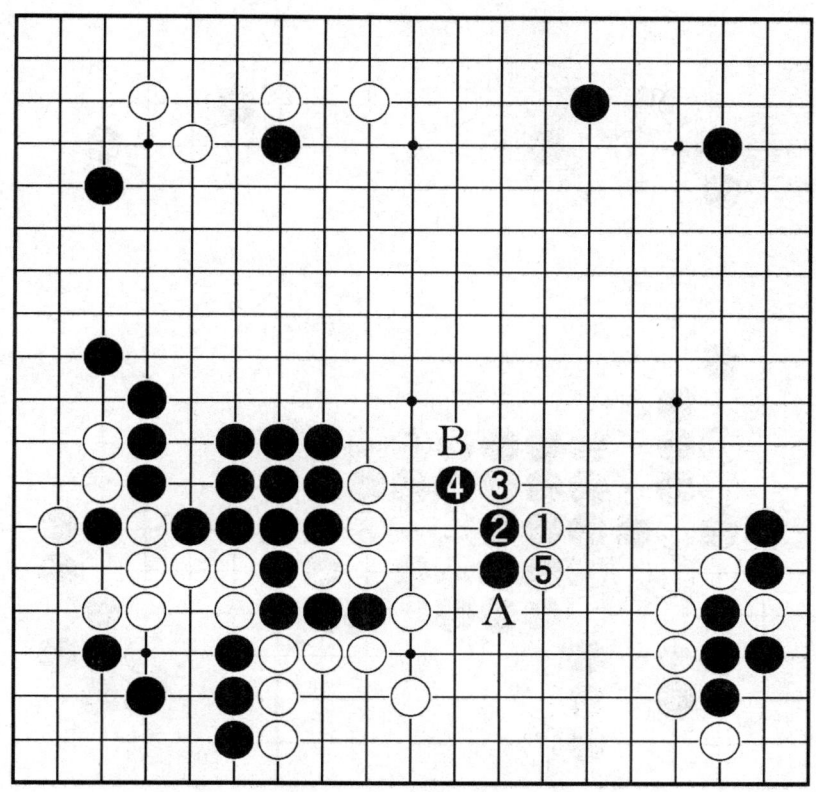

图 16

不愧为当今棋界数一数二的风流人物,水河公子在瞬间的慌乱后迅速冷静下来,并在短时间内找到了白1的超级强手予以回击,见图16。黑2、4出头必然,之后白5反贴又是局部最强手段:紧住黑二子气的同时,白瞄着A位扳和B位封锁等强烈手段,展现出寸土必争的强者心态。之后——

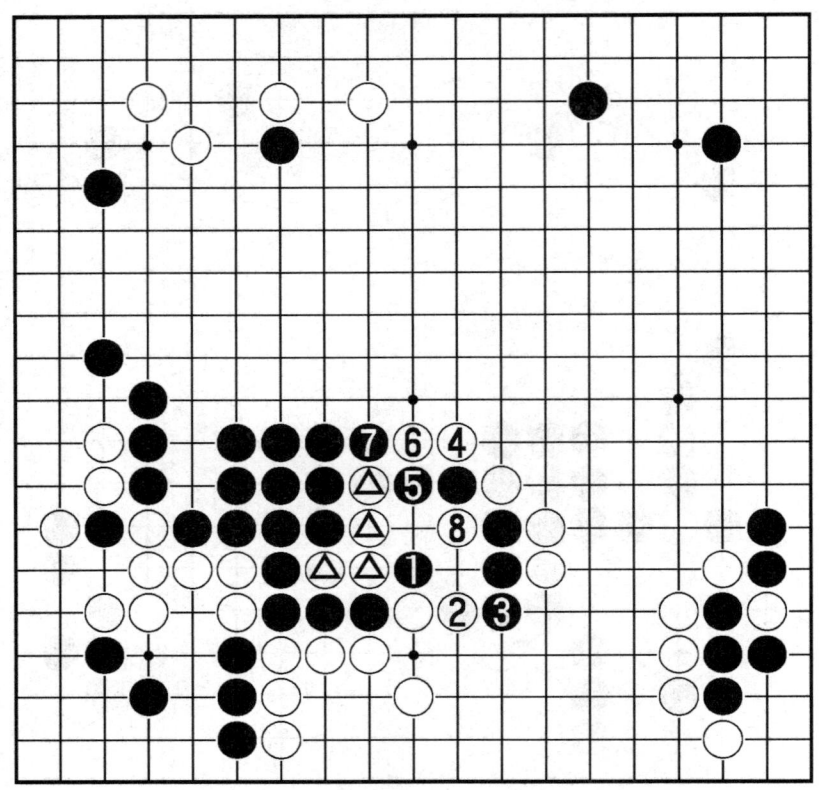

图 17

如图 17，黑 1 切断是针锋相对的强硬手段，之后白 2、4 是早就准备好的应对之方。至白 8，黑利用左侧愚形厚势的威力成功吃住△处四子，白则顺势围住右下大空，局部得失一时不明。不过，能在本来属于白棋的地盘上虎口拔牙，黑方显然更为满意。凭借此局部的收获，黑成功扭转了前半盘实地不足的困境，开始掌控全局主动。

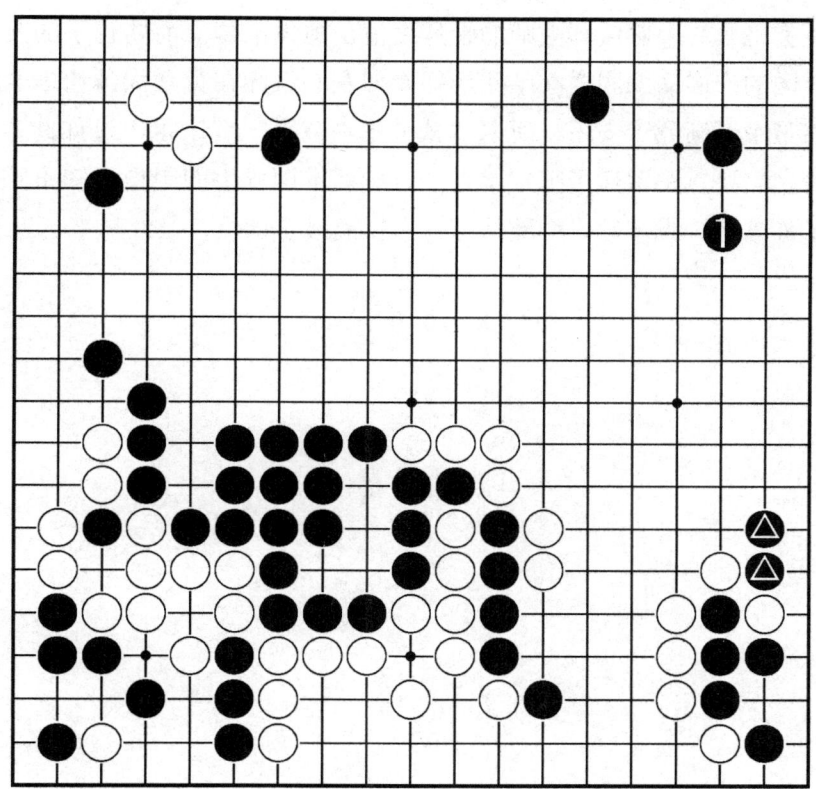

图 18

　　破去白阵后，怎样经营己方阵势自然成为黑棋要务。实战中，黄耳大师的黑1又是技惊四座的全新着法——在弈国棋手的传统认知中，想要扩张己方模样，拆二已是可以接受的最小幅度。见图18。

　　担任本局解说的这位九品棋诏也不愧高手之名，数息之间便洞悉了此招深意：由于△处两子"箭头"的存在，右下空旷处的行棋价值急剧下降；既然黑不论拆在何处都不能全围右空，反不如拆一跬步前行。实战黑1以后，右上大飞角内种种余味尽数湮灭，白反而不知从何处下手破去边空。虽然局部形状稍显委屈，黑1却是综合了当下全局各处状况后的最佳着手。

　　听高手解说娓娓道来，围观群众才稍稍领会了这看似异常的拆一背后的种种玄机，心中对黄耳大师的崇拜之情也愈发浓烈。前些日子的几十局中，弈国的许多高手同样在某些局部看似获利，却在黄耳大师通虑全局的算无遗策中渐渐死于安乐；所谓"扶桑第一高手"看来也不过如此，匆匆几着后，恐要重蹈覆辙了吧？本来一致看好本国棋手的舆论不知不觉重又倒向了外来者，大多数人一致认定：白棋离投子认负，已经越来越近了。

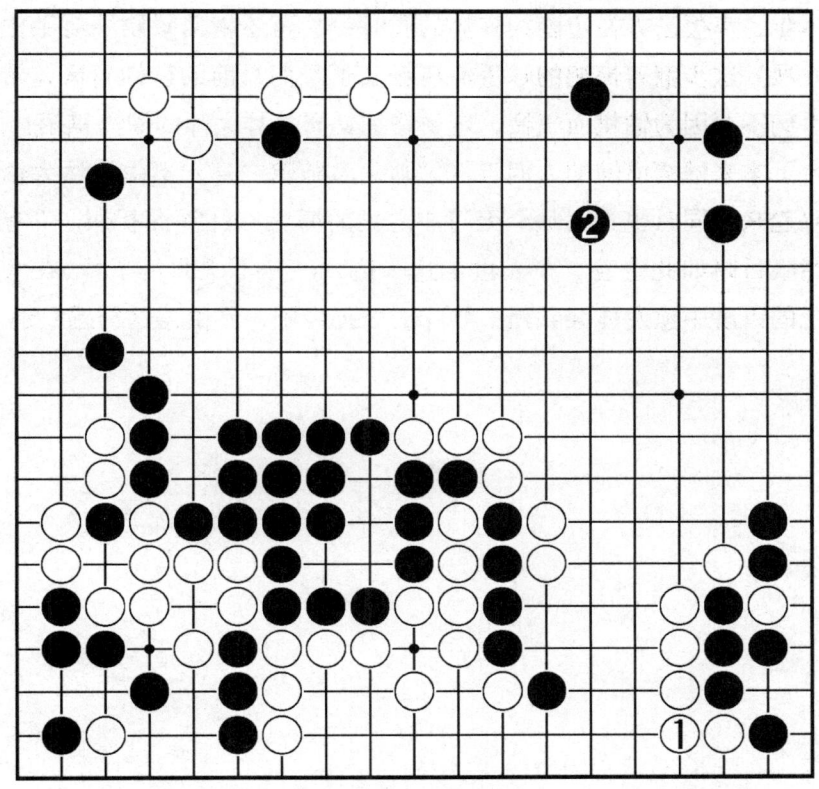

图 19

任凭外界如何聒噪，对局室内的气氛依旧紧张凝重。如图 19，白 1 抢夺逆收 10 目以上的超级大官子是水河公子深思熟虑后的选择，由于黑白双方中央均铁厚，黑右侧边空一时还难以定形。可是，接下来的一手又令几乎所有人感到世界观的崩塌：黑 2 这独自凌空筑楼般的神奇招法，背后又有何等深意？

大盘前的讲棋嘉宾同样陷入灵魂的震惊之中，但见多识广的他临危不乱，迅速调整了思路并开始侃侃而谈：

这真是体现黄耳先生卓越判断力的一着。由于前谱黑成功吃去白四子收获实在太大，当前局势已尽在黑方掌控。黑 2 其实是一子多用的好手，因为其不仅进一步彻底消除了白在右上大飞角中的暴动可能，还将右侧阵势立体化，声援己方左边隐约阵势的同时，甚至还稍稍限制了对手中央潜力的发展。这步翩若惊鸿的妙手恰巧触及了我们目前的认知盲区，希望弈国棋手们不要因为输棋而气馁，定要仔细钻研黄耳大师的深奥棋招！

　　台下本来懵懵懂懂的人们听得大师一席肺腑之言，不由恍然大悟地纷纷赞叹起来，同时也为大师全无门户之见的博大胸怀深深折服。"有生之年能亲眼目睹如此奇着，在人世走这一遭，已是不虚此行了！"在大师绘声绘色的讲解中愈发体会到黑2妙味的公孙青阳，不由得这样感叹道。

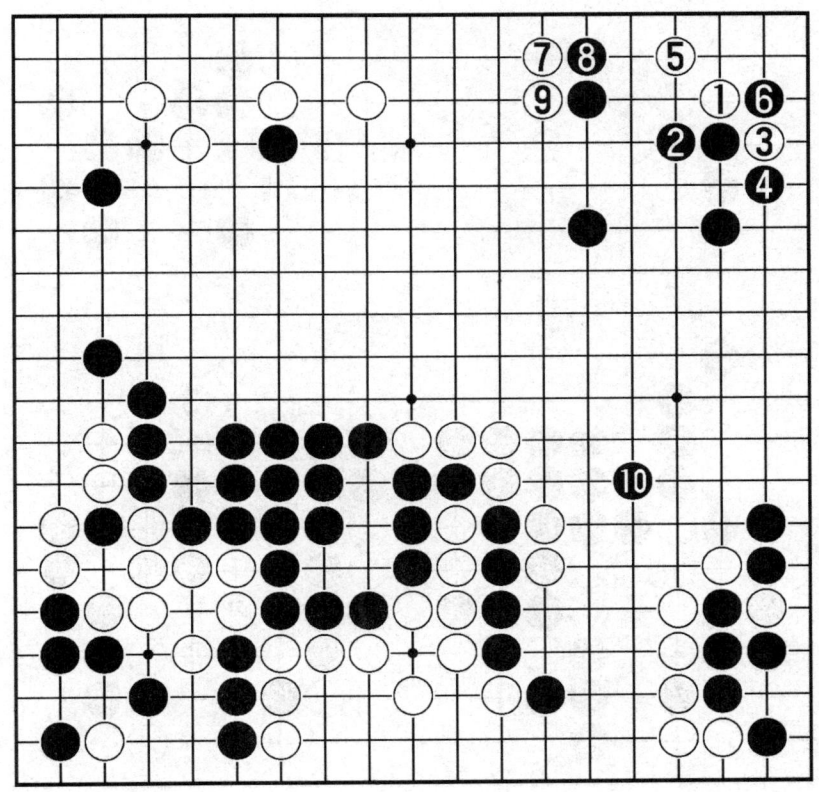

图 20

后面的对局进程在围观众人眼中已经逐渐失去了悬念。如图20，白1假意在角部翻江倒海，实为获取7、9的外侧便宜；再一次无视二子头弱点的黄耳大师迅速脱先抢占10位天王山，黑棋右方边空瞬间膨胀起来。"下一位！下一位！"感觉黑胜势已定的围观群众开始变得不耐烦，让水河公子赶紧滚蛋，换上更高水平挑战者的起哄声在大厅中此起彼落。

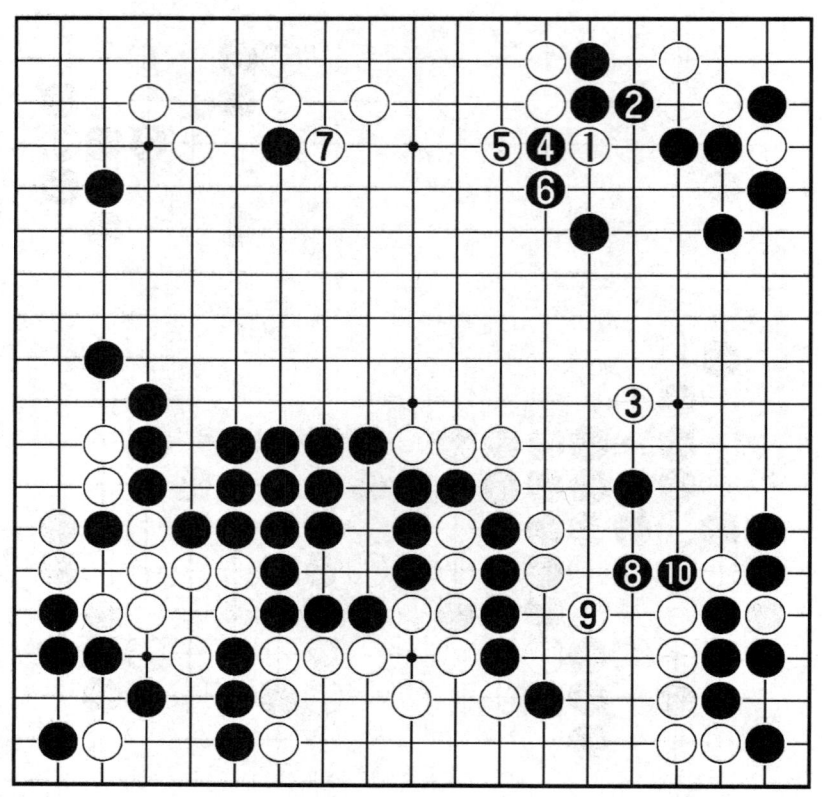

图 21

如图21，水河公子似乎也意识到形势不乐观，白3深深钻入黑方腹地，誓要与对手在此一决雌雄。相较白棋的咄咄逼人，黑的应对则显从容许多：4、6和8、10分别断吃一子厚势无比，白3愈显单薄。之后——

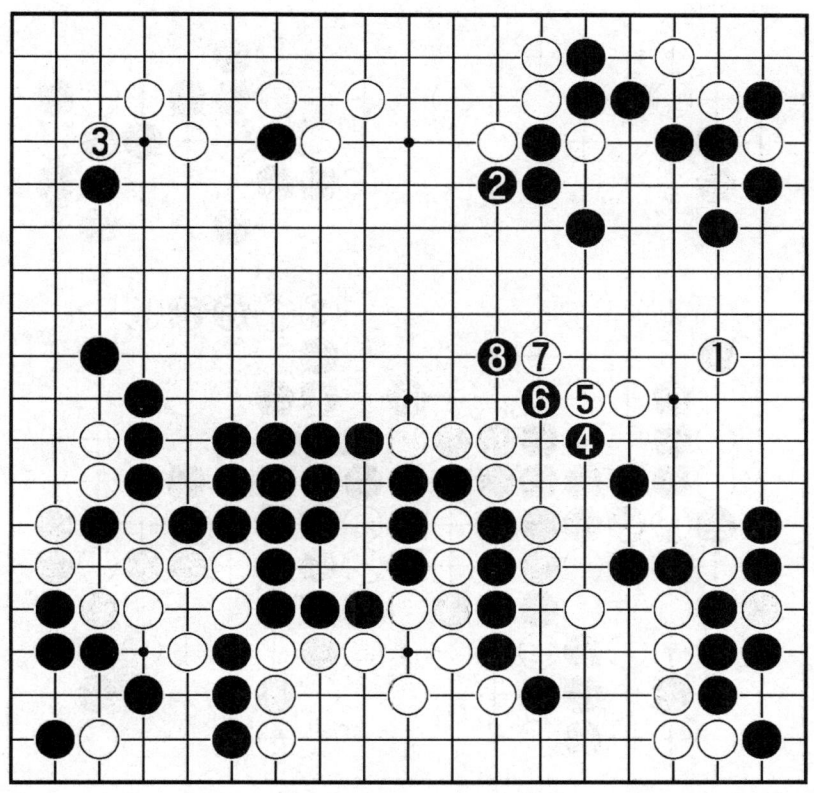

图22

如图22，白1是破釜沉舟的拼命招法，黑2拐头缓攻时白3脱先抢占超级大场亦是强烈的胜负手，非如此不能保持实地领先。眼见时机成熟的黄耳大师终于出手：黑4、6、8缓慢而坚定地切断了白孤子的联络，局势对白棋来讲已如履薄冰。

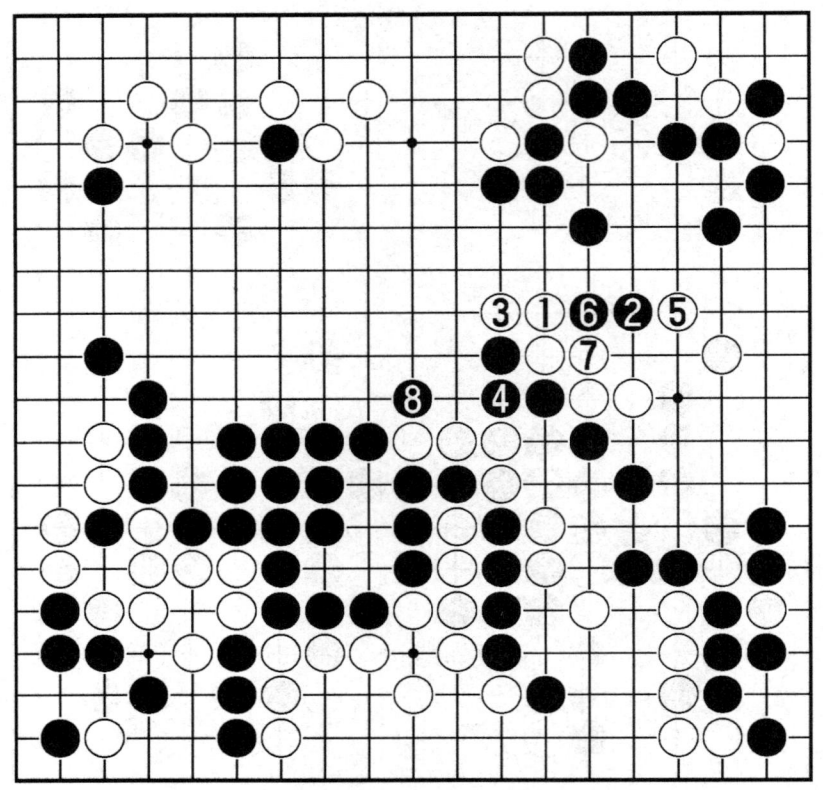

图23

如图23，白1出头实属无奈，可遭到黑2点方的痛击，白棋似已彻底失去了斗志。待黑落下8位扳时，水河公子略加思索后便推枰认负，二位对局者随即悄然离开了赛场。闻得此讯的众人对水河公子的行为褒贬不一：有的认为其彰显了胜负师的气度，有的则认为其缺乏坚持和拼搏精神，难怪始终为神州郡的棋士所压制。无论如何，这场举世瞩目的巅峰对决，自此落下了帷幕。

棋毕散场，沉浸在一整天视听盛宴中的公孙青阳回到家里依旧难以平复激动的心情，连夜在自己的《江湖围棋录》中留下这样的总结：

作为棋子多、效率低的典型代表，愚形是围棋中臭名昭著的坏形，为每一位棋手深恶痛绝。可今日黄耳大师与水河公子的精彩对决，使人们对愚形开始有了全新认识。虽不知黄耳大师师承何处，但其围棋理念中显然没有弈国棋手那么多条条框框，本局中惊世骇俗的"方九"愚形就是挑战传统弈理的先锋号角。虽然局部形状凝重不堪，但黄耳大师充分考虑到全盘流向，在之后的对局中将愚形"厚"的一面展现得淋漓尽致；右侧空中恰到好处的玲珑妙着，也为前面的愚形一洗污名。**本局以铁一般的事实告诉我们，愚形并非绝对不可下——若能以局部小损换取全局更大利益，这样的愚形就是突破传统思维禁锢的创新好手。**闭关锁国的弈国高手们遭受此番惨痛打击后，如能痛定思痛突破自我，也未尝不是国之幸事。**时刻考虑创新、从不拘泥常理的棋手，才更容易下出漂亮的围棋。**

　　此战告捷的黄耳大师愈显势不可挡，在之后又连斩神州、新罗二郡顶尖高手无数，最终在狂虎轩再次创下三十连胜的辉煌战绩。数日后，独孤求败的黄耳大师留下一封请帖后不告而别，帖首"弈国祈寿帝亲启"七个滚熨烫金大字惊得张掌柜跌坐于地——连挑弈国六十员大将的这位神秘侠客，原来竟是长河彼岸仁治国的开国皇帝！

　　卧榻之侧凭添新敌，弈国风媒早就对其家底如数家珍。黄耳大师本名"源离"，无父无母，来历不明。相传源离本不懂棋，却在某日务农时偶遇将星下凡，棋艺从此无师自通。源离行棋不拘常理、天马行空，令成名高手们纷纷折戟；更令世人惊叹的，是其能够左右互搏自修神功：每过数月不见，其棋力便突飞猛进。将有"顽石"之称的弈国顶尖高手斩落马下后，源离一苇渡江至长河南岸开辟全新疆域，立国号"仁治"，自此与祈寿帝分庭抗礼。广开言路的仁治帝从不论将士出身，麾下迅速招募到绝艺、深禅、神算、天壤等一大批能人志士，在与弈国的交锋中逐渐占据上风。经此一役，仁治国声威在普通民众间与日俱增，祈寿帝也被迫在数月后的双边会谈中签下停战条约，两国正式建交。

　　耶律大夫是仁治国派出的首位外交官，京都达官贵人自然曲意逢迎，唯恐巴结不及；其来京以后日日盛宴、夜夜笙歌自然无需多提，弈国君臣也借机迅速与其熟络起来。某次宴席上，一位心直口快的官员借着酒劲搭上耶律大夫的肩膀，悄悄问道："吾有一问已困扰多日，求兄台帮我解脱！在与水河公子对决中，贵国皇帝一着'凌空跳二'实在惊艳，令人无限神往；不知大夫能否再透露一点其背后的玄机变化呢？"

　　酒劲正自上涌的耶律大夫见左右无人，便也反手搂住这位兄弟低声道："见君直爽，此间种种唯说与君听。其实那着棋并非尊上本意。"

　　"哦？还望上使为我解惑一二！"

　　"或是前日鱼羹太过美味，尊上不免贪食了些；次日对局时，难免腹中屡觉不适，如厕频频。那手棋便是尊上如厕刚返时所下，当时指尖水渍尚在，玉子竟脱手而出落在那处；碍于脸面，尊上也不便捡起重下，便只好继续对局了。"

　　"此间竟有如此曲折！那敢问大夫，不知贵皇帝本来准备落子何处呢？"

　　"尊上在某次庆功宴上偶有提及，其本意或在右侧大飞之处。"

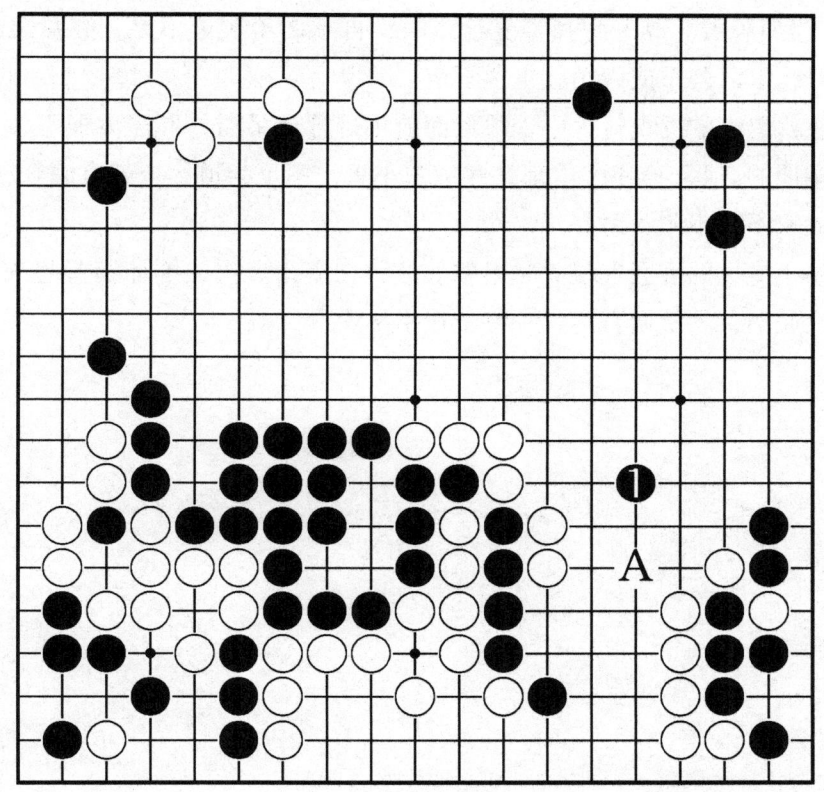

图 24

"大概是这里了。这样,不仅扩大自身模样,限制白势发展,也暗窥 A 位后续手段。万幸,实战尊上最终还是抢得此处要点。"(见图 24)

听闻此言,官员大脑一片空白。少顷,他忽然又想起了什么,再次问道:"那该局水河公子早早认负,是否因为黑白双方对黑胜定的结果心照不宣了呢?"

"啊?贵国棋道高手如云,竟都未看出来吗?"耶律大夫也是一惊,旋即又道,"实在是因为尊上腹疼难忍,裁判本欲判和择日重下,是水河公子不愿趁人之危才大度认负。贵国棋士之高风亮节,实在令人肃然起敬!"

感觉整个头部快要被巨大的信息量撑爆的官员,抱有最后一丝侥幸之心,轻轻再问:"那白认负之时,形势何如?"

"当属胶着。尊上为我等复盘之时，自承由于实地不足，终盘之局胜负难料，水河公子或许稍优也说不定。"

忽明忽暗的摇曳灯火中，眼见面前小哥神情呆滞，耶律大夫不由重重拍了拍他的肩膀，笑道："都是些微末小事，不足为道。今朝有酒今朝醉，今夜大家不醉不归，可好？"

稍稍冷场的宴会气氛立时温馨如故，在座嘉宾重又推杯换盏起来。会场灯火通明，大伙通宵达旦，终于宾主尽欢。

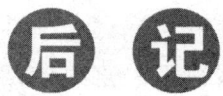

这是笔者经历过最漫长的写作之旅——自动笔伊始,不觉间已一年有余;敲下最后一个句点后,心中不由感慨万千。

这一年中发生了许多事。最精英的棋手们,在抗争强大的人工智能的路上纷纷倒下;号称"人类智慧史上最后一道屏障"的围棋,也终于在AlphaGo面前俯首称臣。昨日,看友邦近邻处心积虑地限制AI影响人类比赛公正性,棋界老小总能滋生出由内而外的优越感;今天,当绝艺正在野狐肆无忌惮地"指导"天下英豪,人们却早已见怪不怪,反倒习以为常。裹挟在时代的洪流剧变中,渺小的围棋似乎只好随波逐流。

棋界大环境变了,棋手们也变了。

知乎专栏的开篇题记中,笔者愤世嫉俗地怒斥当代棋手"只知计算,不知有它";读读今日各大棋战的缤纷棋谱,想象力似乎在每位棋手身上重获新生,幻化出最灿烂的艺术结晶。精于计算从来不是棋手的过失——认真读完全书的读者,当可对韩流压迫和道场思维如何影响和塑造今日棋手的风格,有个最粗浅的认识;当棋手忽然发觉算路不能解决问题,这群最聪明的人类迅速开辟了新的出路。盲目模仿"狗狗流"的风潮迅速散去,对盘上未知领域的探索,正百废俱兴、日新月异;本书涉及的各种文化概念,更频繁地出现在高手对决的刀光剑影中。这对围棋而言,何其幸运。

围棋的本质是什么？吴清源说流向，大竹英雄说美学，藤泽秀行说效率，武宫正树说模样，赵志勋说治孤，高川格说本格，加藤正夫说搏杀，李昌镐说均衡。同样的十九路盘上，大师们各自谱下千姿百态的人生感悟；二维世界中盛开的思辨之花，永远是围棋最可贵的内核。上穷棋经纵妙，下觅世道恒常——在枯燥晦涩的直线计算外，围棋还可以有更加深刻的思考，可以有更为丰满的内涵。这或许正是棋界"求道者"们，毕生追求的围棋之"道"吧。

本书的写作过程中，笔者在经典棋谱的基础上加上了一些艺术性的情节创作，也加上许多自己对于围棋和人生的思考。以个人有限的人际能力，笔者虽已尽可能与文中出现过的各位棋手进行了沟通，但仍有不少名门大家无缘得见。如因文中细节与事实有违而冒犯到了棋手本尊，请接受笔者最诚挚的道歉；但请您务必相信，笔者所做的一切努力绝无非议之心，只希望读者能更身临其境地体会大师意境。

顺利完稿，实有太多感谢要说。对完美主义的笔者来说，咬文嚼字的反复推敲已属不易，为每个概念选定最具表现张力的棋局才最费心神。无数个彻夜无眠的构思之夜里，许多亲朋挚友为笔者出谋划策提点颇多；未得党哥、德哥、时哥、高西和小明等高人鼎力相助，本书想要完成，尚不知猴年马月。请接受笔者最诚挚的谢意！

最后，笔者想特别感谢学妹张洁。由她引荐，我才得以同成都时代出版社会面，并在多方协作下最终出版本书。"蜀蓉"之名于笔者如雷贯耳，余自幼痴迷的棋坛经典，大多均为贵社墨宝。此番有机会立于巨人肩膀，笔者时刻诚惶诚恐，只求竭力著作，不坠先辈之名。

愿围棋文化发扬光大。

此致。

公孙青阳

2017年夏